BAEDEKER SMART

Berlin

Wie funktioniert der Reiseführer?

Wir präsentieren Ihnen Berlins Sehenswürdigkeiten in sechs Kapiteln. Jedem Kapitel ist eine *spezielle Farbe* zugeordnet.

Um Ihnen die Reiseplanung zu erleichtern, haben wir alle wichtigen Sehenswürdigkeiten jedes Kapitels in drei Rubriken gegliedert: Einzigartige Sehenswürdigkeiten sind in der Liste der *TOP 10* zusammengefasst und zusätzlich mit zwei Baedeker Sternen gekennzeichnet. Ebenfalls bedeutend, wenngleich nicht einzigartig, sind die Sehenswürdigkeiten der Rubrik *Nicht verpassen!* Eine Auswahl weiterer interessanter Ziele birgt die Rubrik *Nach Lust und Laune!*

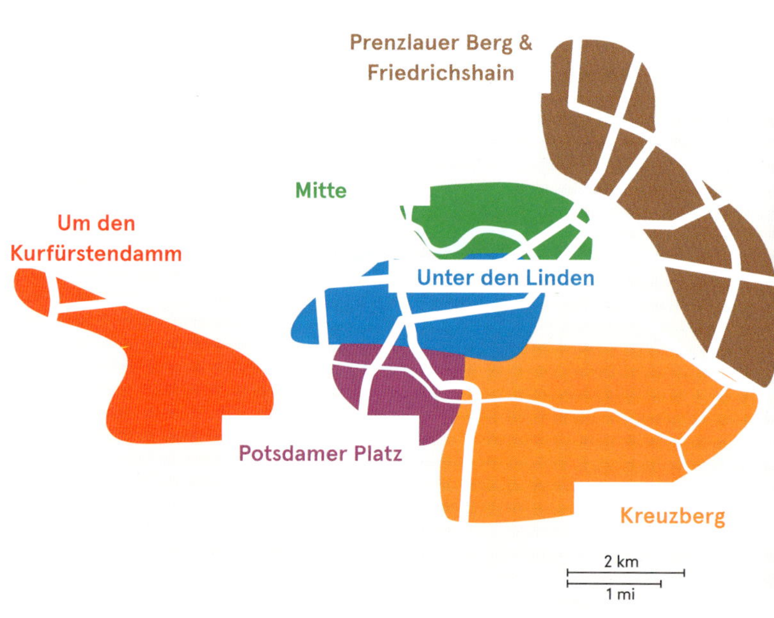

INHALT

Prenzlauer Berg & Friedrichshain

Ausflug

Spaziergänge & Touren

Praktische Informationen

Anhang

Magische Momente

Kommen Sie zur rechten Zeit an den richtigen Ort von Berlin und erleben Sie Unvergessliches.

Das Bode-Museum bildet die Nordspitze der Museumsinsel und ist Heimat u.a. der Skulpturensammlung (s. S. 85).

In der Simon-Dach-Straße in Friedrichshain geht man abends gerne aus (s. S. 186).

BAEDEKER TOPZIELE

★★ Baedeker Topziele

Unsere TOP 10 helfen Ihnen, von der absoluten Nummer eins bis zur Nummer zehn, die wichtigsten Sehenswürdigkeiten einzuplanen.

❶ ★★ Pariser Platz
Die faszinierende Melange aus Brandenburger Tor, Nobelhotel, Botschaften und Akademie der Künste macht den Platz unumstritten zur Nr 1. S. 48

❷ ★★ Museumsinsel
Weltweit eine der wertvollsten Sammlungen an Kunst und historischen Funden in fünf Museen! Besonders das Pergamonmuseum beeindruckt. S. 82

❸ ★★ Alexanderplatz
Vom Fernsehturm aus haben Sie den besten Blick. Einmalig: die Weltzeituhr und der Neptunbrunnen vor dem Roten Rathaus. Dazu viele Kaufhäuser. S. 88

❹ ★★ Reichstag
Von der gläsernen Kuppel des Reichstags sehen Sie hinab in den Plenarsaal, auf das Brandenburger Tor und die alte Mitte Berlins. S. 50

❺ ★★ Sony Center
Tolle Lichteffekte machen den Potsdamer Platz besonders am Abend zum Erlebnis. Top: das Film- und Fernsehmuseum. S. 112

❻ ★★ Gendarmenmarkt
Historische Pracht mit Konzerthaus, Deutschem Dom und Französischem Dom an Berlins schönstem Platz ganz in der Nähe der Friedrichstraße — für viele der schönste Platz nördlich der Alpen. S. 54

❼ ★★ Schloss Charlottenburg
Berlins größtes Schloss mit königlichen Privatgemächern, wertvoller Kunstsammlung und französischem Barockgarten. Im dortigen Mausoleum liegt Königin Luise begraben. S. 136

❽ ★★ Jüdisches Museum
In atemberaubender Architektur von Daniel Libeskind werden 2000 Jahre jüdische Geschichte dokumentiert. S. 160

❾ ★★ Kaiser-Wilhelm-Gedächtniskirche
Wie ein mahnender Zeigefinger ragt die Ruine des Turms in den Himmel, daneben leuchten die über 30 000 Glasmosaikscheiben des Kirchenneubaus. S. 140

❿ ★★ Hackesche Höfe
Größtes geschlossenes Hofareal Deutschlands am Hackeschen Markt mit beeindruckenden Jugendstil-Fassaden, stillen Höfen, kleinen Läden, Theatern und Kino. S. 90

Ein Gefühl für Berlin bekommen ...

Erleben, was die Stadt ausmacht, ihr einzigartiges Flair spüren. So, wie die Berliner selbst.

Kiez und Currywurst

Echt berlinerisch: Das bunte Treiben auf der Straße bei einem Latte Macchiato einfach an sich vorbeiziehen lassen. Das geht wunderbar im Café Nothaft, einem beliebten Treffpunkt von Expats und Szene-Hipstern. Hier kann man mitten im Trubel draußen sitzen. Die anschließende Currywurst im Stehen oder Sitzen gegenüber bei Konnopke ist quasi Pflicht. Konnopke's Imbiss war der erste Imbissstand in Ost-Berlin und schon zu DDR-Zeiten eine »Institution«.

Café Nothaft
🕐 Mo–Fr 8–19, Sa ab 9, So ab 10 Uhr
✉ Schönhauser Allee 43a
🚇 U2 Eberswalder Straße
✛ 225 nördl. E5 (s. auch S. 193)

Konnopke
🕐 Mo–Fr 10–20, Sa 12–20 Uhr (s. auch S. 193)

Ausflug per Bike

In dieser Stadt wird geradelt! Richtig entspannt geht das ab dem Reichstag am Spreeufer entlang bis zum Schloss Charlottenburg. Und im romantischen Schlosspark lassen Sie es sich anschließend beim Picknick mit Leckereien vom FrischeParadies, das auf dem Weg liegt, richtig gutgehen. Übrigens: Fahrradverleihe finden sich beinahe an jeder Ecke.

FrischeParadies
🕐 Mo–Fr 8–20, Sa 8–18 Uhr ✉ Morsestr. 2

Treffpunkt Weltzeituhr

Ob zum Bummel oder zum Start in den Abend: Bekannte, Freunde oder Liebespaare treffen sich traditionell an der Weltzeituhr. Wer etwas früher kommt, schaut dem Trubel auf dem Alexanderplatz zu. Scharen strömen Richtung Bahnhof, andere in die Kinos oder ins Alexa-Shoppingcenter, dazwischen bahnen sich Straßenbahnen im Schritttempo ihren Weg. Das ist Berliner Großstadtgefühl und für viele eine romantische Erinnerung ans erste Date. Nachmachen!

Spreevergnügen

Im Liegestuhl in der Sonne faulenzen, ab und zu ins türkisblaue Nass

Sommer in der Stadt – in Berlin ist er besonders schön an der Spree.

springen und dann bei einem Cocktail in der Strandbar die Aussicht genießen. Das Badeschiff mit einem schwimmenden Pool mitten in der Spree ist der Treffpunkt an heißen Sommertagen. Wer sich zusätzlich verwöhnen lassen möchte, döst bei einer wohltuenden Massage weg.

Badeschiff
🕐 Mai–Sept. tägl. ab 8 Uhr, je nach Witterung
✉ Eichenstr. 4 ✈ S-Bahn Treptow

Multikulti auf dem Markt

Wer hier eintaucht, fühlt sich zwischen der Vielfalt an Düften, Aromen und Gaumenfreuden fast wie im Orient. Auf Berlins zweitgrößtem Wochenmarkt, dem Türkenmarkt am Maybachufer preisen Händler lauthals ihre Waren an. Von Obst über Gemüse bis zu bunten Stoffen – hier gibt es fast alles. Lassen Sie sich verführen, ob vom Flair oder von der einen oder anderen Spezialität am Imbissstand. Das beste Gözleme (knusprige Teigtasche mit Spinat oder Käse) gibt es bei Aycicek auf der Uferseite am Ostende.

Türkenmarkt
🕐 Di, Fr 11–18.30 Uhr ✉ Maybachufer

Auf ein Bier zum Neuen See

Mit den ersten Sonnenstrahlen erobern die Berliner den Biergarten des Cafés am Neuen See mitten im Tiergarten. Mit der Clique wird bei Würstchen vom Grill der Sommer eingeläutet. Oder Sie machen einfach mal Pause vom Großstadtlärm. Wer möchte, startet eine kleine Ruderpartie (10 € für 60 Min.), um mit den Enten auf dem See zu paddeln und die traumhafte Natur vom Wasser aus zu genießen.

Café am Neuen See
🕐 Restaurant tägl. 9–24, Biergarten ab 11 Uhr
✉ Lichtensteinallee 2
🚇 U 1 oder 2 Wittenbergplatz
✈ 227 D3 (s. auch S. 69)

Ab in die Kantine

Berlin ist kreativ, Berlin ist offen. Darum geht es nach dem Schlussapplaus im Berliner Ensemble direkt in die Theaterkantine, wo Sie Tisch an Tisch mit den Schauspielern sitzen. Hier geht es laut und herzlich zu, besonders, wenn die Aufführung ein Erfolg war. Gemeinsam wird sich beim Bier oder Wein mit leckeren Buletten gestärkt und noch einmal in der Vorführung geschwelgt.

Theaterkantine Berliner Ensemble
🕐 Mo–Sa 9–24, So 16–24 Uhr
✉ Bertolt-Brecht-Platz 1 (s. auch S. 68)

Traumhafter Sunset

Wenn die Sonne hinter dem Fernsehturm im Häusermeer versinkt, wird es romantisch auf der Fußgängerbrücke in Friedrichshain. An lauen Abenden spielen Musiker auf der Gitarre, Berliner und Berlinbesucher blinzeln in die letzten Sonnenstrahlen, genießen den freien Blick und – einfach den Moment.

Fußgängerbrücke Friedrichshain
✉ Modersohnstraße
🚇 U-/S-Bahn Warschauer Straße
✈ 230 östl. C3

Ob Türkenmarkt (S. 10) oder wie hier
Alexa-Shoppingcenter am Alexanderplatz –
Berlin hat wahre Einkaufsparadiese.

Die Lieblingsspeise vieler Berliner kann man fast
überall in der Stadt genießen.

Vom Restaurant »Pirates« blickt man direkt auf die Oberbaumbrücke, Berlins schönste Spreebrücke.

Magazin

Anregende und informative Beiträge vermitteln wichtige Hintergrundinformationen für Ihr Reiseziel.

Seite 12–37

Berliner Vielfalt

Berlin ist groß, genau 891,69 km². Vom äußersten Westen bis zum äußersten Osten kann man 45 km fahren und von Norden nach Süden 38 km. Jeder Bezirk hat seinen ganz eigenen Charme.

Osten oder Westen? Das fragt keiner mehr, wenn die Herkunftsfrage mit Berlin beantwortet wird. Jedenfalls nicht so direkt. Entscheidend ist, ob einer in Tempelhof zu Hause ist oder in Pankow. Und für den, der nach Berlin ziehen will oder der in Berlin umzieht, ist die Wahl des Wohnortes sehr wichtig, denn der wird seine Lebensqualität bestimmen. Lebensqualität meint die Zahl und Art der Einkaufs- und Ausgehmöglichkeiten, der Kinos oder Theater, die Nähe von Parks, Schwimmbädern oder Bahnhöfen. Wer den Trubel liebt und gerne ausgeht, wird nicht im Vorort wohnen wollen, sondern in Friedrichshain oder Kreuzberg. Berliner leben in ihrem Kiez. Der aus dem Slawischen stammende Begriff bezeichnete eigentlich eine bescheidene Dienstleute-Siedlung.

In Berlin ist Kiez ein Synonym für »zu Hause«. Im Kiez findet man alles, was man braucht: Bäcker, Kirche, Kindergarten, einen freundlichen Gruß, ein aufmunterndes Wort, ein kurzes Gespräch an der Kreuzung, eine Stammkneipe.

Ende der Beweglichkeit

Früher zogen Berliner unglaublich oft um. Dabei blieben sie meistens in ihrem Kiez, manchmal gerieten

In Berliner Clubs können Sie feiern, bis der Morgen graut.

Sehr bürgerlich geht es im Innenstadtbezirk Charlottenburg zu.

sie aber auch in einen, der ihnen nicht behagte. Viele Kreuzberger zogen zu Beginn der 1990er-Jahre in den Prenzlauer Berg, weil der Aufbruch nach der Wende sie an ihre Kreuzberger Anfangszeiten erinnerte, wild und mit ungewisser Zukunft. Später zogen sie wieder zurück. Das Aufgeräumte, Schicke, die neue Bürgerlichkeit, die sich dort inzwischen entwickelt hat, haben sie nicht gewollt.

Inzwischen zieht kaum noch jemand um, der es nicht muss: Die Mieten sind in den letzten Jahren so stark gestiegen, dass ein Umzug für Normalverdiener zum Luxus – wenn nicht sogar aussichtslos – geworden ist. Zu mancher Wohnungsbesichtigung erscheinen über 100 Interessenten – auch ein Problem für hoffnungsvolle Neuberliner.

Kiez ist oder wird Heimat

Die hin- und herziehenden Menschen der Nachwendezeit prägten den jeweiligen Kiez, veränderten ihn und machten ihn im Laufe der Zeit zur Heimat. Friedrichshain beispielsweise wurde von vielen der unzufriedenen Bewohner des heruntergekommenen Arbeiterbezirks verlassen. Junge Menschen, denen Mitte zu teuer und Prenzlauer Berg zu schick und intellektuell wurde, besetzten die billigen Wohnungen. Sie eröffneten bunte Geschäfte und Kneipen und schufen sich ihren neuen Kiez ganz anders, als er vorher war. Auch im Bezirk Neukölln gab es einen Wandel. Statt Arbeiterkneipen entstanden immer mehr Szenebars und -clubs. Junge Leute zogen her, die Mieten steigen seitdem. So wurde »Kreuzkölln« bzw. »Reuterkiez«, wie der Norden im Hinblick auf das benachbarte Kreuzberg genannt wird, der zurzeit angesagteste In-Bezirk.

Hohe Mieten

Besonders hoch sind die Mieten in den drei Innenstadtbezirken Charlottenburg-Wilmersdorf, Friedrichshain-Kreuzberg, Mitte und Prenzlauer Berg.

Regierungsviertel

Band des Bundes heißt das Ensemble aus Kanzleramt, Bundestagsbauten und Parlamentsbüros. Zwischen den Gebäuden ist es schön grün, und die Spree teilt – ganz symbolisch – die Regierungsarchitektur in zwei Hälften. Gänzlich unbeeindruckt von so viel Zeitgeist thront der Reichstag mit seiner imposanten Glaskuppel wie eine Königin über der jungen Architektur.

Alles wirkt modern, fast alles. Das Kanzleramt wurde 2001 feierlich übergeben, der Reichstag steht aber schon seit 1894 zu Diensten. Das nach Plänen von Paul Wallot errichtete Parlamentsgebäude ist ein Publikumsmagnet ersten Ranges – ein Besuch der imposanten Glaskuppel gehört zum Pflichtprogramm. Das Band des Bundes mit Kanzleramt und zwei Parlamentsgebäuden, die sich aufeinander beziehen, haben die Architekten Axel Schulte und Charlotte Franck entworfen.

Die von Stararchitekt Sir Norman Foster entworfene Glaskuppel des Reichstages lohnt einen Besuch.

Kanzleramt

An sonnigen Tagen lohnt sich ein Spaziergang entlang der Spree vorbei am Kanzleramt. Vielleicht sehen Sie gerade Frau Merkel telefonierend am Fenster? Falls nicht: Wenigstens ihren Mitarbeitern kann man zusehen, wie sie in der Cafeteria mit Spreeblick Mittag essen. Vor dem Eingang des Kanzleramtes steht eine über 5 m hohe Stahlplastik des spanisch-baskischen Künstlers Eduardo Chillida. Vier Arme greifen ineinander und symbolisieren die Deutsche Einheit.

Paul-Löbe-Haus und Marie-Elisabeth-Lüders-Haus am Südrand des Spreebogenparks bilden eine Einheit.

Paul-Löbe-Haus

Benannt wurde der Bau nach dem 1920–24 und 1925–32 amtierenden Reichstagspräsidenten. 550 Büros für 275 Abgeordnete sowie 450 Ausschussbüros sind in dem Haus gegenüber vom Kanzleramt untergebracht. Die großen Glasfassaden an der West- und Ostseite setzen den Bau architektonisch in Bezug zum Kanzleramt und zum Marie-Elisabeth-Lüders-Haus jenseits der Spree. Im Foyer gibt es öffentliche Ausstellungen zu politischen Themen.

Marie-Elisabeth-Lüders-Haus

Das Gebäude wurde dem Bundestag 2003 als Letztes übergeben. Es beherbergt die drittgrößte Parlamentsbibliothek der Welt und zeigt in einem Saal wechselnde Ausstellungen zu moderner Kunst. Durch das Marie-Elisabeth-Lüders-Haus verlief ursprünglich die Berliner Mauer, daran erinnert ein öffentlich zugängliches Mauermahnmal. Marie-Elisabeth Lüders war die erste weibliche Abgeordnete im Deutschen Reichstag der Weimarer Republik.

Das Bundeskanzleramt – seinerzeit noch von Bundeskanzler Helmut Kohl in Auftrag gegeben.

Eine Insel im roten Meer

Während des Zweiten Weltkriegs hatten sich die USA, die Sowjetunion und Großbritannien über die Teilung des Deutschen Reichs und Berlins in Besatzungszonen verständigt. Aber dann plante der Osten anders als der Westen.

Berlin wurde nach dem Krieg der Kontrolle der Alliierten unterstellt. Als die Westmächte – Briten, Franzosen, Amerikaner – auf der Londoner Sechsmächtekonferenz im März 1948 den Wiederaufbau Westdeutschlands beschlossen, kündigten die Sowjets die Zusammenarbeit auf. Ihre Militärverwaltung ließ am 24. Juni 1948 sämtliche Zufahrtswege blockieren.

Luftbrücke

Der amerikanische Militärgouverneur Lucius D. Clay organisierte eine Luftbrücke der U.S. Air Force und der britischen Royal Air Force: Elf Monate lang wurden rund 2,5 Mio. Menschen mit allem Lebensnotwendigen versorgt. Ob Kohle oder Klopapier, Kleider oder Weihnachtsmänner, es gab nichts, was die Amerikaner nicht im Flughafen Tempelhof anlandeten. Einen ihrer »Rosinenbomber« sieht man auf dem Deutschen Technikmuseum in der Nähe des Potsdamer Platzes. Ein Denkmal vor dem Flughafen Tempelhof erinnert an die Aktion und ihre Opfer, im Volksmund heißt es »Hungerharke«.

Neuer Glanz im Westen

Das Berlinhilfegesetz von 1950 verschaffte der »Frontstadt«, wie man sagte, mit Zuschüssen und Steuervorteilen Milliarden. Die wurden in neuem Glanz angelegt, in neuen Stadtvierteln, Warenhäusern, Tanzlokalen und Filmfestspielen. Sie sollten den Überlebenswillen der »selbstständigen Einheit Westberlin« demonstrieren. Währenddessen traten Konzerne, Banken, Wirtschaftsverbände und Politiker die Flucht nach vorn an, d. h. in Richtung Westdeutschland. Westberlin feierte trotzdem sein Wirtschaftswunder als »Schaufenster des Westens«.

Gekappt

1952 unterbrach die DDR-Führung sämtliche Telefonleitungen

Unten: Jugendliche begrüßen einen amerikanischen »Rosinenbomber«.

Links: Gruß über den Stacheldraht; unten: Kundgebung vor dem kriegszerstörten Reichstag

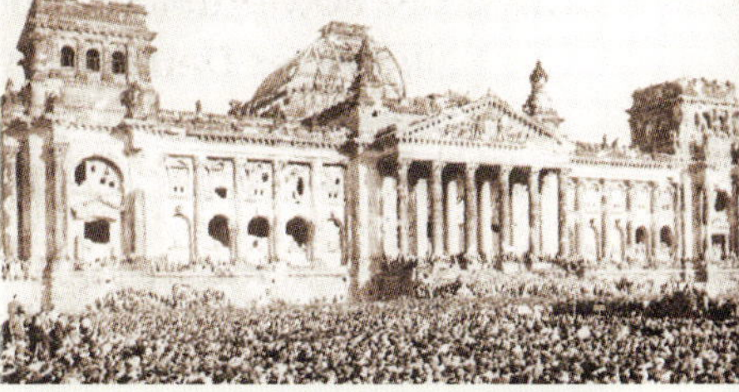

Rechts: Sektorengrenze nach dem Mauerbau

Zellenblick in der Stasi-Gedenkstätte Hohenschönhausen

zwischen Ost- und Westberlin. 1953 endete der durchgehende Bus- und Straßenbahnverkehr. Man musste zu Fuß über die offenen Sektorengrenzen gehen oder mit U- und S-Bahn fahren. In »freiwilliger Aufbauarbeit« schufen die Bewohner Ostberlins Sportanlagen und bauten u.a. die zerstörten Denkmäler Unter den Linden und das Rote Rathaus wieder auf.

Inselleben

Den 17. Juni, Tag des Arbeiteraufstands 1953 gegen Normerhöhung im Osten, der mit mindestens 50 Toten und an die 200 Verletzten endete, erklärte der Westen zum Feiertag und »Tag der deutschen Einheit«. Bis 1961 flohen 2,7 Mio. Menschen von Ost nach West, vor »den Russen« und zu den Verheißungen des »goldenen Westens«. Der Massenexodus gefährdete den Wiederaufbau Ostdeutschlands. Am 13. August 1961 wurde daher der sowjetische Sektor mit Straßensperren abgeriegelt, dann die Mauer gebaut. Westberlin wurde zur Insel im »roten Meer«.

Kultur für alle

Das kulturelle Angebot in Berlin ist riesig – jedes Wochenende hat man die Wahl zwischen Hunderten von Veranstaltungen. Aber der wirkliche Reichtum der Stadt liegt darin, dass die Stadt selbst eine Bühne ist. Darum wird sie beneidet.

Fahrradfahrer sausen vorbei, von den Ausflugsdampfern schallen Erklärungen aus dem Lautsprecher. Aus dem Hauptbahnhof am gegenüberliegenden Spreeufer strömen neue Berlinbesucher und im Rücken der Liegestühle des Capital Beach glänzt die Fassade des Kanzleramtes: Die Strandbar ist eine der besten Locations, um das Flair inmitten des Regierungsviertels aufzusaugen.

Flügel für die Phantasie

Eine Kaufhausruine in der Oranienburger Straße wurde nach der Wende zum Kunsthaus Tacheles: Menschen unterschiedlicher Nationalitäten nahmen sich den Platz zum Bildhauen, Malen oder Filmezeigen. Sie ließen sich inspirieren, suchten hinter Holzverschlägen neuen Raum für ihre Kreativität, für Musik und Tanz, Videokunst und Mode. Und da die Phantasie das Unfertige braucht, um es zu Neuem zu ergänzen, bleiben die Künste jeglicher Art in Bewegung, tauchen wie Irrlichter an immer neuen Orten auf – und verlöschen an den alten. So wie das Tacheles: Es wurde im September 2012 geräumt. Nun drehen sich die Baukräne über dem Areal, ein völlig neues Stadtquartier ist am Entstehen.

Hoch- und Off-Kultur

Es gibt drei große Opern und einige weitere, die auch viele

Legendärer Pionier am Spreeufer: die Strandbar Mitte

Berliner nicht einmal dem Namen nach kennen. Vielleicht 50 Theater? Niemand kennt die Zahl. Die meisten sind Off-Bühnen mit ungewöhnlichen Namen: Vaganten-bühne, Theater unterm Dach, Zum Westlichen Stadthirschen ... Neun Kabaretts oder mehr? Sie werden von Comedy-Veranstaltungen in den Hintergrund gedrängt. Es gibt Puppentheater, klassische Komödienhäuser, Revuetheater. Und viele meinen, wenn sie von der Kultur in Berlin schwär-men, Häuser der sogenannten Hochkultur und ihre größeren und kleineren Geschwister oder die 200 Museen.

Kreative Vielfalt

Die Stadt selbst ist das Theater. Es sind die unterschiedlichen Szenen, die nebeneinander existieren, sich gelegentlich berühren oder nie. Chinesen, Russen, Polen, Amerika-ner, Afrikaner leben in Berlin ihre Kultur, ohne sich zu vermengen oder vereinnahmt zu werden. Ein Stückchen der Bandbreite präsen-tiert sich jedes Jahr Pfingsten beim Karneval der Kulturen, wo Samba-tänzer ebenso ihren Platz haben wie amerikanische Ureinwohner.

Viele Akteure, wenige Stars

Jeden Tag konkurrieren Hunderte Künstler in Kneipen, Sälen, Galeri-en, Clubs, Parks und Kellern um die Gunst des Publikums, werden gelobt oder kritisiert, nehmen einen

neuen Anlauf oder geben auf. Es gibt jeden Tag unendlich viele Möglichkeiten, den Abend span-nend zu gestalten.

Künstler wie Wolfgang Niedecken von der Kölner Rockband BAP treten gern in Berlin live auf.

Einige Akteure werden zumindest vorübergehend zu Stars am Berliner Kulturhimmel: Sie präsentieren Luftgitarrensolos im Rahmen eines Wettkampfs, lassen Kakerlaken um die Wette rennen oder lesen aus Telefonbüchern.

Bücher, Kultur, Mode – alles selbst gemacht

Dem Bedürfnis, an kulturelle Hoch-Zeiten wie die viel gerühmten goldenen 20er-Jahre anzuknüpfen, mag auch das Lesefieber zu verdan-ken sein, das sowohl in gut situier-ten »Salons« als auch in Trash-Knei-pen ausgebrochen ist. Das Selbstge-

Das Veranstaltungsprogramm des Konzerthauses bietet jährlich 550 Veranstaltungen in vier Spielstätten.

machte ist zur neuen Hochkultur geworden. Ob »7inch«, »Akte One« oder »MC Bomber«, das alles ist Hiphop Made in Berlin. Die Mode-Labels gehören dazu wie die Versuche junger Dichter, die Stadt schreibend zu erfassen. Berlin-Kultur heißt Neues erfinden, wenigstens als Statist dabei sein. Tausende finden jährlich einen Job als Statist beim Film, und für Dreharbeiten werden oftmals Straßen gesperrt. Es gibt jede Menge Castingagenturen, auch wenn die Bezahlung nicht besonders gut ist.

Kostenloses Konzert

Mittwochmittags (außer im Hochsommer) lädt die Berliner Philharmonie zur musikalischen Mittagspause ein und man erlebt ein kostenloses Konzert des berühmten Orchesters.

Party- und Musikstadt

Berlin zählt zu den europäischen Club- und Partyhauptstädten. Unzählige legale und illegale Locations laden nicht nur an den Wochenenden zum Feiern und Tanzen ein. Die Highlights der Szene befinden sich im Bezirk Friedrichshain auf dem RAW-Gelände in der Revaler Straße und rund um die Oberbaumbrücke. Wer etwa im Watergate mit Aussicht auf die Spree ins Morgengrauen feiert, erlebt die Stadt von ihrer besten Seite. Auch das techno-orientierte Berghain in der Nähe des Ostbahnhofs mit seinem monströsen Fabrikschick lockt ein internationales Publikum an. Geheime Orte, an denen illegale Clubs betrieben werden, bleiben natürlich nur dem Insider-Publikum vorbehalten.

Multikulturelle Food-Märkte

Auch im Gastro-Bereich wird Berlin immer kreativer. So ist der Street Food Thursday in der historischen Markthalle Neun (Eisenbahnstr. 42, Do 17–22 Uhr) in Kreuzberg schnell zum angesagtesten Food-Event avanciert. Die Auswahl reicht von koreanischen Tacos über Fleischpasteten aus Neuseeland bis zu taiwanesischen Burgern. Dazu passen ein Glas Wein oder ein Craft-Bier von Heidenpeters. Food-Trucks mit ungewöhnlichen Gerichten – von Käsespätzle über Weißwurst bis zu Raclette – erobern inzwischen Straßenfeste und Wochenmärkte.

Zweimal Berlin: Konkurrenz der Bauten

Die Geschichte jeder Stadt spiegelt sich in ihrer Architektur. Sie repräsentiert den jeweiligen Zeitgeist – der in Berlin zeitweise zweigeteilt war, denn der Kalte Krieg fand auch mit Kelle und Mörtel statt.

Bis zum Zweiten Weltkrieg gab es nur ein Berlin, und das hatte eine klassizistisch repräsentative Mitte, dafür hatten die Hohenzollern gesorgt. Die Stadt der Gründerzeit, in der man, vorwiegend am Kurfürstendamm, je nach Vermögen für Zierrat die Stile zu Neobarock oder Neoklassizismus mischte, wurde auch schon mal als »Parvenupolis« belächelt. Der Expressionismus hinterließ in Berlin nur wenige Baudenkmäler, aber Libeskind hat ihn mit seinem Jüdischen Museum wiederbelebt.

Die monumentale Staatsarchitektur der Nationalsozialisten blieb bei entscheidenden Plänen glücklicherweise nur Papier und Modell. Vieles wurde im Krieg zerstört. Das Monströse bleibt im Erhaltenen sichtbar. Das 1935/36 errichtete Reichsluftfahrtministerium in der Leipziger Straße, heute Finanzministerium, ist ein Riesenkomplex. Fünf bis sieben Geschosse hoch, gruppiert

Prachtboulevard des Berliner Ostens: die Karl-Marx-Allee

er sich um drei geschlossene und fünf offene Höfe. Und der 1923 eröffnete Flughafen Tempelhof (seit 2008 geschlossen) birgt neben dem Flugfeld das größte Bürogebäude Europas: 1,2 km lang mit 500 Räumen!

Krieg der Architekten

Der Kalte Krieg nach der Teilung der Stadt beschränkte sich nicht auf die Politik, er wurde auch auf Zeichenblättern und im Stadtbild ausgetragen. Im Osten wurde 1950 der »Wettbewerb Hauptstadt Berlin« ausgerufen. Im wichtigsten städtebaulichen Projekt der DDR, der Stalinallee (heute Karl-Marx-Allee), sollten »Paläste für das Volk« geschaffen werden. Der Stil: sowjetischer Neoklassizismus, spielerisch mit von Schinkel inspirierten Elementen kombiniert. Aus Trümmern entstanden ab 1952 zu beiden Seiten einer 90 m breiten Verkehrsschneise riesige Wohnquader im Zuckerbäckerstil, 100 bis 300 m

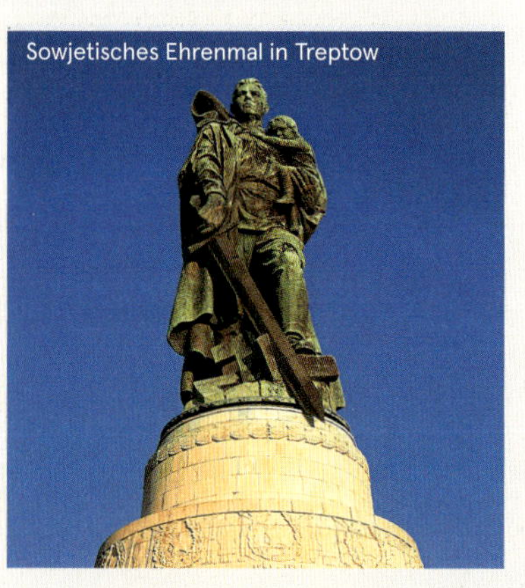
Sowjetisches Ehrenmal in Treptow

lang, sieben bis neun Geschosse hoch und mit Kacheln aus Meißen behängt. Für geringe Miete – und unzählige Arbeitsstunden – gab es moderne Wohnungen mit Dachterrasse, Müllschlucker, Haustelefon.

Attentat und Anarchie

Der Westen reagierte 1956/57 mit der Interbau. Internationale Architekten sollten den »Zukunftswillen der Stadt« sichtbar an den Tiergartenrand setzen. Meister der klassi-

Skulptur »Berlin« am Kurfürstendamm (1987)

schen Moderne wie Walter Gropius und Alvar Aalto, Egon Eiermann und Bruno Taut entwarfen u. a. das Hansaviertel (U Bahn: Hansaplatz).

Schaufenster

Das Europa-Center am Tauentzien wurde 1963–65 als erstes Hochhaus des Westens gebaut, als noch niemand ahnte, dass überdachte Einkaufspassagen alltäglich werden würden. Das Gebäude mit 22 Etagen und einer Stahl-Glas-Fassade wurde mit Eisbahn, Restaurants und fast

100 Läden zum Inbegriff des neuen »Erlebniseinkaufs«.

Bau auf, bau auf

Der Fernsehturm ist Deutschlands höchstes Gebäude und sogar 44 m höher als der Pariser Eiffelturm. Mit dem 368 m hohen Bau wollte man der westlichen Welt zeigen, dass die DDR zu Höchstleistungen in der Lage war. Konzipiert wurde der 1969 eingeweihte Turm vom Architekten Hermann Henselmann.

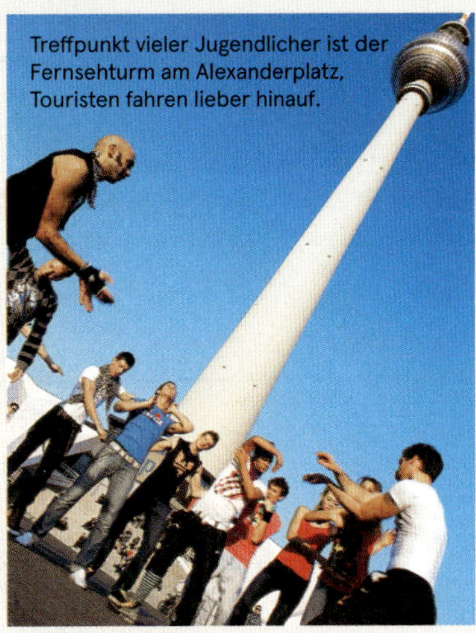
Treffpunkt vieler Jugendlicher ist der Fernsehturm am Alexanderplatz, Touristen fahren lieber hinauf.

Jedem dasselbe

Der Wettbewerb der Systeme bestimmte das Stadtbild nachhaltig. Wie der Fernsehturm ist auch die Philharmonie ein Kind des Kalten Krieges. Die Teilung führte zur Doppelung – der Tierparks, der Opern, der Museen und Konzerthäuser, der Sternwarten und Theater. Was in einem Teil vorhanden war, musste im anderen neu entstehen. Man bewies sich damit gegenseitig, dass die andere Seite verzichtbar war.

Entwürfe zuhauf

Die leeren Flächen, die Berlin nach dem Abriss der Mauer zum Dorado für Architekten aus aller Welt machten, stellten die Politiker vor große Probleme und Entscheidungen darüber, wie es nun weitergehen sollte. Eine Flut kühner Architektenentwürfe erging über die Stadt. Und so sprach der Berliner Architekt Hans Kollhoff aus, was viele aufatmen ließ: »Eine Stadt ist keine Weltausstellung.«

Herrliche Aussicht

Von der Aussichtsplattform des Fernsehturms mit Café in 207 m Höhe haben Besucher an klaren Tagen einen phantastischen Ausblick über die Stadt (www.tv-turm.de).

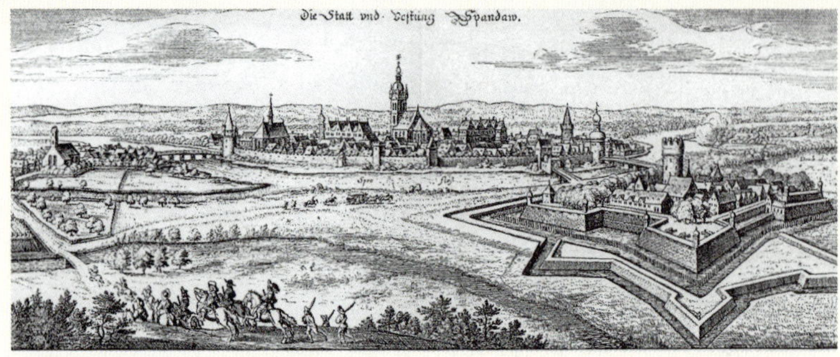

Um 1640 liegt die selbstständige Stadt Spandau weit von Berlin entfernt; 1920 wird sie Teil Groß-Berlins.

Berliner Historie

Berlin ist eine junge Stadt, noch keine 800 Jahre alt. Und nicht erst während des Kalten Krieges war es eine Doppelstadt. Die Spuren der wechselvollen Geschichte lassen sich gut aus der Vogelperspektive lesen, beispielsweise vom Fernsehturm am Alexanderplatz.

Sehen Sie das achtspurige Betonband über der Spree? Hinter Rotem Rathaus und Nikolaikirche, die Sie an den beiden Türmen erkennen? Das ist die Mühlendammbrücke, und hier fing alles an. Stellen Sie sich vor, hier ist nur eine Furt im Sumpfgebiet der Spree, auf halbem Weg zwischen den Festungen Spandau und Köpenick, und Kaufleute legen eine kleine Kolonie an. Auf einer nahen Spreeinsel siedeln schon Fischer.

Ein winziges Dreieck

1237 wird die Fischerinsel Cölln zum ersten Mal als Stadt erwähnt, das an der Furt liegende Berlin erst 1244. Wenn man sich Fischerinsel und Rathaus als zwei Winkel eines Dreiecks vorstellt, liegt der dritte dort, wo man eine mächtige Ruine ausmachen kann, die der Klosterkirche eines Franziskanerordens. Bettelorden logieren im Mittelalter am Rand der Stadt, und so weiß man, wie klein sie war.

Toleranz zahlt sich aus

Als Kurfürst Friedrich Wilhelm 1640 die Regierung übernimmt, hat der Dreißigjährige Krieg auch in Berlin bereits deutliche Verwüstungen angerichtet. Der Regierungschef heiratet eine Holländerin, Louise von Oranien. Mit ihr kommen Brabanter, um Viehzucht und Gemüseanbau zu betreiben. Glaubensflüchtlinge aus Österreich und Frankreich werden mit offenen Armen empfangen. Als Friedrich Wilhelm, nach einem Sieg über

Großen Kurfürsten, für die respektlosen Berliner seines Buckels wegen der »schiefe Fritz«, krönte sich selbst 1701 in Königsberg zum König Friedrich I. in Preußen. Das Schloss von 1443 wird umgebaut, das Zeughaus entsteht und am Gendarmenmarkt werden zwei große Kirchen errichtet. Am 1. Januar 1710 werden die Stadtteile Cölln, Friedrichswerder, Dorotheenstadt und Friedrichstadt eingemeindet; Berlin ist jetzt Königliche Residenzstadt.

Friedrich Wilhelm empfängt Hugenotten als Unterstützung für Volk und Wirtschaft.

Stadtschloss in Berlin-Mitte, 1788; seit 2013 wird es als Humboldtforum wieder aufgebaut.

Schweden der »Große Kurfürst«, stirbt, ist Berlin auf 20 000 Einwohner angewachsen. Und weiter kommen Neubürger aus Frankreich und Italien, aus der Schweiz, aus Polen und Böhmen. Im Jahr 1700 gibt es schon 30 000 Berliner.

Ab 1710 das erste Groß-Berlin

So tüchtig-tolerant geben sich auch die Nachfolger. Der Sohn des

Friedliches Militär

König Friedrich Wilhelm I. (1713–40) erhält den Beinamen »Soldatenkönig«, da er Investitionen nur fürs Militär zulässt. Seine Armee ist ihm so kostbar, dass er sie in keinem einzigen Krieg aufs Spiel setzt.

Unerwartete Machtpolitik

Als Friedrich II. das Erbe antritt, freut sich Berlin auf einen kunstsinnigen und friedliebenden König, aber der junge Herrscher marschiert in Schlesien ein und führt Kriege, die Preußen mächtiger denn je machen. Jetzt ist er Friedrich der Große. Seine Kriege haben Geld und Volk dezimiert, so sind wie bei seinen Vorfahren Verfolgte aus aller Welt willkommen, es zu ergänzen. Sein Neffe Friedrich Wilhelm II. (1786–97) wird Regent einer der bedeutendsten und mit 150 000 Einwohnern bevölkerungsreichsten Städte Europas.

des Norddeutschen Bundes geworden war. 1871, die französischen Truppen sind bei Sedan geschlagen, beginnen die Gründerjahre. Der Kurfürstendamm wird nach Pariser Vorbild ausgebaut, erste U-Bahngleise werden verlegt, Kanalisation und Markthallen entstehen. Berlin ist nun Weltstadt.

Der Boom ist vorbei

Der schnelle Boom findet ein ebenso schnelles Ende. Börsen und Banken wanken, Firmenpleiten führen zu

Links: Philipp Scheidemann ruft die Republik aus; rechts: Hitler wird Reichskanzler, braune Horden marschieren durch das Brandenburger Tor.

Berlin wird zweimal Hauptstadt

1870 wird das neue Rote Rathaus fertig. Acht Haupteisenbahnlinien führen in die Stadt und verbinden »Spreeathen« mit dem Rest der Welt. 1871 werden die Berliner überrascht: König Wilhelm lässt sich in Versailles zum Deutschen Kaiser ausrufen. Berlin wird Hauptstadt des neuen Deutschen Reiches, nachdem es 1866 bereits Hauptstadt

Massenentlassungen und Arbeitslosigkeit. Im Juli 1917, der Erste Weltkrieg dauert schon drei Jahre, findet die erste Friedensdemonstration statt. Am 9. November 1918 beginnt die Revolution, Betriebe streiken. Vom Reichstag ruft der Sozialdemokrat Philipp Scheidemann die Republik aus, vom Balkon des Schlosses Karl Liebknecht die Freie Sozialistische Republik

Deutschland. Kaiser Wilhelm dankt ab. Straßenkämpfe, politische Morde, Generalstreik und Putsch folgen. Die Sozialdemokraten gewinnen die Wahlen zur Nationalversammlung. 1920 werden Städte, Landgemeinden und umliegende Gutsbezirke eingemeindet. Groß-Berlin hat nun 4 Mio. Einwohner.

Terror bis zum Krieg

1929 beginnt die Weltwirtschaftskrise. 1930 gibt es in Berlin rund

errichtet. Im September 1939 beginnt Hitler den Zweiten Weltkrieg.

Viergeteiltes Berlin

Im April 1945 rückt die Rote Armee ein. Hitler begeht Selbstmord im Führerbunker an Wilhemstraße/ Voßstraße. Berlin ist ein Trümmerfeld. In den 75 Mio. m³ Schutt leben noch 2,5 Mio. Menschen. Die Siegermächte USA, Sowjetunion, Großbritannien und Frankreich teilen Berlin in vier Sektoren.

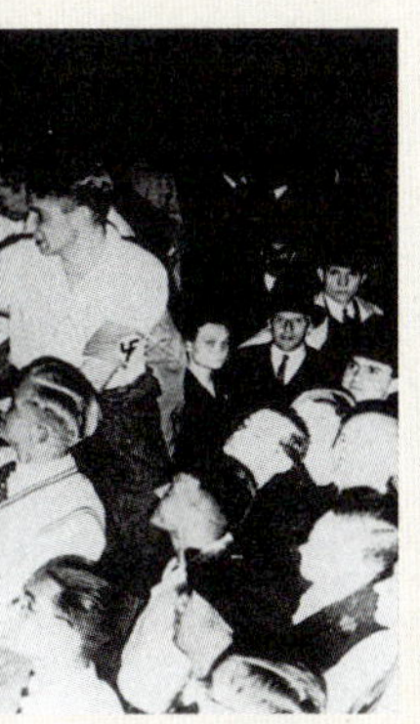

Bücherverbrennung unter den Nazis auf dem Opernplatz; Soldaten der Roten Armee hissen die Sowjetflagge auf dem Reichstag; Trümmerfrauen sortieren, was von Berlin übrig blieb.

450 000 Arbeitslose. Nach den Wahlen im September 1930 zieht die NSDAP als zweitstärkste Fraktion in den Reichstag ein. Am 30. Januar 1933 wird Adolf Hitler zum Reichskanzler ernannt, einen Monat später brennt der Reichstag. Eine Terrorwelle läuft an: Verhaftet wird, wer als links gilt; Verbot der KPD, Judenverfolgung, Bücherverbrennung, Konzentrationslager werden

Wieder Hauptstadt

Ostberlin wird 1949 mit Gründung der Deutschen Demokratischen Republik Hauptstadt der DDR. Am 9. November 1989 gehen an der innerstädtischen Bornholmer Straße die Schlagbäume am Grenzübergang auf. Berlin wird 1990 deutsche Hauptstadt und 1991 Regierungssitz des wiedervereinigten Deutschland.

Ökostadt Berlin

Immer weniger Autos, mehr Radverkehr und viele Bauten, die ihren Energiebedarf umweltfreundlich decken – Berlin ist deutsche CO_2-Spar-Hauptstadt!

Was die Autodichte betrifft, ist Berlin öko: Nur jeder dritte Einwohner verfügt über einen Pkw. Dafür rollen von Jahr zu Jahr mehr Fahrräder über Berlins Straßen; dennoch spielte der Radverkehr in der Verkehrspolitik bisher nur eine Nebenrolle – so landet Berlin bei der jährlichen Wahl der fahrradfreundlichsten Städte Deutschlands auf den hinteren Rängen. Das 2018 beschlossene Mobilitätsgesetz soll Abhilfe schaffen: mit neuen Radwegen, vielen Abstellplätzen und der Umgestaltung gefährlicher Kreuzungen. Auch immer mehr Berlinbesucher treten in die Pedale: Neben vielen Verleihstationen gibt es geführte Touren, etwa von Berlin on Bike oder der Fahrradstation. Diese geführten Fahrten werden auch zu bestimmten Themen, z. B. Architektur und Stadtgeschichte, angeboten.

Solarzellen und Biomärkte

In kaum einer deutschen Großstadt und kaum einem anderen Bundesland wird so wenig Energie verbraucht und so wenig CO_2 pro Einwohner ausgestoßen wie in Berlin! Auch viele öffentliche Einrichtungen und große Konzerne gehen mit gutem Beispiel voran. Der Bundestag etwa verfügt über eigene pflanzenölbefeuerte Blockheizkraftwerke und erwärmt u. a. sein Heißwasser mittels Solarzellen. Auch die CDU-Bundesparteizentrale oder das Haus der Heinrich-Böll-Stiftung wurden mit Photovoltaik-Anlagen ausgerüstet und mit heimischen

Immer mehr Berliner fahren Rad.

Biobratwurst wird häufig angeboten, hier auf dem Kollwitzplatz.

Ziel: Schwimmen in der Spree
Hoffnung für Berlins bekanntesten Fluss: Der Berliner Diplom-Ingenieur Ralf Steeg will die Spree wieder zum Schwimmbad machen. Er entwickelte ein System von Auffangbecken, die verhindern sollen, dass nach starken Regenfällen ungeklärtes Abwasser in den Fluss gelangt. Diese Abwässer würden dann den Kläranlagen zugeführt. Das gleiche Ziel verfolgt das Projekt Flussbad Berlin: Ökologische Pflanzenfilter sollen das Spreewasser reinigen, entlang der Museumsinsel soll sich so irgendwann ein mehr als 800 Meter langer Kanalabschnitt mit sauberem Flusswasser erstrecken. Schwimmen in der Spree – nach über 80 Jahren Badeverbot wäre das eine Sensation.

Hölzern gebaut. Bei einer Rundtour mit Berlins erstem Solarschiff können Interessierte vom Wasser aus u. a. Orte und Gebäude mit sparsamem Energieverbrauch kennenlernen. Sie können auch auf eigene Faust auf Tour gehen und ein Solarboot leihen.

Wer bei Lebensmitteln ökologisch und regional denkt, hat in Berlin eine riesige Auswahl. Unzählige Biosupermärkte und Ökomärkte versorgen die Berliner mit frischen Produkten. Einer der größten Biosupermärkte befindet sich in Prenzlauer Berg, wo auch die Originalfiliale der ersten europäischen veganen Supermarktkette aufmachte. Um die Ecke am Kollwitzplatz lockt ein gemütlicher kleiner Öko-Wochenmarkt; dort gibt's u. a. auch Currywurst – natürlich vom Biofleischer.

Ökomäßig unterwegs
Fahrradverleih
Berlin on Bike:
www.berlinonbike.de
Solarschiff-Tour
www.solarcircleline.de
Tel. 0171 8 37 92 34
Solarboot-Verleih
SolarWaterWorld Köpenick und Osthafen, Tel. 0151 74 55 44 33
www.solarwaterworld.de
Öko-Supermärkte
www.lpg-biomarkt.de
www.veganz.de
Öko-Markt Kollwitzplatz
Do 12–19 Uhr, im Winter bis 18 Uhr

Grillen, Joggen, Kaffee trinken

Eine Stadt mit über 430 000 Straßenbäumen, Parks an jeder Ecke und sogar einem Flugfeld als Freiluftareal gibt es nur einmal weltweit – in Berlin.

Es ist ein wahres Ritual an sonnigen Sommerwochenenden. Überall in Berlin gibt es Grünanlagen, in denen Grillen erlaubt ist. Schon am frühen Mittag rücken Pärchen, Familien und Freundesgruppen allen Alters mit Decken, Gartenstühlen, Geschirr, Grill, Holzkohle und Nahrungsmitteln an, um sich den schönsten Platz auszusuchen. Sie verbringen den ganzen Tag mit Essen, Trinken, unter den Bäumen träumen und Frisbee spielen. Denn die Grünflächen gehören zu Berlin wie die Borke zum Baum. Sobald die Sonne scheint, geht es »nüscht wie raus«, wie der Berliner sagt. Und das ist leicht: Fast ein Drittel der Stadtfläche besteht aus Parks und Wäldern!

Romantik im Ruderboot

Horden von Joggern und Walkern jagen täglich durch das Stadtgrün, aber auch Müßiggänger finden ihr Glück unter Bäumen, etwa im

Sonntagspicknick im Tiergarten, der mit 210 Hektar sogar größer als der Hyde Park in London ist.

Im Sommer locken Strandbars an die Berliner Wasserstraßen.

idyllischen Rosengarten am Humboldthain oder am Rande des Märchenbrunnens im Volkspark Friedrichshain. Und wer nach einer Weile Lust auf ein Glas Schorle verspürt oder einen Cappuccino, muss niemals lange laufen. Unzählige Cafés und Ausflugslokale haben Saison, sobald der erste warme Sonnenstrahl durchs Geäst findet. Bis tief in die Nacht kann man etwa in der Fischerhütte am Schlachtensee unterm Sternenhimmel sitzen und Freiluftbierchen zischen, während Verliebte im Ruderboot über den See schippern.

Park-Plätze für alle Bedürfnisse

Beliebt ist die Stadtnatur nicht nur bei Frisbeespielern und Volleyballern: In vielen Parks entspannen Berliner bei Yoga oder Tai Chi. Auf dem Tempelhofer Feld flitzen Kite-Boarder über die ehemaligen Start- und Landebahnen. Die Freunde von Freiluft-Karaoke und Improvisationskunst treffen Sie sonntags im Mauerpark. Und bevor junge Männer sich hüllenlos auf der kleinen geschützten Schwulenwiese in der Neuköllner Hasenheide von der Sonne braten lassen, fliegen die Bälle der Jongleure in den Himmel.

Pflanzen aus aller Welt

Mit 20 000 Pflanzenarten auf 43 ha Fläche ist der Botanische Garten in Dahlem einer der größten und artenreichsten Lehrgärten der Welt. Beeindruckend ist das 60 m lange und 26,5 m hohe Große Tropenhaus. Daneben gibt es 14 Gewächshäuser mit exotischen Palmen, Seerosen und Orchideen. Themengärten zeigen die Landschaften der Erde – von der sibirischen Steppe bis zum deutschen Bauerngarten. Die Sammlung weltweiter Pflanzen hat in Berlin Tradition: Schon vor über 300 Jahren wurde hier der erste landwirtschaftliche Mustergarten angelegt, seit 1897 besteht der Botanische Garten.

Viele Modegeschäfte habsn sich in den Hackeschen Höfen niedergelassen.

Gefragt: Berliner Ideen

In der »UNESCO-Stadt des Designs« leben so viele Kreative wie in kaum einer anderen Stadt. Innovative Produkte entstehen im Stundentakt und können an vielen Orten bewundert und natürlich auch gekauft werden.

Eine Buchstütze in Form der Berliner Mauer oder doch lieber ein Gürtel aus einem original Berliner Fahrradschlauch? Die Vielfalt an Berliner Design-Souvenirs kennt keine Grenzen. Und nicht selten kam die Idee zu diesen an einem Esstisch – in der selbsternannten europäischen Hauptstadt der Kreativen lässt sich mit wenigen Mitteln viel erreichen.

Junge Designer aus der ganzen Welt zieht die Metropole an der Spree daher magisch an, allein über 800 Modelabels laborieren an den neuesten Outfits. Einen idealen Nährboden bieten ihnen die Möglichkeit, günstig Ladenateliers zu mieten, eine Vielzahl von Modeplattformen, die für kleine Labels den Vertrieb organisieren, und die Offenheit der Stadt für neue Trends. Kein Wunder also, dass Berlin von der UNESCO den Titel »City of Design« verliehen bekommen hat.

Fashion aus Berlin

Viele etablierte Berliner Labels bieten ihre Kleider in der Spandauer Vorstadt zwischen Hackescher Markt und Rosenthaler Platz in Mitte an. Besonders in der Alten

Schönhauser Straße und in den Hackeschen Höfen reiht sich ein Modegeschäft ans andere. Hier hat z. B. auch der Flagship Store des Kultschuhlabels Trippen seinen

ter Mode und Upcycling. International einen Namen gemacht haben sich z. B. Magdalena Schaffrin, die nachhaltige Modemessen initiierte, Daniel Kroh mit seinen Kollektio-

Mode made in Berlin

Sitz. In der Kastanienallee und Oderberger Straße im Prenzlauer Berg sowie in Friedrichshain rund um den Boxhagener Platz tummeln sich ebenfalls junge Designer. Wer noch nicht so etabliert ist, verkauft seine Produkte auf Märkten, u. a. sonntags am Mauerpark.

Dabei geht der Trend eindeutig in Richtung nachhaltig produzier-

nen aus abgelegter Arbeitskleidung oder das Label Kollateralschaden. Inzwischen werden gar Workshops zu ökologischer Mode angeboten.

Traumziel: Designer

Rund 5500 Studenten studieren an elf Modeschulen Design. Keine andere europäische Stadt bildet so viele Nachwuchsdesigner aus!

Wasserstadt

190 Kilometer Wasserstraßen und fast 1000 Brücken gibt es in Berlin. Genug Platz für lange Uferspaziergänge und Hausboote.

Der Berliner Traum: ein Hausboot am Spreeufer

Das Boot schaukelt in der Havel, der Besitzer liest unterm Sonnenschirm seine Zeitung, die Frau plaudert mit dem Nachbarn. Sie steht bis zum Bauch im Wasser. Der Nachbar auch. Und nach einer Stunde hat sich nichts an diesem Bild verändert. Nicht alle Bootsbesitzer sind so standhaft. Aber an warmen Sommertagen, wenn die Hitze wie im fernen Süden auf der Stadt liegt, scheint sich außer den Enten auch auf dem Wasser nichts mehr zu bewegen.

Wohnung Traumschiff

Jetzt denkt man eher an Tucholsky, träumt von einer »Villa im Grünen mit großer Terrasse, vorn die Ostsee, hinten die Friedrichstraße; mit schöner Aussicht, ländlich-mondän, vom Badezimmer ist die Zugspitze zu sehen ...«. Wenn Sie eine Schifffahrt nach Charlottenburg machen, werden Sie sehen, dass manche sich zumindest mit ihren Traumschiffen auf der Spree eingerichtet haben. Auch am Plötzenseer Kolk neben dem Saatwinkler Damm trocknet Wäsche auf dem Schiff. Über die Besitzer der Hausboote weiß man alles Wesentliche: Sie verfügen über handwerkliches Geschick und beherrschen die hohe Schule der Diplomatie gegenüber Vertretern von Ämtern und Behörden – denn eigentlich gibt es diese Hausboote nicht. Bisher jedenfalls.

Am ist nicht im Wasser

»Wasserstadt Berlin« ist ein Denkmodell, bei dem davon ausgegangen wird, dass man am und nicht auf dem Wasser lebt. Nachdem die ersten Firmen und Botschaften die schönen Lagen entdeckt hatten, wurden auch Wohnungen ans Ufer gebaut. Aber nun entwickelte sich außerdem ein Bedürfnis nach schwimmenden Häusern. Nicht nach Hausbooten, sondern richtigen, geplanten Häusern auf dem

Sitz- und Liegeplatz für alle am Kreuzberger Urbanhafen

Wasser. »Berlin ist aus dem Kahn gebaut« heißt es und dass das Wasser in der Geschichte der Stadt immer Transportweg war und heute noch ist. Aber Wohnort?

Floating Homes

Ein Architektenwettbewerb »Floating Homes« wurde ausgeschrieben. Die Entwürfe sahen vielversprechend aus, doch die Behörden spielten nicht mit: Die schwimmenden Häuser werden vorerst eine Vision bleiben – trotz des Wohnraummangels in der Stadt.

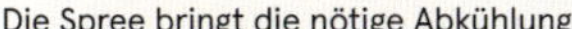

Die Spree bringt die nötige Abkühlung.

Spaß am Wasser

In Berlin gibt es Hotelschiffe an der Oberbaumbrücke, Restaurantschiffe am Urbanhafen, Freiluftkino auf der »Insel der Jugend« gegenüber dem Treptower Park und mehr als 40 Badestellen sowie 31 Sommer- und Freibäder.

Ein Spazierweg entlang der Spree führt am Reichstag
vorbei und fast durch das gesamte Zentrum.

Unter den Linden

Am Prachtboulevard Unter den Linden lässt sich die Geschichte nicht nur der Stadt, sondern von ganz Deutschland ablesen.

Seite 38–71

Erste Orientierung

Die Straße Unter den Linden ist zum Mythos geworden, weil an ihr Glück und Unglück Deutschlands über Jahrhunderte ablesbar sind. Sie ist keine Wohnstraße. Berliner bummeln hier auch nicht wirklich, aber sie lieben es, den Besuchern aus der Provinz »die Linden« stolz vorzuführen.

Es ist eine Straße für den Tag, denn nachts ist hier nichts los. Unter den Linden präsentiert das Berlin der Kurfürsten, das der preußischen Könige, das der DDR und auch das zeitgenössischer Stadtplaner. Im Jahr 2021 zeigt sich der schicke Boulevard nach jahrelanger Bautätigkeit in neuem Glanz: Dann ist die »Kanzlerlinie« fertig, eine unter Helmut Kohl geplante U-Bahn-Verbindung zwischen Alexanderplatz und Hauptbahnhof. Auch das Stadtschloss gegenüber der Museumsinsel ist dann fast vollendet und die Ausstellungen des Humboldt-Forums sollen nach und nach für die Öffentlichkeit zugänglich gemacht werden.

Der Pariser Platz ist ein Ort, dessen Bebauung mit Brandenburger Tor, französischer und US-amerikanischer Botschaft sowie dem Hotel Adlon viele Touristen anzieht. Auch das Gebäude der DZ-Bank von Frank Gehry sowie die Akademie

der Künste (Günter Behnisch) säumen den Platz. Wer dem Brandenburger Tor den Rücken kehrt und dem Straßenverlauf bis zum gut 1 km entfernten Schlossplatz folgt, wird sich gern verleiten lassen, links oder rechts in die Friedrichstraße abzubiegen. In den sogenannten Quartieren verbergen sich auch architektonisch interessante Ladenzeilen. Über den schönen Gendarmenmarkt und den geschichtsträchtigen Bebelplatz gelangt man beim Reiterstandbild Friedrichs des Großen wieder zur Straße Unter den Linden.

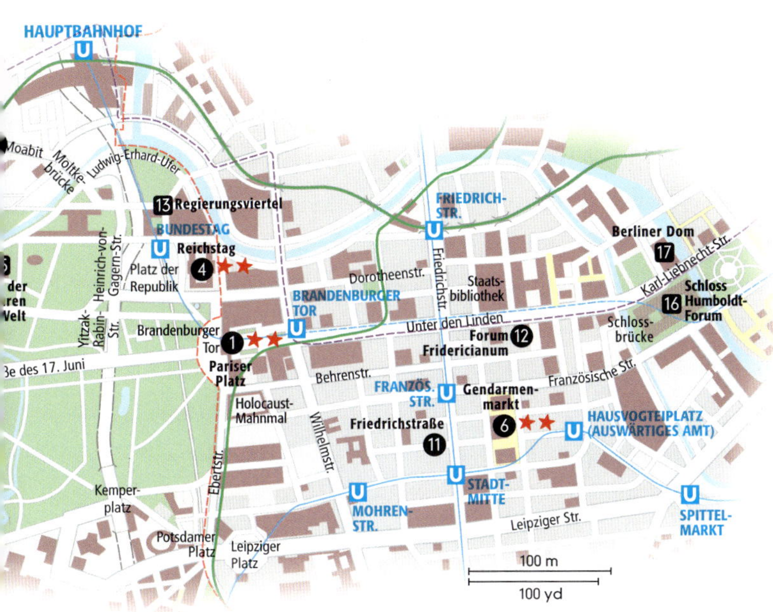

TOP 10

1 ★★ Pariser Platz S. 48
4 ★★ Reichstag S. 50
6 ★★ Gendarmenmarkt S. 54

Nicht verpassen!

11 Friedrichstraße S. 57
12 Forum Fridericianum S. 60

Nach Lust und Laune!

13 Regierungsviertel S. 64
14 Tiergarten S. 64
15 Haus der Kulturen der Welt S. 65
16 Schloss/Humboldt-Forum S. 65
17 Berliner Dom S. 67

Mein Tag...
im Reich der Politik

Wie nennen die Berliner das Kanzleramt? Welches ist der ruhigste Ort am Pariser Platz? Und wie kommt man den Abgeordneten ganz nahe? Diese und weitere Geheimnisse des Regierungsviertels erfahren Sie auf einer Entdeckungstour zwischen Stadtschloss und Kanzleramt.

10 Uhr, Expertentour zum Stadtschloss

Die Linden liegen im Morgendunst, der Lustgarten schlummert noch vor sich hin, ihm gegenüber erhebt sich mit dem Stadtschloss ein einstiges Wahrzeichen in neuem Gewand. Mit dem **16** Humboldt-Forum entsteht hier eines der größten Museumsprojekte des Landes. Kaum ein anderer Platz in Berlin blickt auf eine so bewegte Geschichte zurück wie der Schlossplatz. An der Seite eines Historikers erfahren Sie mehr über den Ort, an dem einst nicht nur das Herz Preußens, sondern auch der DDR schlug. Der Guide berichtet auch von dem Architekturstreit, der nach der Wende entbrannte: »Modern oder historisierend?«, war die Frage beim Wiederaufbau des Schlosses.

11 Uhr, Besuch im Humboldt-Forum

Werfen Sie unbedingt einen Blick in die Höfe des Schlosses – das Erscheinungsbild des Schlüterhofes mit

15 Uhr, Mit dem Schiff ins politische Zentrum
Uhr, Der Kanzlerin s Fenster schauen
10 Uhr, Expertentour zum Stadtschloss
Ende
Hauptbahnhof
15 Uhr
Alt-Moabit
Paris-Moskau
17 Uhr
Ludwig-Erhard-Ufer
Zollpackhof
Kanzleramt
13
Spree
Start
Dorotheenstr.
Friedrichstr.
Staats-bibliothek
10 Uhr
16
13 Uhr
Platz der Republik
4
Unter den Linden
Straße des 17. Juni
Brandenburger Tor
1
12 Uhr
Behrenstr.
Französische Str.
Kleiner Stern
Wilhel
12 Uhr, Trubel und Stille am Brandenburger Tor
100 m
100 yd
13 Uhr, Lunch in der Reichstagskuppel

Der Bus 100 macht es möglich! Eine preisgünstigere Stadtrundfahrt gibt es in Berlin sonst nicht.

seiner Kombination aus barocken und moderner Fassade wird in Berlin heiß diskutiert. Auch die Ausstellungen des Humboldt-Forums werden 2021 nach und nach eröffnet – den Anfang machen eine Berlin-Ausstellung und das Wissenschaftslabor der Humboldt-Universität.

11.30 Uhr, Sightseeing im Stadtbus

Direkt gegenüber dem Stadtschloss fährt der Bus 100 ab. Eigentlich als ganz normale Linie des ÖPNV geplant, hat sich der »100er« zur beliebten – und preisgünstigen – Alternative für Stadtrundfahrten entwickelt. Im Obergeschoss des Doppeldeckers, direkt über dem Fahrer, ist die Sicht am besten. Schlossbrücke … Staatsoper … Humboldt-Universität … Der Boulevard Unter den Linden saust ganz schnell vorbei, dann erreichen Sie auch schon den ❶ ★★ Pariser Platz.

12 Uhr, Trubel und Stille am Brandenburger Tor

Jeder Besuch am Brandenburger Tor ist ein Erlebnis für sich – egal wie oft man schon Fotos des berühmten Baus gesehen hat. Die umliegenden Gebäude halten sich dagegen mit ihrer Architektur dezent im Hintergrund. Dabei befindet sich auch hier ein politisches Zentrum: Die amerikanische und die französische Botschaft liegen direkt

Boulevard Unter den Linden (oben), Bundeskanzleramt (unten), Brandenburger Tor mit dem Pariser Platz, der »Guten Stube Berlins« (rechts)

am Platz, die britische und russische gleich um die Ecke.

Für den Fall, dass Ihnen das Getümmel der Selfie-Fotografen zu viel wird, gibt es einen Rückzugsort: Im »Raum der Stille« direkt im Tor kann man einen Moment der Ruhe genießen. »Hier sind schon Entscheidungen fürs Leben gefallen«, sagt die Empfangsdame.

13 Uhr, Lunch in der Reichstagskuppel

Nun sind es nur noch wenige Schritte zum ❹ ★★ Reichstag. Achten Sie auf das steinerne Band im Boden – so nah stand die Mauer einst am Parlamentsgebäude. Der exklusivste Weg auf die Dachterrasse führt über eine Reservierung bei Käfer: weltweit das einzige Restaurant auf dem Dach eines Parlamentsgebäudes. Ein merkwürdiges Gefühl, über den Köpfen der debattierenden Abgeordneten zu Mittag zu essen. Vergessen Sie am Ende nicht, zur Kuppelspitze zu laufen – der Audioguide verrät unterwegs Details über den ökologischen Fußabdruck des Gebäudes.

Mit dem Schiff ins politische Zentrum u.a. mit dem Reichstag und dem Paul-Löbe-Haus ...

15 Uhr, Mit dem Schiff ins politische Zentrum

Im **13** Regierungsviertel herrscht eine überraschend entspannte Stimmung: wenig Verkehr, Spaziergänger, Picknick in der Wiese. Direkt am Hauptbahnhof legen im Halbstundenrhythmus Ausflugsschiffe für eine Tour ab – denn vom Wasser aus genießt man die besten Blicke auf die Architektur der Regierungsbauten. Ein sehr »berlinerisches« Vergnügen: ein Sitz auf dem Oberdeck, ein Glas Berliner Weiße und schnoddrige Kommentare des Kapitäns: Bestimmt erwähnt er auch die »Waschmaschine« – der Name der Berliner fürs Kanzleramt.

17 Uhr, Der Kanzlerin ins Fenster schauen

Urig oder gediegen – bayerisch oder französisch-russisch? Direkt gegen-

... und vor oder nach der Fahrt eine kleine Rast am Spreeufer beim Kanzleramt gegenüber vom Berliner Hauptbahnhof

über dem Kanzleramt haben Sie die Wahl zwischen zwei kulinarischen Alternativen. Im Zollpackhof wurde ein historisches Gasthaus von 1685 direkt am Spreeufer wiederbelebt. Zu essen gibt es hier bayerische Spezialitäten, das Bier kommt von der Augustiner-Brauerei München. Im Sommer öffnet der schöne Biergarten mit Selbstbedienungstheke. In der übrigen Zeit ist der Augustinerkeller, ein uriger Gewölbekeller mit zwei großen Gasträumen, geöffnet. Und das Restaurant Paris-Moskau

bietet gehobene Küche in einem alten Fachwerkhaus von 1897, das lange Zeit am deutsch-deutschen Niemandsland lag und heute vor dem Neubau des Bundesinnenministeriums steht.

Geführte Touren mit Historikern zum Stadtschloss bieten:
Clio Berlin ⊕ www.clioberlin.de
Bärentouren ⊕ www.baerentouren.de

Humboldt-Forum
✉ Schlossplatz, ☎ 030 2 65 95 00
⊕ www.humboldtforum.org

Käfer Berlin
✉ Platz der Republik ☎ 030 2 26 29 90
⊕ www.feinkost-kaefer.de
🕐 Do-So 9–13 und Do-Sa 19–23 Uhr

Reederei Riedel
☎ 030 62 93 31 94
⊕ www.reederei-riedel.de

Zollpackhof
✉ Elisabeth-Abegg-Str. 1
☎ 030 33 09 97 20
⊕ www.zollpackhof.de
🕐 tägl. 12–22 Uhr

Restaurant Paris-Moskau
✉ Alt-Moabit 141 ☎ 030 3 94 20 81
⊕ www.paris-moskau.de
🕐 Mo-Sa ab 18, Mo-Fr. 12–15 Uhr

❶ ★★ Pariser Platz

Warum?	Der bedeutendste Platz Berlins und ein Wahrzeichen für ganz Deutschland
Was?	Einmal durchs Brandenburger Tor laufen
Wie lange?	Eine halbe Stunde
Was noch?	Etwas Luxus schnuppern und im Hotel Adlon auf eine Tasse Kaffee einkehren
Wie groß?	Etwa so groß wie zwei Fußballfelder
Wann?	Am besten frühmorgens, dann sind noch nicht so viele Besucher unterwegs.

Es sieht fast so aus wie vor 100 Jahren. Dort, wo bis vor einigen Jahren nur das Brandenburger Tor war. Es stand inmitten des Todesstreifens an der Mauer, die Berlin seit dem 13. August 1961 in Ost und West teilte.

Als Carl Gotthard Langhans, Direktor des Oberhofbauamtes, das Brandenburger Tor von 1789 bis 1791 <u>nach dem Vorbild der Propyläen der Akropolis von Athen</u> bauen ließ, war es ein Tor zur historischen Stadt und zugleich ein Monument der Stärke Preußens. Zwölf dorische Säulen teilen den doppelten Portikus. Der Mittelgang war mit 18 Fuß breit genug für königliche Equipagen. Heute genügt er auch Staatsbesuchen mit Anhang. Das Personal schritt früher durch die mittleren Gänge, das Volk ging ganz außen.

Nachts vor dem Brandenburger Tor

Die Quadriga
entwarf der Berliner
Johann Gottfried Scha-
dow (1764–1850), der
Kupferschmied Jury
übernahm die Ausfüh-
rung. Dessen Nichte
stand Modell für die
Friedensgöttin Eirene,
die später zur Sieges-
göttin Viktoria werden
sollte.

Das Holocaust-
Mahnmal kann
man durchwan-
dern.

Der Salon der Stadt

Von 1850 an wurde die barocke Bebauung des Leipziger
Platzes vor dem Brandenburger Tor klassizistisch verein-
heitlicht. Auch nach dem Mauerfall sollte der leere Platz
wieder als »Salon« der Stadt erstehen. Die Stadtplaner er-
ließen strenge Gestaltungsvorschriften, die den Architekten vorgaben, wie sie entwerfen sollten: Natursteinfassa-
den, am Klassizismus des 19. Jahrhunderts orientiert. So
sind die Botschaften der USA und Frankreichs, die Akademie der Künste und das legendäre Luxushotel Adlon an ihre
historischen Orte zurückgekehrt. Es gibt jedoch auch
höchst moderne Gebäude, etwa die DZ-Bank, ein futuris-
tisches Glanzstück des Stararchitekten Frank O. Gehry. Der
Entwurf für das Holocaust-Mahnmal südlich des Hotel
Adlon, das zentrale Denkmal Deutschlands für die ermor-
deten Juden Europas, stammt vom New Yorker Architekten
Peter Eisenman, einem der populärsten Planer und In-
genieure der Gegenwart.

KLEINE PAUSE

Das **Café Einstein** (Unter den Linden 42) ist auch Restaurant,
Kultursalon und Galerie mit Wechselausstellungen.

⊹ 224 B2
🚇 Brandenburger Tor
🚌 100

Holocaust-Mahnmal
⊹ 224 B1

🕐 Stelenfeld rund um die Uhr
zugänglich; Ort der Information
Di–So 10–18, (Einlass bis 17.15 Uhr),
öffentliche Führungen tägl. 15 Uhr
🌐 www.holocaust-mahnmal.de
🎫 frei

❹ ★★ Reichstag

Warum?	Seit über 120 Jahren Schauplatz deutscher Politik
Was?	Hinauf auf die Kuppel und den Abgeordneten auf den Tisch schauen
Wie lange?	Mindestens anderthalb Stunden
Wann?	Spätabends ist der Besuch besonders atmosphärisch.
Was noch?	Ein Besuch im Dachgartenrestaurant – oder ein Picknick auf der Wiese vor dem Parlament
Wie viel?	Die Fensterputzer auf der Kuppel müssen 3000 Quadratmeter Glasfläche sauber halten.

Ein Bild des Reichstagsgebäudes ging 1995 um die Welt. Da war es eine monumentale silberne Skulptur, vom Künstler Christo und seiner Frau Jeanne Claude verhüllt. Heute ist das Haus Sitz des gesamtdeutschen Parlaments. Wieder reißt der Besucherstrom nicht ab. Jetzt fasziniert der Zusammenklang von altem Gebäude und moderner Glaskuppel. Und wo sonst kann man in einem Parlamentsgebäude ein- und ausgehen?

360 Spiegel lenken Tageslicht in den Plenarsaal.

Das Reichstagsgebäude wurde 1884 bis 1894 errichtet. Im Kriegsjahr 1916 ließ Wilhelm II. am Giebel die Inschrift *Dem deutschen Volke* anbringen. Der Abgeordnete Philipp Scheidemann rief am 9. November 1918 aus einem Fenster des Gebäudes die Republik aus. Dem bis heute nicht geklärten <u>Reichstagsbrand</u> am 27. Februar 1933 folgte eine »Notverordnung«, die Grundrechte außer Kraft setzte und den Nationalsozialisten die Möglichkeit gab, ihre Gegner zu verfolgen und ihren Weg ins »Dritte Reich« zu ebnen. Der Plenarsaal war durch das Feuer vernichtet. Am Ende des Zweiten Weltkriegs, am 30. April 1945, hissten <u>Soldaten der Roten Armee</u> die Fahne auf einer Ruine. Am selben Tag beging Hitler im Führerbunker Selbstmord.

Erste Sitzung des gesamtdeutschen Parlaments

Am 4. Oktober 1990 fand hier die erste Sitzung des gesamtdeutschen Parlaments nach dem Mauerfall statt. Nach den Plänen Sir Norman Fosters wurde ein hochmodernes Parlamentsgebäude hinter die alten Fassaden gesetzt und am 19. April 1999 mit einer Bundestagssitzung eingeweiht. Die 23 m hohe Kuppel wurde sofort zum Berliner Wahrzeichen. Auf spiralförmig gegenläufigen Rampen – jede 230 m lang und konstant acht Grad steigend – umrundet man einen bespiegelten Trichter, der Tageslicht in den 10 m tiefer gelegenen Plenarsaal leitet. Nachts wird Kunstlicht aus dem Gebäude nach außen gelenkt. Foster wurde mit dem Bundesverdienstkreuz ausgezeichnet. Der Besuch der Kuppel ist nur nach Anmeldung möglich. Termine werden frühestens zwei Monate im Voraus vergeben. Kurzentschlossene können versuchen, bis zu zwei Stunden vor dem Besuchstermin Restkarten beim Besucherdienst neben dem Berlin-Pavillon in der Scheidemannstraße zu bekommen. Audio-Guides sind verfügbar. Auf Anfrage kann man auch an einer Führung oder Plenarsitzung teilnehmen.

Altes und Neues, aufs Schönste vereint

KLEINE PAUSE

Im Dachgartenrestaurant **Käfer** neben der Kuppel hat man Logenplätze zu entsprechenden Preisen (Do–So 9–13, Do–Sa 19–23 Uhr). Und mit einer Reservierung (Tel. 030 2 26 29 90) kommt man auch ohne Wartezeit ganz schnell hinein.

✛ 224 A2
✉ Platz der Republik
☎ Auskunft über Führungen, Teilnahme an Veranstaltungen: ☎ 030 22 73 21 52
🌐 www.bundestag.de/besuche
🕐 tägl. 8–24 Uhr (Einlass bis 21.45 Uhr)

Anmeldung Kuppelbesuch: Online, Fax (030 22 73 00 42), per Post (Deutscher Bundestag, Besucherdienst, Platz der Republik 1, 11011 Berlin)
🚇 Brandenburger Tor
🚌 100 ♿ frei

Sitz des deutschen Parlaments

1894 eingeweiht, 1933 ausgebrannt, 1945 zerschossen, seit 1990 wieder gesamtdeutsches Parlament: Das Reichstagsgebäude hat eine wechselvolle Geschichte. Die neue Kuppel ist ein Wahrzeichen Berlins geworden.

❶ <u>Kuppel</u>: Die gläserne Kuppel ist 23,5 m hoch und hat an der Basis einen Durchmesser von 40 m. Zwei gegenläufige Rampen führen hinauf zur Aussichtsplattform bzw. wieder hinab. Die bautechnische Funktion: Sie leitet Frischluft und durch die Spiegelkonstruktion Licht in den Plenarsaal.

❷ <u>Plenarsaal</u>: Die Zahl der Sitzplätze schwankt durch sog. Überhangmandate je nach Wahlergebnis; die Sitzreihen werden ebenfalls in jeder Legislaturperiode neu angeordnet. Von den Abgeordneten aus gesehen befinden sich links vom Rednerpult und den Präsidiumsplätzen die Regierungsbank, rechts die Plätze für Vertreter des Bundesrats.

❸ <u>Fraktionssitzungssäle</u>: Im Südflügel liegt unter den Sitzungssälen das Bundestagspräsidium.

4 <u>Moderne Kunst:</u> Künstler haben im Reichstagsgebäude ihre Arbeiten hinterlassen, so in der Eingangshalle die deutschen Farben in der Bearbeitung von Gerhard Richter und im südlichen Lichthof ein Bodenrelief von Ulrich Rückriem.

5 <u>Graffiti:</u> Inschriften, die sowjetische Soldaten nach der Eroberung an den Wänden angebracht haben, sind z. T. konserviert worden.

6 <u>Sicherheitsschleuse:</u> Bevor man auf die Kuppel darf, muss man die Sicherheitsschleuse passieren. Im gläsernen Besucheraufzug geht es hinauf.

❻ ★★ Gendarmenmarkt

Er gilt als schönster Platz Berlins und Inbegriff des romantischen Klassizismus. Beim sommerlichen Classic Open Air wird er zu einer der edelsten Freilichtbühnen der Stadt. Wenn Demonstrationen enden, finden die vom Marsch Ermüdeten Platz auf der Treppe von Schinkels Schauspielhaus. Über diese hat übrigens noch kein Besucher das ehemalige Theater und heutige Konzerthaus betreten – man geht darunter hinein.

Seinen Namen hat der Platz, im 17. Jahrhundert als Marktplatz der Friedrichstadt für Glaubensflüchtlinge aus Frankreich angelegt, von Wache und Ställen, die Soldatenkönig Friedrich Wilhelm I. für das <u>Regiment Gens d'armes</u> hier aufstellen ließ. Da stand schon ein kleiner Nachbau der Hauptkirche der Hugenotten in Charenton, die Ludwig XIV. hatte abreißen lassen, als Französische Friedrichstadtkirche am Platz. Als Pendant entstand die Neue Kirche für die Deutsch sprechenden Schweizer Immigranten. Als Friedrich II. Carl von Gontard 1780 beauftragte, aus stadtgestalterischen Gründen beide Kirchen mit gleichen Kuppeln (französisch dôme) zu versehen, schuf er wohl ahnungslos die Grundlage für die bleibenden Bezeichnungen Deutscher und Französischer Dom.

Wirkungsraum für ein Ensemble

Im <u>Französischen Dom</u> hat das bereits 1935 gegründete <u>Hugenottenmuseum</u> seinen Sitz, das an die im 17. Jahrhundert von Glaubensflüchtlingen gegründete Gemeinde erinnert (z.Zt. geschl.). Wer zur <u>Aussichtsplattform</u> hinaufklettert,

wird feststellen, dass der Platz nicht als Freiraum geschaffen wurde. Kein Gebäude steht allein. Das Ensemble macht den Platz zu dem, was er ist. Im <u>Deutschen Dom</u> kann man unterschiedliche Bauphasen an den Wänden ablesen. Eine Dauerausstellung zeigt auf interaktive Weise die Entwicklung der parlamentarischen Demokratie in Deutschland.

In der Mitte des Platzes ersetzte ab 1802 ein Neubau mit 2000 Sitzplätzen, errichtet von Gotthard Langhans, das bisherige bescheidenere »<u>Königliche Nationaltheater</u>«. Als sich im Juli 1817 während einer Probe zu Schillers *Die Räuber* der Vorhang entzündete, brannte das ganze Gebäude ab. Den Neubau des modernsten Theaters Preußens schuf <u>Karl Friedrich Schinkel</u> in schon damals bewährter Manier (1818 bis 1821). Den Dreiecksgiebel über dem Bühnenhaus schmücken Skulpturen von Christian Friedrich Tieck. Die SS steckte das Haus 1945 in Brand.

Die DDR beschloss 1976 den Wiederaufbau des Theaters. 1984 wurde es als <u>Konzerthaus</u> wiedereröffnet – Theaterhäuser gab es in Ostberlin zu der Zeit schon genügend. Die klassizistische Innenausstattung ist heute feierlicher Rahmen für Konzerte nicht nur klassischer Musik.

Auch den 6 m hohen <u>Schiller</u> von Reinhold Begas hatten die Nationalsozialisten vom Denkmal geholt. Seit 1989 steht er wieder am angestammten Platz, Vertreterinnen der Künste zu Füßen: die Lyrik mit der Harfe, die Dramatik mit dem Dolch, die Philosophie mit der Pergamentrolle (»Erkenne dich selbst«), die Geschichte mit den Schrifttafeln.

Mittelpunkt der leichten Muse

In der zweiten Hälfte des 19. Jahrhunderts war der Gendarmenmarkt Mittelpunkt der leichten Muse. Der Wiener Komponist Johann Strauss brachte den Berlinern die Walzertöne bei, Jacques Offenbach lud 1858 zu üppigen *Bouffes Parisiennes*, E.T.A. Hoffmann wurde nicht nur Stammgast im Weinhaus Lutter & Wegner, sondern wohnte auch nebenan.

KLEINE PAUSE

Eine heiße Schokolade aus Blockschokolade gibt es im **Rausch Schokoladenhaus Berlin** (Charlottenstr. 60, tägl. 12–19 Uhr), einem Schokoladenkaufhaus, das für seine Nachbildungen berühmter Berliner Gebäude (Reichstag, Brandenburger Tor usw.) aus Schokolade bekannt ist

---

ℹ ✛ 224 C1
🚇 Französische Str.

Hugenottenmuseum
☎ 030 8 92 81 46
🌐 www.hugenottenmuseum-berlin.de
🕐 Di–Sa 12–17, So 11–17 Uhr, z.Zt. geschl.

Deutscher Dom
☎ 030 22 73 04 31
🕐 Mai–Sept. Di–So 10–19, Okt.–April bis 18 Uhr; halbstündige Führungen alle 30 Min. zwischen 11 und 17 Uhr
💲 frei

⓫ Friedrichstraße

Warum?	Es ist die edelste Einkaufsstraße im östlichen Teil Berlins.
Was?	Nicht nur Shopping, sondern auch Schauplätze deutsch-deutscher Teilung
Wie lange?	Zwei bis drei Stunden
Was noch?	Das faszinierende Asisi-Panorama »The Wall« über das Leben im geteilten Berlin
Was nehme ich mit?	Originelle Souvenirs bei boxoffberlin in der Zimmerstraße 11

Berlins Prachtboulevard Unter den Linden erstreckt sich vom Brandenburger Tor bis zum Berliner Dom. Gekreuzt wird er von der Friedrichstraße, deren berühmtester Punkt der Checkpoint Charlie ist. Am Kontrollpunkt »C« der Amerikaner und Grenzübergang für Alliierte standen sich im Oktober 1961 amerikanische und sowjetische Panzer gegenüber. Heute locken elegante Geschäfte und moderne Gebäude bekannter Architekten Menschen aus aller Welt in die 3,5 km lange Straße.

Der nachgebaute Checkpoint Charlie

Nördlich von Unter den Linden liegt der 1882 eröffnete Bahnhof Friedrichstraße, der die Straße einst in zwei Hälften teilte. In Richtung Norden führte sie durch Industriegebiet, das später mit Mietskasernen bebaut wurde. Um den Bahnhof herum und nach Süden, bis zur Leipziger Straße, war sie elegant, prächtig bebaut; Luxusrestaurants wie Kellerkaschemmen, Varietés, Nachtbars und Spielhöllen mit dazugehörigem Publikum prägten die Atmosphäre. Dem Feuilletonisten Franz Hessel (1880–1941) schien das »schmale Trottoir mit einem Teppich aus Licht belegt …, auf dem die gefährlichen Mädchen sich wie auf Seide bewegten«.

Auch heute wird wieder viel Unterhaltung entlang der Friedrichstraße geboten. Im <u>Friedrichstadtpalast</u>, dem größten Revuetheater Europas, finden aufwendig inszenierte Shows statt, auch im Admiralspalast, im Kabarett-Theater Distel und im Quatsch Comedy Club kann man einen amüsanten Abend verbringen. Anspruchsvolle Theaterinszenierungen gibt es in dem von Bertolt Brecht gegründeten <u>Berliner Ensemble</u> und im <u>Deutschen Theater</u>.

Der Friedrichstadtpalast bietet spektakuläre Inszenierungen.

Deutsch-deutsche Geschichte

Der Bahnhof Friedrichstraße, nach dem Mauerbau die einzige Verbindung für Fern- und Stadtbahnzüge zwischen Ost und West, ist wieder ein ganz normaler U-/S- und Regionalbahnhof. Links vor der Weidendammbrücke über die Spree erinnert hinter einem Hochhaus der »Tränenpalast« an Zeiten, da man vor der Grenzkontrolle tränenreich voneinander Abschied nahm. Wie es damals an dem berüchtigten Grenzübergang zuging, zeigt eine Ausstellung. Neben Filmen und Erzählungen von Zeitzeugen sieht man auch Passkontrollkabinen und eine Überwachungskamera.

Fluchtgeschichten

Kurz nach Überqueren der einstigen Grenze am <u>Checkpoint Charlie</u>, wo Schauspieler in Uniformen für Fotos posieren, gelangt man zum 1962 gegründeten <u>Mauermuseum</u>, dem Haus am Checkpoint Charlie. Es erinnert daran, wie es wäh-

rend des Kalten Krieges zuging: mit Todesstreifen, Angst
und abenteuerlichen Fluchten. Das Haus ist nicht unumstritten: Viele empfinden es als Kuriositätenkabinett.

Friedrichstadt-Passagen

Teure Läden und Hotels säumen die Straße nach Süden hin.
Mit dem Kaufhaus Galeries Lafayette an der Ecke Französische Straße, wo die Etagen einen gläsernen Kegel umrun-

den, beginnen die »Quartiers 205–207« genannten Block-
bauten in schönster Berliner »Sahnetortenmanier« (unten
Läden, darüber Büros, oben Wohnungen). Nicht nur bei
schlechtem Wetter kann man durch die Einkaufspassagen
bummeln, Quartier 207 mit seiner transparenten Fassade
aus Glas stammt von Star-Architekt Jean Nouvel.

Wie der Name vermuten lässt, gibt es in den Galeries Lafayette zahlreiche französische Produkte.

KLEINE PAUSE

In der Friedrichstraße gibt es viele Imbisse. Etwas Besonderes bietet die Delikatessenabteilung im Basement der **Galeries Lafayettes** mit zahlreichen Gourmet-Imbissen.

✠ 224 C1-3
🚇 Friedrichstr., Stadtmitte,
Französische Str.

Tränenpalast
✉ Reichstagufer 17 ☎ 030 4 67 77 79 11

🌐 www.hdg.de
🕐 Di–Fr 9–19, Sa/So 10–18 Uhr ⚡ frei

Mauermuseum
✉ Friedrichstr. 43-45 🌐 www.mauer
museum.de 🕐 tägl. 9–22 Uhr ⚡ 14,50 €

⑫ Forum Fridericianum

Warum?	Mit der Staatsoper steht hier eines der besten Opernhäuser der Welt.
Was?	Eine intakte Mischung mit Prachtbauten aus Wissenschaft, Kultur und Staatswesen
Wie lange?	Zwei Stunden
Wann?	Am besten ganz früh oder spät abends
Was noch?	Das unterirdische Mahnmal »Bibliothek« auf dem Bebelplatz erinnert an die Bücherverbrennung von 1933.
Wo einkehren?	Die Dachterrasse des Hotel de Rome dürfen auch Nichtgäste besuchen: Kaffee oder Cocktail mit traumhaftem Ausblick.

Da steht er nun, mitten auf dem Boulevard Unter den Linden: der Alte Fritz, ein Reiterstandbild (1851) von Christian Daniel Rauch. Begleitet wird er von Militärs, Politikern, Wissenschaftlern und Künstlern, darunter Immanuel Kant und Gotthold Ephraim Lessing. Rundherum wollte Friedrich der Große zu seinen Ehren ein Forum Fridericianum sehen, wie es um den heutigen Bebelplatz entstanden ist.

Friedrich II. war 28 Jahre alt und galt als ebenso freundlich wie kunstsinnig, als er das Erbe seines sparsamen Vaters, des »Soldatenkönigs« Friedrich Wilhelm I., antrat. Zuerst ließ er die Straße Unter den Linden umbauen.

Die Oper
Der Architekt Georg Wenzeslaus von Knobelsdorff konnte nur das Opernhaus im Stil eines korinthischen Tempels (1741–43) realisieren. Dann fiel er in Ungnade. Das schönste Gebäude der Straße, offiziell Staatsoper und volkstümlich »Lindenoper«, gehört längst wieder zu den bestbesuchten Musentempeln der Stadt. Nach siebenjährigen Modernisierungsarbeiten wurde die Staatsoper 2017 wiedereröffnet – alle Veranstaltungen sind schnell ausverkauft.

Bebelplatz
Am Bebelplatz fällt der hochbarocke Schwung der Alten Bibliothek (1775–80) aus dem sonst klassizistischen Rahmen.

Das hat ihr den Namen »Kommode« eingetragen. Tatsächlich wünschte der Monarch die Kopie des Michaelertraktes der Wiener Hofburg an diesem Platz. Leere unterirdische Regale des israelischen Bildhauers Micha Ullmann erinnern an die Bücherverbrennung am 10. Mai 1933, als auf dem einstigen Opernplatz 20 000 Werke u. a. jüdischer, pazifistischer und antifaschistischer Literatur auf einem Scheiterhaufen loderten. Für die St. Hedwigs-Kathedrale (1773), den einzigen Kirchenbau in der Zeit Friedrichs II., Geste religiöser Toleranz gegenüber den schlesischen Katholiken, stand das römische Pantheon nur unzulänglich Pate. Neben der Bibliothek steht das Alte Palais, die Hauptresidenz von Kaiser Wilhelm I., der dort 1888 starb.

Kronprinzen-palais in nächtlicher Beleuchtung

Pietà von Käthe Kollwitz in der neuen Wache

Die Humboldt-Universität

Die Humboldt-Universität gegenüber dem Bebelplatz (1748–66 von Johann Boumann gebaut) war als Palais für Prinz Heinrich, den Bruder Friedrichs II., geplant. Auf Drängen Wilhelm von Humboldts wurde es 1810 der gerade gegründeten Universität zur Verfügung gestellt. Über Lehre und Forschung wacht der Gelehrte mit seinem Bruder Alexander von Humboldt vor dem Gebäude. Max Planck und Albert Einstein lehrten, Karl Marx lernte hier.

Der spektakulä-
re Anbau des
Deutschen
Historischen
Museums

Neue Wache

Die Neue Wache nebenan (1816–18) gilt als Prototyp des Schinkelschen Klassizismus. Mit einer vergrößerten Pietà von Käthe Kollwitz (s. S. 61) ist sie seit 1993 zentrale Gedenkstätte der Bundesrepublik. Ins Kastanienwäldchen zwischen Wache und Maxim-Gorki-Theater ist 2003 ein Bewohner zurückgekehrt, den die DDR 1958 in einen Park verbannt hatte: Spitzbübisch lächelt der Dichter Heinrich Heine.

Zeughaus

Anfang des 18. Jhs. gebaut, war das Zeughaus bis 1876 das größte Waffenarsenal Brandenburg-Preußens, ab 1990 schließlich <u>Deutsches Historisches Museum</u>. Rund 1500 Jahre deutsche Geschichte werden hier auf zwei Etagen mit vielen originalen Ausstellungsstücken anschaulich dargestellt. 2003 entstand der spektakuläre Anbau nach Plänen des amerikanisch-chinesischen Stararchitekten Ieoh Ming Pei.

Kronprinzen- und Prinzessinnenpalais

Das Kronprinzenpalais (1663) gegenüber blieb bis etwa 1840 prinzliche Stadtadresse. Am 31. August 1990 wurde hier der Einigungsvertrag zwischen der Bundesrepublik Deutschland und der Deutschen Demokratischen Republik unterzeichnet. Im benachbarten Prinzessinnenpalais hat mit dem Palais Populaire ein neues Kulturforum seinen Sitz.

KLEINE PAUSE

Im **Café** des Deutschen Historischen Museums laden Kaffee, Kuchen und regionale Gerichte zum Verweilen ein. Bei gutem Wetter sitzt es sich herrlich vor grandioser Kulisse auf der Spree-Terrasse (Tel. 030 2 06 427 44, 10–18 Uhr).

 ✛ 225 D2 🚌 100

Deutsches Historisches Museum
✉ Unter den Linden 2 ☎ 030 20 30 40

⊕ www.dhm.de
🕐 tägl. 10–18 Uhr
🚉 Hackescher Markt 🚌 100
💶 8 €, bis 18 Jahre frei

Lichter in der Nacht

Arktische Pinguine tummeln sich über der Spree. Der Fernsehturm treibt inmitten einer intergalaktischen Sternenflotte. Auf der Fassade der Humboldt-Uni leuchten Kinderbilder. Und am Bebelplatz flimmern Geschichten in bunten Farben über alle Gebäude gleichzeitig. In keiner anderen Zeit ist Berlin so farbenfroh wie beim Festival of Lights im September, wenn Gebäude, Straßen und Plätze durch künstlerische Inszenierungen erstrahlen. Lassen Sie sich von Fassade zu Fassade treiben, tauchen Sie ein in märchenhafte Bilder.
www.festival-of-lights.de

Nach Lust und Laune!

13 Regierungsviertel

1000 Büros sowie Sitzungs- und Tagungssäle befinden sich in den bis 2003 fertiggestellten Gebäuden des Regierungsviertels. Besonders ins Auge fällt das Bundeskanzleramt, ein minimalistisch-moderner Bau von Axel Schultes und Charlotte Frank, der wegen seiner runden Öffnungen im Volksmund auch als »Waschmaschine« bezeichnet wird. Im Vorhof steht eine Skulptur von Eduardo Chillida. Die parlamentarischen Ausschüsse tagen im Paul-Löbe-Haus gegenüber. Hier werden Gesetze ausgearbeitet, Sitzungen abgehalten und natürlich gibt es auch ein Restaurant für die Abgeordneten. Von der Kronprinzenbrücke aus können Sie hineinschauen. Im Marie-Elisabeth-Lüders-Haus treiben die Abgeordneten Sport in der Bundestagsturnhalle. Vorbildlich ist die dezentrale Energieversorgung durch Biodieselmotoren und 3600 m² Photovoltaikanlagen.

✛ 224 B1
✉ Otto-von-Bismarck-Allee
🌐 www.bundestag.de 🚊 Reichstag

14 Tiergarten

Das Grün, das man von der Reichstagskuppel aus sieht, reicht auf der einen Seite bis zur Spree, auf der anderen bis zum Potsdamer Platz und im Westen sogar bis zum Bahnhof Zoologischer Garten – insgesamt sind das 200 ha. Der wichtigste Park Berlins, durch den jahrelang die Love Parade zog, war Jagdrevier der Kurfürsten. Aber schon unter Friedrich I. wurde beim Bau des Charlottenburger Schlosses in der zweiten Hälfte des 17. Jahrhunderts eine Schneise als Verbindung zwischen Stadt und neuem Schloss geschlagen, die man in der Straße des 17. Juni wiedererkennt.

Dabei ist auch der Große Stern entstanden, damals der Kurfürstenplatz, auf den strahlenförmig acht Straßen zulaufen. 1939 wurde die Siegessäule vom Königsplatz – heute Platz der Republik – dorthin versetzt. Sie erinnert seit 1873 an die Siege über Dänemark (1864), Österreich (1866) und Frankreich (1870/71). Zur 35 t schweren und 8,3 m großen Viktoria von Friedrich Drake, für Berliner »Goldelse«, kann man über eine Wendeltreppe hinaufklettern. Nach 285 Stufen steht man auf der 48 m hohen Aus-

Lichtshow zur deutschen Geschichte im Marie-Elisabeth-Lüders-Haus

Die Siegessäule bietet schöne Ausblicke.

sichtsplattform unter ihrem Bronzerock und genießt einen herrlichen Blick über den Tiergarten.

Heute sieht man dem Tiergarten nicht mehr an, dass der Zweite Weltkrieg der Gartenpracht ein Ende gemacht hatte. Bäume und Sträucher wurden in den Nachkriegsjahren verheizt, und statt Blumen wurden Kartoffeln und Gemüse angepflanzt. Ab 1949 wurde der Tierpark wieder aufgeforstet. So ist auch der Englische Garten zwischen dem Schloss Bellevue und der Altonaer Straße entstanden, Ort sommerlicher Jazzkonzerte. Hinter den Bäumen in Schlossnähe verbirgt sich ein schwarzes Oval, das Bundespräsidialamt.

✝ 227 D4–F5 ✉ Siegessäule ◔ April bis Okt Mo–Fr 9.30–18.30, Sa/So bis 19, Nov.–März tägl. bis 17.30 Uhr 🚌 100 💶 3,50 €

15 Haus der Kulturen der Welt

Als Freundschaftsgeschenk der Amerikaner steht seit der Internationalen Bauausstellung 1957 eine Kongresshalle (die Berliner nannten sie »Schwangere Auster«) am Ufer, deren Dach, ein kühn geformtes Betonzelt, im Sommer 1980 in sich zusammenfiel. Zur 750-Jahr-Feier der Stadt 1987 war der Schaden repariert. Seit 1989 Haus der Kulturen der Welt, ist der auffallende Bau Ausstellungs-, Veranstaltungs- und Tagungsraum für alles, was unter den Begriff Weltkultur passt. Vor der Terrasse gibt es einen Anleger für Ausflugsschiffe auf der Spree. Im Wasserbecken vor der Halle liegt die Plastik *Zwei Formen* von Henry Moore. Vom 42 m hohen Carillon mit 68 Glocken erklingt von Mai bis Anfang August sonntags um 15 Uhr ein Live-Konzert des Carillonneur Jeffrey Bossin mit klassischen Werken. Zudem spielt es computergesteuert täglich um 12 und 18 Uhr.

✝ 227, nördlich F5 ✉ John-Foster-Dulles-Allee ☎ 030 39 78 70 🌐 www.hkw.de 🚌 100

16 Berliner Schloss

Das meistdiskutierte Bauprojekt der Nachwendezeit auf dem Schlossplatz ist fast vollendet: Verteilt über drei Phasen zwischen Dezember 2020 und Ende 2021 soll das Berliner Schloss eröffnet werden, eine Rekonstruktion des im Krieg beschädigten und von der DDR-Regie-

rung gesprengten Barockschlosses. Nach der Wende wurde der an dessen Stelle errichtete Palast der Republik abgerissen. Der neue Bau wird mit dem Humboldtforum ein riesiges Kulturareal mit mehr als 42 000 Quadratmetern Fläche beherbergen.

Zwei Projekte stehen am Anfang des Eröffnungsmarathons: Die Humboldt-Universität zeigt im Humboldt Labor die Ausstellung »Nach der Natur«, in der die Auswirkungen der globalen Umweltveränderungen wissenschaftlich aufbereitet werden. Das Stadtmuseum Berlin und die Kulturprojekte Berlin widmen sich in einer 4000 Quadratmeter großen Ausstellung mit Installationen und atmosphärischen Inszenierungen dem Beziehungsgeflecht zwischen Berlin und der Welt.

Als letztes folgt mit dem Ethnologischen Museum und dem Museum für Asiatische Kunst der Stiftung Preußischer Kulturbesitz das Herzstück des Humboldt-Forums. Geplant sind überdies Sonderausstellungen unter dem Titel »Elefant, Mensch, Elfenbein« und »Nimm Platz!« über Kulturtechniken des Sitzens sowie Wechselausstellungen. Mit der Eröffnung werden auch die Höfe und Passagen des Schlossbaus zugänglich gemacht. Die Bautätigkeit im Außenbereich wird indessen noch weitergehen.

Dass der Name Marx-Engels-Brücke nicht zu ihr passt, auch wenn sie zu DDR-Zeiten so hieß, sieht man auf den ersten Blick. Als Karl Friedrich Schinkel die nahe gelegene Schlossbrücke zwischen 1819 und 1824 entwarf, realisierte er den Wunsch Friedrich Wilhelms III., einen baufälligen Vorgängerbau zu ersetzen. Der Ersatz sollte etwas

Bedeutendes sein, wohl schmücken, aber auch Würde ausstrahlen. Schinkel starb 1841, und die von ihm entworfenen Figuren wurden erst unter Friedrich Wilhelm IV. aufgestellt. Die Themen der Eckgruppen von links (Reiterstandbild Friedrichs II. im Rücken): Siegesgöttin Nike lehrt den Knaben Heldensagen, bekrönt den Sieger, richtet den Verwundeten auf, (Iris) trägt den toten Krieger zum Olymp empor (rechts). Die Mittelgruppen zeigen, wie der Jüngling von Athene im Waffengebrauch unterwiesen wird, von ihr Waffen erhält, in den Krieg geführt und beschützt wird.

✛ 225 D2 ✉ Schlossplatz
⊕ www.humboldtforum.com
🚌 100

17 Berliner Dom

Seelengasometer sagten die Berliner zum repräsentativen Dom, den sich Kaiser Wilhelm II. 1894–1905 an Stelle eines bescheideneren, mehrfach umgebauten Vorgängers an die Spree setzen ließ. Der Bauherr hatte sich als Hauptkirche des deutschen Protestantismus und Grablege der Hohenzollern eher eine Art Petersdom erhofft. Julius Raschdorffs Entwurf war von der italienischen Hochrenaissance inspiriert. Den riesigen zentralen Kuppelbau aus schlesischem Sandstein, 74,8 m hoch und reich verziert, ließ er noch von vier Ecktürmen umgeben. Das kriegsbeschädigte Gebäude wurde

provisorisch gesichert und von 1975 an rekonstruiert. Im Sommer 1993 wurde der Dom mit einem feierlichen Gottesdienst wiedereröffnet. Die Sarkophage des Großen Kurfürsten und seiner Frau Dorothea, des ersten preußischen Königspaares Friedrich I. und Sophie Charlotte und das Grabmal von Kaiser Friedrich III. sind im Kirchenraum,

Alle 20 Minuten Führungen durch den Dom

die Gräber der Hohenzollern vom 16. bis 20. Jh. in der Hohenzollerngruft zu besichtigen. Der Berliner Dom ist die einzige Kirche Berlins, die von Besuchern Eintritt verlangt. Nach einem Aufstieg über 270 Domstufen genießt man einen grandiosen 360°-Panoramablick von der Kuppel auf die historische Mitte Berlins. Es gibt sogar einen Fahrstuhl, den der technikbegeisterte Kaiser 1905 einbauen ließ. Er wird allerdings nur zu besonderen Gelegenheiten genutzt.

✛ 225 D2 ✉ Am Lustgarten
⊕ www.berlinerdom.de ⏰ tgl. 10–19 Uhr
🚌 100 🎫 7 €

Wohin zum ...
Essen und Trinken?

Preise für ein Hauptgericht ohne Getränke:
€   unter 12 Euro
€€   12–25 Euro
€€€   über 25 Euro

RESTAURANTS

Augustiner am Gendarmenmarkt €€
Wer gerne rustikal und bodenständig speist,
ist in diesem holzvertäfelten bayerischen
Wirtshaus direkt am Gendarmenmarkt gut
aufgehoben. Zum frisch gezapften Augusti-
ner passen gut die gegrillten Würste oder
gleich eine krosse Schweinshaxe. Zum Abschluss gibt es dann noch einen warmen
Kaiserschmarrn mit Vanilleeis.
✢ 228 C4 ✉ Charlottenstr. 55
☎ 030 20 45 40 20
⊕ www.augustiner-braeu-berlin.de
🕐 tägl. 10–22 Uhr

BE-Kantine €
Sie hat keinen Namen und ist tatsächlich die
Kantine des Berliner Ensembles. Ein guter
Ort um einmal zwischen denen zu sitzen, die
in Berlin berühmt sind, und um den Thea-
ter-Legenden zuzuhören und -zusehen.
Man steigt ins Hinterhof-Souterrain, holt
sich Erbsensuppe oder Bulette und genießt
die günstige Mahlzeit. Im Sommer gibt es
auch Tische draußen für eine Verschnauf-
pause beim Stadtbummel, eben für ein ganz
anderes Theatererlebnis.
✢ 224 C3 ✉ Bertolt-Brecht-Platz 1
☎ 030 28 40 80 ⊕ www.berliner-ensemble.
de/service 🕐 Mo–Sa 9–24, So 16–24 Uhr

Bocca di Bacco €€/€€€
Es fehlt weder an Lokalen um den Gendarmenmarkt noch an Italienern in Berlin, aber
das Bocca di Bacco, der »Mund des Bac-
chus« (Abb. oben), ist einer der Höhepunkte
der Gegend. Das Restaurant ist groß und
schlicht und gleichzeitig elegant. Die Küche
ist norditalienisch, die ausgesuchten Zutaten
sind einwandfrei frisch, und auch Vegetarier
kann die Speisekarte zufrieden stimmen.

✢ 224 C1 ✉ Friedrichstr. 167–168
☎ 030 20 67 28 28 ⊕ www.boccadibacco.de
🕐 Mo–Sa 12–24, So 18–24 Uhr

Borchardt €€€
Als August Friedrich Wilhelm Borchardt 1853
im 200 m² großen ehemaligen Versammlungsraum der Hugenottengemeinde ein fei-
nes Weinlokal eröffnete, um etwas Weltläu-
figkeit in die provinzielle Hauptstadt zu
bringen, ahnte er nicht, dass dieses einmal
zu einem der berühmtesten Restaurants der
Stadt werden sollte. Manche nennen es
längst Politiker- oder auch Medienkantine.
Das Wiener Schnitzel soll zu den besten der
Stadt gehören.
✢ 224 C1 ✉ Französische Str. 47
☎ 030 81 88 62 62 ⊕ www.borchardt-
restaurant.de 🕐 tägl. 12–24 Uhr

Brasserie am Gendarmenmarkt €€/€€€
Dunkles Holz, Chrom, eine wirklich schöne
Brasserie mit Neo-Art-déco-Ambiente auch
für Eilige, die in einer halben Stunde drei
Gänge hinter sich bringen möchten. Das
heißt dann Quick-Lunch. Wie am Abend
servieren freundliche Menschen frisch zu-
bereitete italienische, französische und
deutsche Gerichte. Nach der Mittagszeit
sitzt man nicht mehr so dicht gedrängt und
genießt die Terrasse am Gendarmenmarkt.
✢ 224 C1 ✉ Taubenstr. 30
☎ 030 20 45 35 01 ⊕ www.brasserieam
gendarmenmarkt.de 🕐 tägl. 12–24 Uhr,
Quick-Lunch Mo–Fr 12–16 Uhr

Einstein €€
Es gibt viel zu sehen: Immer wieder Kunst
und Polit-Prominenz – so manch ein

Abgeordneter hat längst seinen weiß ge-
deckten Stammtisch. Das Volk drängelt sich
an den kleinen Tischen und genießt die gleichen leckeren Torten und österreichische
Küche von gehobener Qualität.
✝ 224 C2 ✉ Unter den Linden 42
☎ 030 2 04 36 32 ⊕ www.einstein-udl.com
🕑 Mo–Fr 8–22, Sa–So 9–22 Uhr

Ständige Vertretung €/€€

Das ist es, was aus der ehemaligen Bundes-
hauptstadt Bonn geblieben ist: ein Ort für
heimwehkranke Rheinländer, mit großformatigen Bildern aus der politischen Geschichte des Landes tapeziert (Abb. unten).
Mit Erfolg verbreiten sie ihre Kultur an der
Spree. Berliner nehmen gelassen hin, dass
man hier eng, sehr eng zusammenrückt und
Kölsch aus »Reagenzgläsern« trinkt. Oder
wie soll man die winzigen Gefäße nennen, in
denen das obergärige Bier hier serviert
wird? Das Beste im Speisenangebot ist der
Flammkuchen in verschiedenen Variationen,
mit herzhaftem oder süßem Belag. Probieren sollte man auch mal das Rheinische Na-
tionalgericht »Himmel un Ääd«: gebratene
Blutwurst, Zwiebeln, Äpfel, Kartoffelstampf.
Der »Halve Hahn« hat übrigens nichts mit
einem Hähnchen zu tun, er ist ein Roggen-
brötchen mit Gouda-Käse.
✝ 224 B3 ✉ Schiffbauerdamm 8
☎ 030 2 82 39 65 ⊕ www.staev.de
🕑 tägl. 10–1 Uhr

Weltwirtschaft €€

Es ist der Logenplatz über der Spree – in-
klusive Blick aufs Kanzleramt: Café und Restaurant gehören zum Haus der Kulturen der
Welt. Man sitzt entweder auf der großen
Terrasse am Wasser, in der Bar auf dem
Dach oder innen im stylish-puristischen
Ambiente. Serviert wird europäische Küche
von Pizza bis Schnitzel. Regelmäßig kann
man dabei auch Live-Konzerte erleben.
✝ 227 F5 ✉ John-Foster-Dulles-Allee 10
☎ 030 39 78 74 ⊕ www.weltwirtschaft.berlin
🕑 tägl. ab 10, Restaurant ab 12 Uhr

CAFÉS

Café am Neuen See

Frühstücken bis 16 Uhr, im Biergarten am
Wasser sitzen oder im Herbst und Winter
von drinnen aufs Wasser schauen! Egal ob
italienisches Frühstück mit diversen Wurst-
und Käsesorten, Atlantik-Gedeck (Lachs,
Heilbutt) oder Müsli, hier kann man sich gut
für den Tag oder den Nachmittag stärken.
An Wochenenden ist es sehr voll, aber dann
findet man im Sommer immer noch einen
Platz im großen Biergarten. Und ab Nachmittag duftet übrigens die Pizza verfüh-
rerisch.
✝ 227 D4 ✉ Lichtensteinallee 2
☎ 030 2 54 49 30 ⊕ www.cafeamneuensee.
de 🕑 Restaurant tägl. 9–24, Biergarten ab
11 Uhr

In der Ständigen Vertretung trifft man sich.

Wohin zum ...
Einkaufen?

Unter den Linden ist keine Einkaufsstraße: Auf den ersten 200 m vom Pariser Platz aus gesehen findet man zwar Ansichtskarten und Mauerreste, wer aber richtig shoppen möchte, wird eher in der Friedrichstraße mit den Friedrichstadt-Passagen (**Galeries Lafayette**) glücklich.

FRIEDRICHSTRASSE

Die südliche Friedrichstraße bis zur Leipziger Straße ist eine ununterbrochene Einkaufsmeile, in der es vom edlen Füllhalter (Mont Blanc) über handgenähte Schuhe (Budapester) bis zu kostbaren Süßwaren alles gibt, was edel und teuer ist. In Richtung Leipziger Platz entstand 2014 die **Mall of Berlin** mit rund 300 Geschäften (www.mallofberlin.de). Im zweiten Obergeschosss der Mall of Berlin befindet sich die große Food Hall mit 30 Restaurants und Imbissen; von der im rechten Winkel zur Leipziger Straße verlaufenden Einkaufs- bzw. Flaniermeile hat man einen herrlichen Blick auf den Bundesrat. Vielerorts im Gebäudekomplex sieht man das Logo des Shopping Centers »LP12« in unterschiedlicheForm: Es steht für die Anschrift »Leipziger Platz 12«. Im Quartier 206 (Friedrichstr. 71) dreht sich alles um Kunst und Mode. In der nördlichen Friedrichstraße bietet das Kulturkaufhaus **Dussmann** (Friedrichstr. 90) großzügige Ladenöffnungszeiten: Montag bis Freitag von 9 bis 22 und Samstag bis 23.30 Uhr. Rechts neben dem Bahnhof Friedrichstraße (Georgenstr.) unter den S-Bahnbögen bieten im **Antikmarkt** zahlreiche Händler ihre Waren aus unterschiedlichen Epochen an.

TIERGARTEN /STRASSE DES 17. JUNI

Samstags und sonntags, von 10 bis 17 Uhr, wird die Straße des 17. Juni vom S-Bahnhof Tiergarten an zum viel besuchten Trödel- und Kunstmarkt. Neben Ständen, die teure Sammlerstücke verkaufen, gibt es Trödler mit jeder Menge Schnäppchen, u. a. viele Schallplatten- und CD-Händler. Westwärts

Zum Repertoire des Berliner Ensembles gehören Theaterklassiker wie auch Bühnenwerke zeitgenössischer Autoren.

auf dem großen **Kunst- und Kunsthand-werkermarkt** können Sie sehen, was Berliner Kreativen alles einfällt.

Wohin zum ... Ausgehen?

Unter den Linden
Die Gegend Unter den Linden und um den Gendarmenmarkt ist abends ziemlich ruhig. Wer hier unterwegs ist, will in die **Staatsoper** (Unter den Linden 5–7, Tel. 030 20 35 45 55), die sich unter Daniel Barenboim zum führenden Musentempel Berlins entwickelt hat, in die **Komische Oper** (Behrenstr. 55–57, Tel. 030 47 99 74 00) oder ins **Konzerthaus** am Gendarmenmarkt (Tel. 030 2 03 09 21 01). Im **Maxim-Gorki-Theater** (Am Festungsgraben 2, Tel. 030 20 22 11 15) inszeniert seit 2013 Shermin Langhoff postmigrantisches Theater mit einem interkulturellen Ensemble.

Friedrichstraße
Hinter dem Bahnhof Friedrichstraße mischen sich Kneipenbesucher (meist auf dem Weg in die Spandauer Vorstadt) mit Freunden der gehobenen Kultur, die zum **Berliner Ensemble** (Tel. 030 28 40 81 55) eilen. Veranstaltungen im **Admiralspalast** (Tel. 030 2 25 07 00 00) reichen von Kabarett bis Jazz. Im **Friedrichstadt-Palast** (Tel. 030 23 26 23 26), dem mit fast 1900 Plätzen größten Revuetheater Europas, sind gigantische Shows (Ballett, Artistik, Musical) zu erleben.

Die Museumsinsel hat noch andere Attraktionen
als nur Altertümer.
EIN GOTT

Mitte

In Berlins Mitte locken die weltberühmte Museumsinsel mit fünf Museen, der Fernsehturm und schicke Höfe.

Seite 72–101

Erste Orientierung

Man spricht englisch, spanisch, französisch. In Mitte treffen sich junge Menschen aus aller Welt. Sie suchten nach der Wende das Chaos, das Unverbrauchte und Geheimnisvolle. Heute ist das Viertel ein Eldorado für Shopping-Fans und Kunstsammler.

Historisch falsch wird die Gegend oft Scheunenviertel genannt. Doch das Viertel, das im 17. Jahrhundert vor der Stadt lag, in dem damals Scheunen standen und wo später arme Ostjuden lebten, befand sich dort, wo Volksbühne und Rosenthaler Platz das Viertel begrenzen. Vielleicht hält sich der Name, weil es nach der Wende so einfach war, die baufälligen Häuser zu besetzen, das Wohnzimmer zum geheimen Club zu erklären, in der Tacheles genannten Ruine mit Leuten aus New York, Budapest oder Tokio den Marktwert der eigenen Kreativität zu testen. Wer wusste schon, auf welche Überraschung er in den vollgerümpelten Hinterhöfen treffen würde? Es schien, als würde jede Neugier irgendwie belohnt. »Das Chaos ist verbraucht«, mahnt die Schrift an einer Wand. Die meisten Häuser sind inzwischen hell verputzt, golden glänzt die Kuppel der Synagoge, die Clubs und Bars sind elegant. Man bummelt über schicke Höfe und findet sich nur noch selten in einer Brache wieder. In den Restaurants sitzen Kreative neben Touristen. Die Museen werden instandgesetzt und bestaunt. Die Künstler wie die Off-Szene suchen neue Orte. Nur der Alexanderplatz widersteht allen Versuchen der Umgestaltung.

TOP 10

2 ★★ Museumsinsel S. 82
3 ★★ Alexanderplatz S. 88
10 ★★ Hackesche Höfe S. 90

Nicht verpassen!

18 Centrum Judaicum S. 92

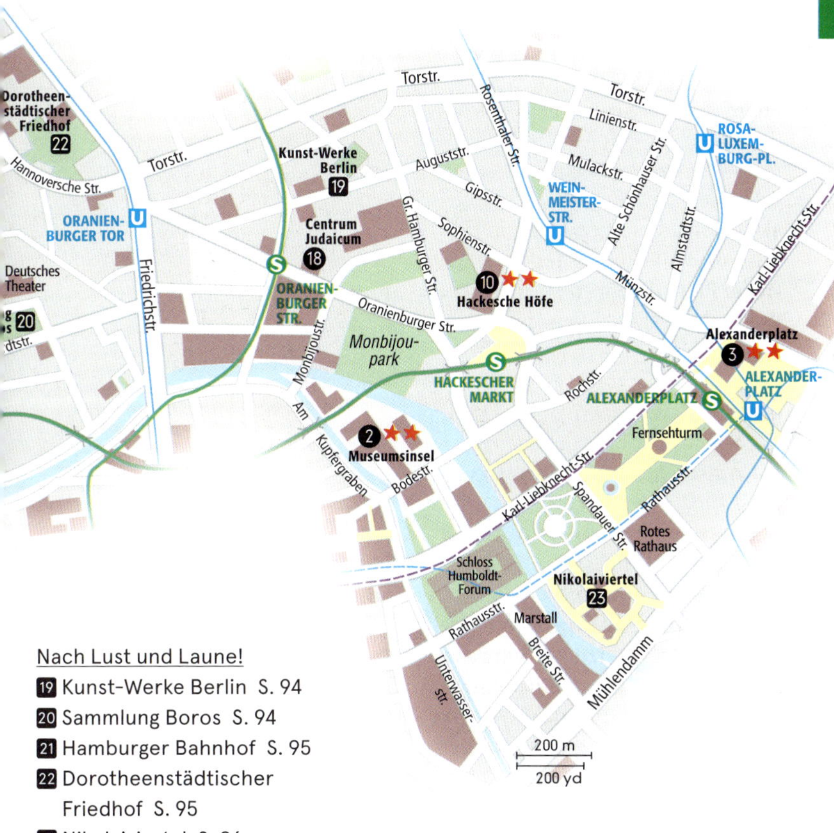

Nach Lust und Laune!

19 Kunst-Werke Berlin S. 94
20 Sammlung Boros S. 94
21 Hamburger Bahnhof S. 95
22 Dorotheenstädtischer
   Friedhof S. 95
23 Nikolaiviertel S. 96

Mein Tag...
im Künstlerquartier

Diese Symbiose ist einmalig: das jüngste Künstlerviertel und die älteste Kunst der Welt. Im Herzen der historischen Mitte hat sich eine lebendige Kunst- und Designszene mit Galerien, Kunsthäusern und Manufakturen entwickelt – in unmittelbarer Nachbarschaft zur Museumsinsel mit ihren Sammlungen aus mehreren Jahrtausenden. Hier erleben Sie eine Mischung, die nicht vielfältiger sein könnte.

10 Uhr, Kunst in den Höfen
Putz bröselt, Efeu wuchert, gigantische Eisenskulpturen rosten vor sich hin. Die Wände sind bedeckt von Plakaten, Stickern und Streetart: Ein riesiger Gorilla scheint von der Fassade zu springen, Monster leuchten in bunten Farben, dazwischen ein Wandbild mit Anne Frank. In den Höfen des Hauses Schwarzenberg haben sich Künstler nach der Wende ausgetobt – und alles blieb erhalten. Wenn Sie durch das wild beklebte Treppenhaus hochsteigen, finden Sie in der Galerie Murata & Friends nicht nur wechselnde Ausstellungen, sondern auch Drucke, Zeichnungen und Graphic Novels zum Kaufen. Die Höfe des Kunstprojektes sind nicht die schönsten, aber die authentischsten in Berlins Mitte. Wenn Sie mehr über die historischen Hofanlagen erfahren wollen, schließen Sie sich am besten einer geführten Tour an.

14 Uhr, Unter der goldenen Kuppel
13 Uhr, New York oder grüne Oase?
Torstr.
Torstr.
Rosenthaler Str.
13 Uhr
Augustr.
19
Clärchens Ballhaus
U
Jüdische Mädchenschule
14 Uhr
Oranienburger Str.
18
Gr. Hamburger Str.
Sophienstr.
U
10
10 Uhr
10 Uhr Kunst in den Höfen
Münzstr.
Friedrichstr.
S
Tucholskystr.
Monbijoustr.
Ende
Monbijou-park
Start
Rochstr.
S
U
Am
18 Uhr
18 Uhr, Ausklang im Monbijou-Park
2
Kupfergraben
Bodestr.
15 Uhr
Karl-Liebknecht-Str.
15 Uhr, Schätze aus sechs Jahrtausenden
200 m
200 yd

Im Hintergrund die Kuppel der Synagoge (oben); in den schönen Innenhöfen und Sträßchen des Scheunenviertels (links) reihen sich Kunsthäuser aneinander.

11 Uhr, Bummel im Künstlerquartier

Gleich um die Ecke bei den ⑩ ★★ <u>Hackeschen Höfen</u> liegt die Sophienstraße – mit der gleichnamigen, schlichten Pfarrkirche sowie den angrenzenden Bürgerhäusern wirkt sie wie aus einer Filmkulisse entsprungen. Hier beginnt das einstige <u>Scheunenviertel</u> mit seinen Sträßchen und Hinterhöfen – ideal, um sich treiben zu lassen in der Galerieszene, die sich hier nach der Wende angesiedelt hat.

In der Auguststraße reiht sich ein Ausstellungsraum an den nächsten; große Kunsthäuser bieten mehrere Sammlungen unter einem Dach. Planen Sie etwas Zeit für die ehemalige <u>Jüdische Mädchenschule</u> ein. Dieser 1930 eröffnete Bau mit seiner eleganten Fassade aus dunklen Eisenklinkern wurde bis ins Detail behutsam saniert, in den einstigen Klassenzimmern ist Kunst aus Fotografie, Malerei und Skulptur zu sehen. Im Sommer lockt der ruhige Innenhof zum Verweilen.

In Clärchens Ballhaus wird abends getanzt, mittags lockt bei schönem Wetter der schattige Garten.

13 Uhr, New York oder grüne Oase?

Hölzerne Dielen und das Flair der 30er-Jahre prägen das Deli Mogg im gleichen Haus. Hier können Sie auf einen Snack im New York-Style einkehren – berühmt ist das Pastrami Sandwich. Die Einrichtung des Lokals erinnert an die amerikanischen Delis der 1930er-Jahre, von jüdischen Einwanderern in New York erfunden. Bei schönem Wetter ist Clärchens Ballhaus nebenan die schönere Alternative: Die Stimmung in schattigen Garten des legendären Tanzhauses ist unvergleichlich. Wer weiß – vielleicht kommen Sie ja abends auf einen Tanz oder zwei zurück?

14 Uhr, Unter der goldenen Kuppel

Auf dem Weg zur Museumsinsel fällt Ihnen bestimmt eine goldene Kuppel ins Auge, wie eine Erscheinung aus Tausendundeiner Nacht. Tatsächlich plante Eduard Knoblauch die Jüdische Synagoge 1866 mit Anleihen bei der Alhambra. Auch wenn von dem Bau nur noch ein Teil erhalten ist, können Sie bis unter die Kuppel steigen – und mehr über jüdisches Leben in Berlin erfahren.

15 Uhr, Schätze aus sechs Jahrtausenden

Nur noch wenige Schritte über die Spree, und Sie befinden sich in ei-

Die Alte Nationalgalerie lockt mit Gemälden und Plastiken vorwiegend aus dem 19. Jahrhundert.

Nach dem Museumsbesuch lädt der Monbijoupark am Spreeufer bei warmem Wetter zum Entspannen ein.

nem ❷ ★★ <u>Museumsareal</u> der Superlative: fünf Häuser mit herausragenden Sammlungen von der Frühgeschichte über die Antike bis zur Kunst des 19. Jahrhunderts. Beim Spaziergang um das Ensemble bieten sich immer neue Blickwinkel: Auf der Friedrichsbrücke spielen Musiker den Soundtrack zum Blick auf die <u>Alte Nationalgalerie</u>, das <u>Alte Museum</u> kann man gemütlich von der Wiese im Lustgarten aus betrachten.

Doch wo soll man anfangen, welches sind die Highlights? Ein guter Startpunkt ist die James-Simon-Galerie, das 2019 eröffnete Empfangsgebäude mit seinen markanten Kolonnaden. Picken Sie sich dann am besten eine Sammlung heraus – oder einzelne Stücke! Das lapislazuli-blaue Tor von Ischtar bei-spielsweise oder die Meisterwerke der Romantik. Die Nofretete ist im vielleicht berührendsten Gebäude zu erleben: Architekt Chipperfield bewahrte bei der Sanierung des <u>Neuen Museums</u> dessen Wunden: Risse und Einschusslöcher, Granatenspuren und Witterungsschäden sind in die Architektur integriert.

18 Uhr, Ausklang im Monbijoupark

Frische Luft schnappen kann man anschließend im <u>Monbijoupark</u> auf

der anderen Spreeseite. Das Schlösschen, das hier einst stand, wurde im Zweiten Weltkrieg zerstört. Bummeln Sie am Fluss entlang oder schauen Sie im angrenzenden James-Simon-Park in einem Liegestuhl und mit einem Glas Prosecco den Ausflugsdampfern zu. Die Blaue Stunde ist hier besonders atmosphärisch.

Galerie Murata & Friends
✉ Rosenthaler Str. 39
⊕ www.murataandfriends.de
🕐 Mi–Sa 13–19 Uhr

Geführte Touren durch die Höfe des Scheunenviertels:
⊕ www.travelxsite.de
⊕ www.stattreisenberlin.de

Ehem. Jüdische Mädchenschule
✉ Auguststr. 11–13 ⊕ www.maedchenschule.org

Mogg
☎ 0176 64 96 13 44 ⊕ www.moggmogg.com
🕐 tägl. 12–21 Uhr

Clärchens Ballhaus
✉ Auguststr. 24 ☎ 030 5 55 78 54 40
⊕ www.claerchensball.haus, 🕐 Mo–Do 17–23,
Fr 17–1, Sa 12–1, So 12–23 Uhr

❷ ★★ Museumsinsel

Warum?	Mit ihren fünf Museen gehört sie zu den renommiertesten Museumskomplexen in der Welt.
Was?	Kunst und Kultur aus sechs Jahrtausenden Menschheitsgeschichte
Wie lange?	Je nach Laune von wenigen Stunden bis zu mehreren Tagen
Wann?	In der Hochsaison am besten mit vorgebuchter Uhrzeit
Was noch?	Die Staatlichen Museen bieten ein spannendes Programm mit Führungen und Workshops.

Es gibt rund 200 Museen in Berlin, warum soll man gerade diese besuchen? Weil das Alte Museum eins der schönsten Bauwerke der Stadt ist. Weil die Alte Nationalgalerie, vorbildlich saniert, eine hervorragende Gemäldesammlung zeigt. Weil im Neuen Museum die ägyptische Königin Nofretete Audienz hält und das Pergamonmuseum mit antiken Schätzen aus vielen Kulturen aufwartet.

Altes Museum

Das Alte Museum (1823–30 gebaut) muss man von vorne, aus dem Lustgarten, sehen. Der war tatsächlich einmal ein Garten, war Exerzierplatz, Wiese, Aufmarschplatz, und erst 1999 wurde wieder Rasen ausgerollt. Eine breite Treppe führt zu einer offenen Säulenhalle nach griechischem Vorbild, in einen Tempel der Kunst. In einer Rotunde, dem Pantheon nachempfunden, sollte der Besucher vor Eintritt in die Sammlungen »erhoben« werden, wie Baumeister Karl Friedrich Schinkel es ausdrückte. 20 korinthische Säulen tragen den Galerienring des zweistöckigen Kuppelsaales. Heute beherbergt das Museum die Antikensammlung mit Kunst und Kultur der Griechen, Etrusker und Römer. Das bedeu-

Ruheplatz zu Füßen der Amazone vor dem Alten Museum

tendste Werk ist der <u>Betende Knabe</u>, (300 v. Chr.) auf Rhodos gefunden, und genau dort zu sehen, wo er zur Eröffnung des Museums 1830 stand: in der Mitte des Nordsaales.

Alte Nationalgalerie

Friedrich August Stüler gestaltete die Alte Nationalgalerie (1866–76) im Stile eines korinthischen Tempels auf hohem Sockel, dem niedrigen Leben entrückt. Preußenkönig Friedrich Wilhelm IV. empfängt Besucher hoch zu Ross. Zu verdanken ist die Galerie einem resoluten Mäzen, dem Bankier Joachim Wagener. Der hatte Schinkels <u>Gotischer Dom am Meer</u> und kleinformatige Genrebilder gekauft und vermachte seine Sammlung dem späteren Kaiser Wilhelm I. unter der Bedingung, dass damit eine Nationale Galerie für zeitgenössische Kunst in einem »geeigneten Local« zu begründen sei. Dass die Pflege dieser Kunst Staatsaufgabe sei, meinten nach der bürgerlichen Revolution von 1848 viele Künstler und liberale Politiker. 125 Jahre war die Nationalgalerie alt, als sie 2001 nach behutsamer Sanierung wiedereröffnet wurde. Aus dem Schrein der deutschen Kulturnation ist eine internationale Sammlung zur <u>Kunst des 19. Jahrhunderts</u> geworden. Zu sehen sind Werke von Caspar David Friedrich, dem großen Romantiker, des Berliners Adolph von Menzel, von Max Liebermann, aber auch Werke Renoirs, Claude Monets, Skulpturen von Begas bis Rodin …

Neues Museum

Es soll das schönste Museum gewesen sein und war nach dem Zweiten Weltkrieg am schwersten zerstört. Eisenkunstguss, neue Materialien und Farben, Deckentapeten und Einbau orientalischer Originale machten Stülers Bau (1843–55) zu einem Gesamtkunstwerk. Der britische Stararchitekt David Chipperfield hat die Ruine behutsam samt historischen Malereien und Säulen mit modernen Elementen verschmolzen. Besucher von heute erwartet u. a. ein Ägyptisches Museum mit Nofretete und das Museum für Vor- und Frühgeschichte mit der Schliemannschen Troja-Sammlung.

Wie ein mächtiges Schiff ragt das Bode-Museum ins Wasser.

Pergamonmuseum

Das nach Plänen von Alfred Messel und Ludwig Hoffmann 1909 bis 1930 erbaute Pergamonmuseum vereint das Vorasiatische Museum, das Museum für Islamische Kunst sowie Teile der Antikensammlung. Bis 2025/26 soll es nach und nach restauriert werden, was zur Schließung einzelner Abteilungen führen kann. Bis auf Weiteres sind z. B. der Nordflügel sowie die Halle mit dem Pergamonaltar geschlossen. Das Museum ist aber dennoch besuchenswert.

Zu seinen Höhepunkten gehört das großartige Markttor von Milet (165 v. Chr.) sowie ein Orpheus-Bodenmosaik aus einer römischen Villa (2. Jh.). Direkt hinter dem Tor geht die Reise nach Babylon zur Zeit Nebukadnezars II. (603–562 v. Chr.). Hier befinden sich das überwältigende Ishtar-Tor, die Prozessionsstraße und Teile der Kronsaalfassade. Weitere bedeutende Monumentalarchitekturen aus Alt-Vorderasien

sind die Stiftmosaikwand (um 3000 v. Chr.) und die Backsteinfassade (etwa 1415 v. Chr.) aus dem Eanna-Heiligtum in
Uruk. Während der Renovierungsphase sind im Pergamon-
Panorama des Künstlers Yadegar Asisi Originalteile des Pergamonaltars sowie eine Videoinstallation zum Pergamonaltar zu besichtigen.

Bode-Museum

Das Bode-Museum, das seit 1904 wie ein Schiffsbug aus dem
Wasser ragt, beherbergt eine großartige Skulpturensammlung u. a. mit Werken von Tilman Riemenschneider, das
Museum für
Byzantinische
Kunst und das
Münzkabinett.

James-Simon-Galerie

Die James-Simon-
Galerie mit ihren
charakteristischen Pfeilern,
entworfen von
Architekt David

Chipperfield, ist das neue Eingangsgebäude der Museumsinsel. Der 2019 eröffnete Bau, in dem auch Sonderausstellungen zu sehen sind, lenkt die Besucherströme der Museumsinsel; dort kann man Tickets für alle fünf Museen kaufen
oder das Café besuchen. Mit der Namensgebung wird einem
wichtigen Berliner Kulturmäzen gedacht: dem jüdischen
Textilkaufmann James Simon.

Im Treppenhaus des Neuen
Museums sind
Alt und Neu
nebeneinander
zu sehen.

Alle Museen bieten ihren Besuchern ein Café (im Pergamonmuseum z. Zt. geschl.).

✈ 225 D2/3 ✉ Museumsinsel
☎ 030 2 66 42 42 42
🌐 www.smb.museum
🕐 Di–So 10–18, Do bis 20 Uhr
🚉 Hackescher Markt, Friedrichstr.

🚌 100 🚊 Altes Mus., Alte Nationalgalerie 10 €, Bode, Neues Mus.,
Pergamon 12 €, 18 € für alle fünf
Museen

Hort der Künste und des Altertums

Eine Kulturlandschaft ganz besonderer Art, von der UNESCO zum Weltkulturerbe erhoben: Die Museumsinsel ist einer der größten Museumskomplexe der Welt und ganz der Kunst und Archäologie gewidmet. An einem Tag ist sie nicht zu bewältigen, aber Pergamonaltar, Nofretete und Alte Nationalgalerie sollte man anschauen – die Bereichskarte gilt für alle Museen. Kuriosum: Mittendurch rattern S-Bahn und Fernzüge.

1 Das <u>Bode-Museum</u> geht aus dem 1904 eröffneten Kaiser-Friedrich-Museum hervor und wurde nach der Wiedereröffnung 1956 zu Ehren seines Begründers Wilhelm von Bode umbenannt. Hier sind die Skulpturensammlung, das Museum für Byzantinische Kunst und das Münzkabinett zu Hause.

2 Das <u>Pergamonmuseum</u> (1930) besteht aus drei Museen: Antikensammlung, Vorderasiatisches Museum und Museum für Islamische Kunst. Teile der Sammlungen sind voraussichtich bis 2025/26 wegen Restaurierung geschlossen.

3 Die <u>Alte Nationalgalerie</u> (1866 bis 1876 nach Plänen von Friedrich August Stüler und Johann Heinrich Strack) war ursprünglich als Lehr-

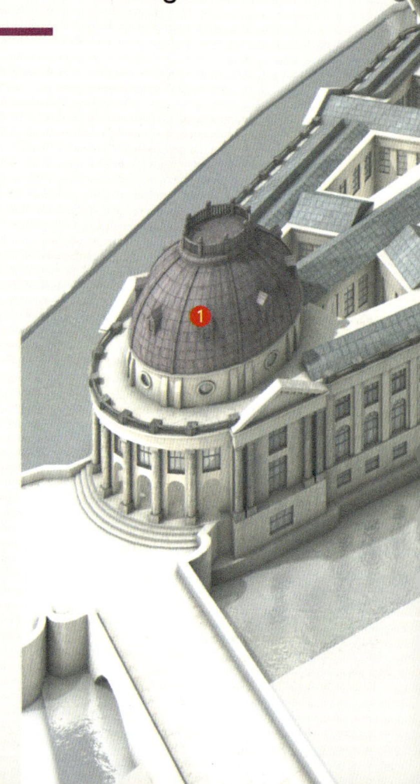

und Festsaal für die deutsche Kunst gedacht. Sie hat die Gestalt eines korinthischen Tempels über einem hohen Unterbau. Die Galerie präsentiert glanzvoll Malerei und Skulpturen des 19. Jahrhunderts.

❹ Das Neue Museum (1843–1855) wurde nach Plänen von Friedrich

❺ 1823–1830 wurde das Alte Museum nach Entwürfen von Karl Friedrich Schinkel im Stil eines griechischen Tempels als Königliches Museum erbaut.

❻ 2019 wurde die James-Simon-Galerie eingeweiht, die seitdem als zentrales Eingangsgebäude zur

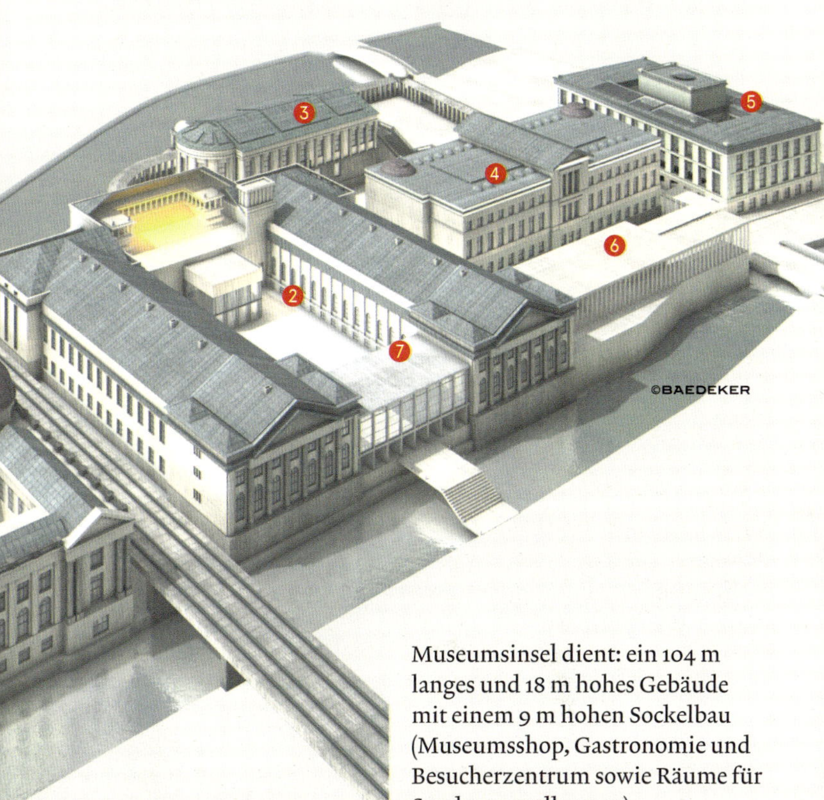

August Stüler errichtet. Zu sehen sind die Sammlungen des Ägyptischen Museums und des Museums für Vor- und Frühgeschichte mit der Troja-Sammlung.

Museumsinsel dient: ein 104 m langes und 18 m hohes Gebäude mit einem 9 m hohen Sockelbau (Museumsshop, Gastronomie und Besucherzentrum sowie Räume für Sonderausstellungen).

❼ Die Archäologische Promenade wird Bode-, Pergamon-, Neues und Altes Museum unterirdisch verbinden, um einen raschen Rundgang zu ermöglichen.

❸ ★★ Alexanderplatz

Warum?	Es ist nicht der schönste, aber der größte innerstädtische Platz Deutschlands.
Was?	Fernsehturm und Weltzeituhr dürfen bei einem Berlinbesuch nicht fehlen.
Wann?	Wenn die Geschäfte geöffnet sind und lieber nicht nachts
Was noch?	Mit dem Fahrstuhl aufs Dach des Park Inn Hotels fahren (4 €) und den Ausblick genießen
Was nehme ich mit?	Edle Pralinen aus der Feinkostabteilung der Galeria Kaufhof

Ostberlinern ist er immer noch Heimat, war bis zur Wende ihr Zentrum und kurz davor Demonstrationsort. Der Alexanderplatz oder einfach »Alex« ist riesig. Man hat ihn, auch von entfernten Plätzen, fast immer im Blick. Das liegt am Fernsehturm, dem höchsten Gebäude der Stadt.

Der <u>Fernsehturm</u>, das mit 368 m höchste Gebäude Deutschlands ist Gesamtberliner Wahrzeichen. Von oben sehen Sie auf einen ehemaligen (Ochsen-)Markt und Exerzierplatz. 1808, als Zar Alexander I. Friedrich Wilhelm III. besuchte, wurde der Platz zu Ehren des Gastes benannt. Von da an entwickelte er sich allmählich zum Verkehrsknotenpunkt. Die <u>Marienkirche</u>, 1270 begonnen, stand damals noch im Gewirr kleiner Straßen. Der <u>Neptunbrunnen</u>,

Beliebter Treffpunkt: Weltzeituhr im Sixties-Design

ein Werk des Bildhauers Reinhold Begas von 1891, erinnert an Berninis Vierströmebrunnen in Rom. Die Damen verkörpern die Flüsse Elbe, Weichsel, Oder und Rhein.

Auch das <u>Rote Rathaus</u> (1861–69), der backsteinrote Sitz des Regierenden Bürgermeisters von Berlin, hatte ausländische Vorbilder in Italien und im Flandern des 15. und 16.

Jahrhunderts. Die von Erich John konstruierte 10 m hohe
<u>Weltzeituhr,</u> ebenfalls 1969 installiert, ist ein beliebter Treff-
punkt geblieben. Vielleicht, weil irgendwo auf der Welt immer die richtige Zeit ist.

KLEINE PAUSE
Den besten Ausblick auf den Alexanderplatz haben Sie vom
Dinea-Restaurant (Alexanderplatz 9, Tel. 030 24 74 37 48,
Mo–Sa 9.30–19 Uhr) im fünften Stock der Galeria Kaufhof.
Hier können Sie bequem dem Treiben auf dem Platz zuse-
hen. Kaffee kostet 1 €, freies WLAN.

✛ 225 E3 🚇 Alexanderplatz

Fernsehturm
✉ Panoramastr. 1a; https://tv-turm.de
🕐 tägl. 10–22 Uhr (letzte Auffahrt:
21.30 Uhr) 🎫 ab 18,50 €

Magischer Moment

Die Klänge der Kino-Orgel

Die Musik klingt nostalgisch und exotisch,
nach Zirkus und Leierkastenmann. Live-Beglei-
tung von Stummfilmen auf einer 90 Jahre alten
Kinoorgel – wo gibt es das sonst noch? Im Babylon. Deutschlands einzige festangestellte Ki-
no-Organistin sitzt direkt unterhalb der Leinwand und interpretiert den Film musikalisch.
Lassen Sie sich überraschen, was die Orgel noch
alles kann: z. B. Soundeffekte wie Hufgetrap-
pel, Telefonklingeln und ratternde Züge.
Rosa-Luxemburg-Str. 30, Tel. 030 2425969,
www.babylonberlin.de

⓾  Hackesche Höfe

Warum?	**Willkommen im größten geschlossenen Hofsystem Deutschlands**
Was?	**Viele Manufakturen und originelle Läden von Berliner Künstlern**
Wie lange?	**Mindestens eine Stunde**
Wann?	**Tagsüber, damit man durch die Läden stöbern kann.**
Was noch?	**Im Obergeschoss des ersten Hofes werden Filme mit Untertiteln gezeigt.**
Was nehme ich mit?	**Handgefertigte Süßigkeiten aus der Bonbonmacherei**

In lauten Straßen öffnen sich unvermittelt Eingänge zu stillen Höfen, oft mehreren hintereinander. Das ist typisch für Berlin. Ganz und gar nicht typisch ist jedoch, dass sie den Spaziergänger mit solcher Pracht empfangen wie hier.

Von außen ahnt man nichts. Dann geht man hinein: Goldene, grüne und blaue Glasursteine – nach historischem Vorbild neu gebrannt –, hohe Fenster, dynamische Muster, eine geschwungene Dachlinie ziehen wie ein Magnet das Leben von der Straße in die Höfe. Der Jugendstilarchitekt August Endell setzte 1906 dem damals üblichen wilhelminischen Stuck, der auch die Fassade zierte, seine Vorstellung von Schönheit entgegen.

Zu Beginn des 20. Jahrhunderts, als die Wirtschaft florierte, wurde dieses Ensemble mit acht Höfen in der Nähe von Stadtschloss und Kaufhäusern, zwischen Rosenthaler und Sophienstraße, gebaut und erregte sofort Aufsehen. Einmal wegen der optimalen Raumnutzung, aber auch wegen der Art der Nutzung als Wohn- und Gewerbehöfe und natürlich wegen der Schönheit des ersten Hofes.

Parkett und Innentoiletten

Hier gab es schon zentral beheizte Wohnungen mit Parkettböden, mit Badezimmern, Innentoiletten und Balkonen. Die Bewohner gehörten zu bürgerlichen wie Beamtenkreisen. Viele hatten ihre Läden und Werkstätten in den Höfen. Es

gab Textilproduzenten, Telefonbauer, eine Likör- und eine Wachstuchfabrik, Kürschner und Schuhmacher.

Ein Hof wie aus dem Bilderbuch

Förderung urbanen Lebens

In der Nachkriegszeit verfielen die Höfe, dienten als Werkstätten und Lager. Nach dem Mauerfall wurden die Hackeschen Höfe aufwändig saniert. Senat, Eigentümer und Mieter haben ein Konzept zur Förderung urbanen Lebens entwickelt, das vorsieht, dass alle Restaurants und Läden von ihren Inhabern geführt sein müssen. In den Festsälen drängeln sich heute die Besucher des Chamäleon-Varietés. Bis unters Dach muss man zum Kino klettern. Designer verkaufen ihre Mode, Goldschmiede lassen sich auf die Finger schauen, im Brunnenhof stellt eine Galerie aus. Man kann sich die Haare schneiden lassen, Billard spielen, Musik hören, neue und alte Bücher kaufen. Oder nur gucken.

✝ 225 D3 ✉ Rosenthaler Str. 40/41　🚊 Hackescher Markt
🌐 www.hackesche-hoefe.com

⑱ Centrum Judaicum

Warum?	Einer der wichtigsten Orte jüdischen Lebens vor 1933
Was?	Die neu gestaltete Dauerausstellung »Tuet auf die Pforten« in der Neuen Synagoge
Wie lange?	Anderthalb Stunden
Was noch?	Der Ausblick von der Kuppel der Synagoge
Wo einkehren?	Hummus & Friends (Oranienburger Str. 27) bietet vegetarische und koschere Speisen.

Mit ihrer goldenen Kuppel beherrscht die Neue Synagoge in der Oranienburger Straße den Himmel über Berlin Mitte. Davor patrouillieren Polizisten und signalisieren die fortwährende Gefährdung jüdischer Einrichtungen.

Eine neue Synagoge im eigentlichen Sinne ist sie nicht, die hier von 1988 bis 1995 wieder entstanden ist. Es gibt nur einen kleinen Gebetsraum und Architekturfragmente, die von der ursprünglichen Schönheit der Innenausstattung und von der gewaltsamen Zerstörung erzählen. Fotografien, Originaldokumente und Erzählerstimmen lassen das einstige jüdische Leben Berlins lebendig werden.

Bewahrt und doch zerstört

Die Alhambra im spanischen Granada schwebte Schinkel-Schüler <u>Eduard Knoblauch</u> vor Augen, als er das 1866 fertiggestellte Bauwerk entwarf. In der Pogromnacht des 9. November 1938 verhinderte ein mutiger Polizist die Zerstörung des Bauwerks im maurisch-byzantinischen Stil: Es stehe unter Denkmalschutz. Aber nach einem britischen Bombenangriff im November 1943 blieb nur eine Ruine.

Größte jüdische Gemeinde Deutschlands

Ein Gotteshaus, in dem 3200 Menschen wie zur Zeit der Entstehung

Straßenlokale in der Oranienburger Straße werden vor allem von Touristen besucht.

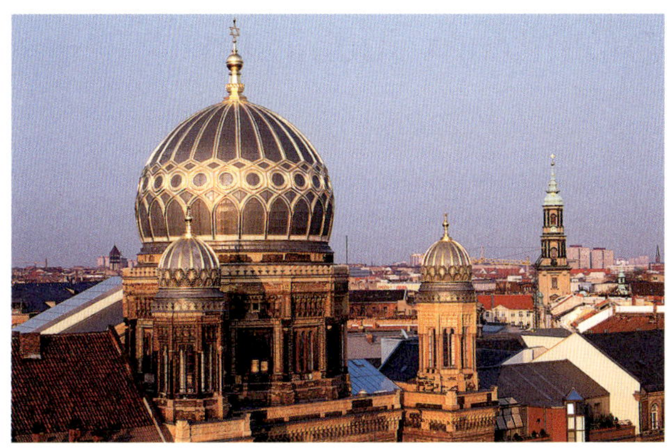

der Synagoge Platz finden, wird heute nicht gebraucht, auch wenn mit über 10 000 Mitgliedern die Jüdische Gemeinde Berlins die größte in Deutschland ist. Das Centrum Judaicum bietet ihnen einen Versammlungsraum, Lehr- und Lernstätten, Archiv, Ausstellungs- und Gebetsraum.

Gras und Steine

Wer von der Oranienburger in die Große Hamburger Straße einbiegt, findet rechts eine jüdische Gedenkstätte vor. Das jüdische Altersheim, das hier stand, war die zentrale Sammelstelle der Berliner Juden zur Deportation in die Vernichtungslager. Eine Figurengruppe von Willi und Mark Lammert erinnert daran. Eine unscheinbare Grünfläche war – seit 1672 – der erste jüdische Friedhof, bis er 1943 zerstört wurde. Ein Grabstein steht an der Stelle, an der das Grab des PhilosophenMoses Mendelssohn vermutet wurde.

KLEINE PAUSE

Im koscheren **Beth Café** in der Tucholskystraße werden kleine Mahlzeiten serviert (Tel. 030 2 81 31 35, Mo–Do 11–18, Fr bis 15 Uhr).

✢ 224 C3 ✉ Oranienburger Str. 28-30 ☎ 030 88 02 83 00 ⊕ www.centrumjudaicum.de ◐ April–Sept. Mo–Fr 10–18, So bis 19, Okt.–März So–Do 10–18, Fr 10–15 Uhr, Kuppel nur April–Sept. ⍟ Hackescher Markt, Oranienburger Str. ◆ 7 €, Kuppel 3 €

Nach Lust und Laune!

19 Kunst-Werke Berlin

Durch das Tor eines alten Landhauses betritt man einen Hof, sieht links vor sich ein gläsernes Café und geht vielleicht schon durch ein Kunstwerk. Wo sich nach der Wende Dutzende von Kunstbegeisterten in baufälligen Häusern niederließen, bezogen vier Künstler 1991 eine ehemalige Margarinefabrik. Im 17. Jahrhundert stand das Gebäude noch einsam auf einer grünen Wiese. Unter dem Namen KW Institute for Contemporary Arts begannen die Initiatoren nach notdürftiger Renovierung Ausstellungen zu organisieren. Mittlerweile ist das Haus saniert, in den Seitenflügeln leben und arbeiten Künstler. 1998 organisierten sie die 1. berlin biennale für zeitgenössische kunst, und ihre Ausstellungen werden von der internationalen Kunstkritik immer wieder mit großem Lob bedacht. Im Herbst 2020 fand die 11. berlin biennale statt.

20 Sammlung Boros

Berlins ungewöhnlichstes Kunstmuseum hat Christian Boros mit seinem »Kunstbunker« neben dem Deutschen Theater geschaffen, in dem die Rote Armee einst Kriegsverbrecher und die DDR Südfrüchte unterbrachten. Vor rohem Beton werden Arbeiten aus Boros' Privatsammlung zeitgenössischer Kunst gezeigt, darunter Werke von Avery Singer und Sergej Jensen. Führungen sind im Internet zu buchen.

Der Hamburger Bahnhof ermöglicht eine Reise durch die zeitgenössische Kunst.

⚐ 224 B3 ✉ Reinhardtstr. 20
☎ 030 27 59 40 65
⊕ www.sammlung-boros.de
⏱ Do 15–20, Fr–So 10–20 Uhr
Ⓡ Oranienburger Tor 💲 18 €

21 Hamburger Bahnhof

Dan Flavin, dem Künstler des fluoreszierenden Lichtes, ist es zu verdanken, dass ein spätklassizistischer Bahnhof wie ein vergessener Rest aus 1001 Nacht blau und grün leuchtet. Vor allem in der Dunkelheit wirken die Farbbündel unwiderstehlich und ziehen Besucher an. Drinnen überwältigen Weite und Höhe der Halle, und wer das Pariser Musée d'Orsay kennt, wird sich daran erinnert fühlen. Bis 1884 war der älteste erhaltene Berliner Bahnhof gerade mal 40 Jahre in Betrieb, als in Sichtweite der Lehrter Bahnhof, nun der neue Hauptbahnhof, ihn ablöste und zum Verkehrsmuseum werden ließ. Nach dem Umbau, für den Architekt Josef Paul Kleihues viel Lob erhielt, wurde der Hamburger Bahnhof 1996 als Museum für Gegenwart (Dependance der Neuen Nationalgalerie) mit den Werken des Berliner Sammlers Erich Marx eröffnet. Versammelt ist Herausragendes von Andy Warhol (*Mao-Porträt*), Cy Twombly (*Sunset Series*), Joseph Beuys (*Straßenbahnhaltestelle*) und Robert Rauschenberg (*Summer Rental +3*). Doch nun stehen Veränderungen an: Der Sammler Friedrich Christian Flick hat angekündigt, seine herausragende Sammlung zeitgenössischer Kunst 2021 aus dem Haus abzuziehen. Ein Rückschlag für Berlin als Kunstmetropole.

⚐ 224 A4 ✉ Invalidenstr. 50-51
☎ 030 2 66 42 42 42
⊕ www.smb.museum
⏱ Di–Fr 10–18, Sa/So 11–18 Uhr Ⓡ Hauptbahnhof 💲 10 €

22 Dorotheenstädtischer Friedhof

In Gesellschaft Berliner Prominenz aus unterschiedlichen Jahrhunderten möchten Geistesgrößen der Stadt noch immer bestattet sein und werden es auch. Karl Friedrich Schinkel, der preußische Baumeister, ist hier begraben, August Borsig, der mit seiner Lokomotivenfabrik ein Motor des Berliner Wirtschafts- und Industrielebens war, die Philosophen Johann Gottlieb Fichte und Georg Wilhelm Friedrich Hegel, der Dichter Bertolt Brecht, der von seiner nahen Wohnung fast hinübersehen konnte, und seine Frau Helene Weigel, Johann Gottfried Schadow und Christian Daniel Rauch, die selbst manchen Grabschmuck schufen, die Schriftsteller Heinrich Mann und Anna Seghers, Stefan Hermlin und Heiner Müller. Wer nur legt ihm immer wieder eine Zigarre auf den Aschenbecher neben seinem Grab?

⚐ 224 B4 ✉ Chausseestr. 126 ⏱ tägl. 8 Uhr bis Sonnenuntergang, im Sommer bis 20 Uhr Ⓡ Oranienburger Tor

Wo seit dem Zweiten Weltkrieg nichts war, gegenüber dem Roten Rathaus, entstand zur Feier des 750-jährigen Berlins bis 1987 eine Altstadt, wie es sie nie gegeben hat. Zwar hatten niederdeutsche Kaufleute hier einst eine slawische Siedlung zur Stadt ausgebaut und um 1200 sollen die Grundmauern der Nikolaikirche entstanden sein, aber bis in die 1980er-Jahre gab es neben Kirche und Knoblauchhaus nur Rasen, Tauben und Spatzen. Die Granitquader der Kirchturmunterbauten aus dem 13. Jahrhundert und das Mauerwerk von Chor und Langschiff (14./15. Jh.) hatten dem Krieg standgehalten, der Rest war zerstört und wurde ab 1984 wieder aufgebaut.

Die als Museum eingerichtete Kirche widmet sich der Stadt- und Baugeschichte, der Bestattungskultur und dem Kirchenlieder-Dichter Paul Gerhardt. Zu sehen sind zudem schmuckvolle Epitaphien Berliner Bürger und ein Münzschatz aus dem 16.–18. Jahrhundert. Mit Fassaden aus vorgefertigten Betonteilen (Platten), mit Erkern und Giebeln, Denkmälern und Leihgaben aus anderen Teilen der Stadt wurde rund um die Kirche ein nagelneues historisches Zentrum gebaut – sozusagen ein perfektes sozialistisches Disneyland.

Zwischen Poststraße und einbetonierter Spree liegt die schönste Ecke Berlins, das Ephraimpalais. Es gehörte Veitel Heine Ephraim, dem Bankier Friedrichs II. Schräg gegen-

Das Nikolaiviertel wartet mit engen Gassen und gemütlichen Häusern auf.

über schmückt frühklassizistisches Rankendekor das nach seinem Besitzer benannte Knoblauchhaus (1759/ 60). Es ist das einzige Bürgerhaus Berlins aus dem 18. Jahrhundert. Die zwölf Räume zeigen Berliner Stadtgeschichte und die Geschichte der Familie Knoblauch, die das Haus bis 1928 bewohnte.

Ein Zille-Museum erinnert an den »Miljöh«-Maler, der das Leben der kleinen Leute so eindrücklich festgehalten hat.

☩ 225 D/E2 ✉ Nikolaiviertel
⊕ http://berlin-nikolaiviertel.com
🚇 Alexanderplatz

Nikolaikirche
⊕ www.stadtmuseum.de
🕐 Fr–So 10–18 Uhr 💰 5 €
Ephraimpalais ✉ Poststr. 16 🕐 geschl. bis Herbst 2021

Knoblauchhaus

✉ **Poststr. 23**
🕐 z.Zt. geschl.

Zillemuseum
✉ Propststraße 11
🕐 tägl. 11–18 Uhr 💰 7 €)

Für die 750-Jahr-Feier Berlins erhielt die
Nikolaikirche neue Turmhelme.

Wohin zum ...
Essen und Trinken?

Preise für ein Hauptgericht ohne Getränke:
€   unter 12 Euro
€€   12–25 Euro
€€€   über 25 Euro

RESTAURANTS

District Môt €/€€
Diese Anlaufstelle für exotische Genüsse versorgt Gäste mit authentischem vietnamesischen Street Food. Auf den Tisch kommt Bekanntes und Ungewöhnliches: dampfende Pho-Nudelsuppe, Papaya-Salat mit Schweineohr, Barbecue zum Selbergrillen, aber auch frittierte Seidenraupen.
✢ 225 D4 ✉ Rosenthaler Str. 62
☎ 030 20 08 92 84 ⊕ www.facebook.com/DistrictMot ◐ tägl. 12–24 Uhr

Monsieur Vuong €
Die asiatische Küche hat sich in Berlins Szenevierteln schon seit Längerem etabliert – und Dat Vuong war einer ihrer Wegbereiter mit der Eröffnung eines Restaurants im Scheunenviertel 1999. Die Rezepte in der Tradition der südvietnamesischen Garküchen – von der klassischen Pho bis zur Wan-Tan-Suppe – gibt es inzwischen sogar in einem eigenen Kochbuch.
✢ 225 E3 ✉ Alte Schönhauser Str. 46
☎ 030 99 29 69 24
⊕ www.monsieurvuong.de ◐ tägl. 12–1 Uhr

Remi €€
Literatur und Kulinarik gehen in dem Restaurant von zwei niederländischen Gastronomen ein Bündnis ein: Das Remi, das an die Tradition großer Kaffeehäuser anknüpft, ist Untermieter des Suhrkamp Verlags. Nicht nur Literaten beehren die hellen, modernen Räume zu Kaffee und Tageszeitung, einem leichten Lunch oder ausgedehnten Dinner der bunten Fusionsküche.
✢ 225 E4 ✉ Torstr. 48 ☎ 030 27 59 30 90
⊕ www.remi-berlin.de
◐ Di–Sa 12–15, 18–22 Uhr

Restauration Sophien 11 €/€€
Treffpunkt von Neu-Berlinern, Um-die-Ecke-Arbeitern, Nachbarn auf einen Kaffee, ein Bier, ein unprätentiöses Mahl. Mischen Sie sich darunter und setzen Sie sich auf die schöne Hofterrasse.
✢ 225 D3 ✉ Sophienstr. 11 ☎ 030 2 83 21 36 ⊕ www.restauration-sophien11.de
◐ tägl. 12–24, So ab 16 Uhr

Zur letzten Instanz €€
Die wahrscheinlich älteste Gaststätte der Stadt wurde 1621 als Branntweinstube eröffnet. Neben dem barocken Majolika-Kachelofen saßen immer wieder illustre Gäste:

Das Oxymoron befindet sich im 1. Jugendstilhof der Hackeschen Höfe.

Napoleon, Charlie Chaplin und auch der ehemalige französische Präsident Jacques Chirac. Hier speist man Buletten mit Gemüse, Gulasch oder Eisbein; die Namen der Gerichte erinnern an das nahe Stadtgericht.
✛ 225 E2 ✉ Waisenstr. 14–16 ☎ 030 2 42 55 28 ⊕ www.zurletzteninstanz. de ⏱ Di–So 12–24 Uhr

CAFÉS

Father Carpenter
Wechselnde Kaffeesorten und originelle Snacks wie Bananenbrot, Pulled Pork oder Avocado-Toast machen dieses Café im zweiten Hinterhof zu einem idealen Zwischenstopp beim Shopping im Kiez um die Hackeschen Höfe.
✉ Münzstr. 21 ☎ 030 40 04 40 ⊕ www.fathercarpenter.de ⏱ Mo–Fr 9–18, So 10–16 Uhr

Café Bravo
Auberginen zum Frühstück, Frühstück am Abend oder nur Kaffee und Kunst? Im Glashaus der Kunstwerke, vom New Yorker Künstler Dan Graham konzipiert, ist alles möglich.
✛ 224 C3 ✉ Auguststr. 69 ☎ 0177 4 66 21 53 ⊕ www.kw-berlin.de ⏱ Mo–Mi 9–19, Do 9–21, Fr 9–19, Sa–So 11–20

Cinema Café
Es ist so schmal wie das Fenster, durch das man einen Raum wie eine Filmkulisse wahrnimmt. Vollgestopft mit allem, was an Kino erinnert, ganz ungestylt in dieser Gegend der kühlen Kargheit, lockt es besonders abends mit seiner Gemütlichkeit.
✛ 225 D3 ✉ Rosenthaler Str. 39 ☎ 030 2 80 64 15 ⏱ tägl. 12–2 Uhr

Oxymoron
Schönes Ambiente mit Kristalllüstern und Kaffeehausatmosphäre. Was morgens als Café beginnt, mittags und abends als Restaurant brilliert, bietet zu später Stunde u. a. Swing-Partys. Die Küche ist gehoben mediterran mit regionalen Einsprengseln.
✛ 225 D3 ✉ Rosenthaler Str. 40 ☎ 030 28 39 18 86 ⊕ www.oxymoron-berlin. de ⏱ tägl. ab 9 Uhr

In den Hackeschen Höfen: tagsüber shoppen, abends dinieren

Wohin zum … Einkaufen?

Die meisten Läden um die Hackeschen Höfe öffnen erst spät am Vormittag. Früher sind die meisten Szenekunden auch nicht wach. Hier gibt es, was hip ist, das kann auch retro sein. Anders ist es am Alexanderplatz, der mit seinem Bahnhof, Geschäften und dem riesigen Einkaufszentrum Alexa Einkaufsziel derer ist, die hier arbeiten, umsteigen, es eilig haben. Die Geschäfte im Nikolaiviertel bedienen in erster Linie Touristenwünsche.

HACKESCHE HÖFE

Eine Reihe sehr individueller Läden und Manufakturen haben sich in den Höfen angesiedelt, z. B. Trippen, ein Schuhgeschäft. Junge Leute haben eine alte Tradition wieder aufleben lassen und fertigen trendige Holzschuhe an, die zudem noch gesund sein sollen.

Mehrere Designerinnen zeigen und verkaufen in den Höfen ihre Kollektionen: Im Coy Art to Wear Hutsalon findet man handgefertigte Hüte von Cornelia Plotzki. Bei Wunderwerk gibt es nachhaltig produzierte Mode und Accessoires in städtisch-coolem Design.

Edle Trüffelpralinen, Trinkschokoladen und Berliner Bären aus Schokolade fertigt das Kruck Atelkier Cacao. Versteckt im Hof V ist ein Ampelmann Shop zu finden.

ORANIENBURGER STRASSE

In der Oranienburger Str. 32 befindet sich der Eingang zu den Heckmannhöfen. Hier sitzt **Nix Design** mit Mode von einem Berliner Label. Designerbrillen, so weit das Auge reicht, präsentiert **Funk Optik** (Nr. 87). Zur Verwandlung lädt **Maskworld** (Nr. 86a) mit Masken ein, von Politikern, Monstern und Prominenten sowie Karnevalskostümen und Halloween-Kostümen.

ROSENTHALER STRASSE

Im Viertel zwischen Rosenthaler Str. und Alter Schönhauser Str. siedeln sich zunehmend Flagship Stores von Modelabeln an. Im **Hugo Store** (Nr. 49) lassen sich die komplett verspiegelten Kabinen per Knopfdruck öffnen und schließen, ein Relief von den Straßen Berlins an der Längswand wird von einem Scanner farbig beleuchtet. Hier wird die junge Linie des Labels Hugo Boss verkauft. **Carhartt** (Nr. 48) führt urbane Mode im American Style. **Tukadu** (Nr. 46/47) inszeniert sein schönes Perlen- und Schmucksammelsurium im Schaufenster. Bei **Stokx** (Steinstr. 26) fabriziert die gleichnamige Designerin praktische, solide Streetwear in einem Laden, der sich im Hinterhof im zweiten Stock versteckt.

SOPHIENSTRASSE

Ausgefallene handgefertigte Lederschuhe findet man bei **Atheist Shoes** (Nr. 8). Bei **Erzgebirgskunst Original** (Nr. 9) verkauft Johanna Gräf-Petzold in Handarbeit gefertigte Nussknacker, Osterschmuck, Krippentiere und andere kleine Kunstwerke aus dem tiefen Sachsen. Bei **Whisky & Cigars** (Nr. 8) können Genießer unter 1600 Sorten des edlen Getränks wählen. Im Sortiment sind auch Rum, Cognac, Gin und Sherry.

ALTE & NEUE SCHÖNHAUSER STRASSE

Das **Label East Berlin** (Nr. 33/34) bietet coole Mode und Accessoires. Im gut sortierten Buchladen **Hundt Hammer Stein** (Nr. 23/24) kann man nach dem nächsten Lieblingsbuch stöbern. Schlicht-elegantes Design aus Dänemark gibt es bei **Filippa K** (Nr.11). Im stilvoll-anheimelnden Ambiente des Ladens **14 oz.** in der Münzstr. 21 werden nur Labels von hoher Qualität angeboten.

Wohin zum ... Ausgehen?

Zwischen Oranienburger Tor und Alexanderplatz muss man nach Ausgehmöglichkeiten nicht suchen. Hier sind viele Cafés und Bars bis zum frühen oder auch späten Morgen geöffnet, hier mischen sich Bar und Club, wird das Restaurant am Abend zur Bar oder die Bar zu fortgeschrittener Stunde zum Club. Wer sich nicht entscheiden kann, wohin, blättert im Stadtmagazin »tip« und sucht nach seinem Musikgeschmack oder folgt denen, die hier abends unterwegs sind. Mit etwas Glück gelangt man an einen der ungenannten Orte, die Mittwochsbar oder 8mm heißen, deren Adresse und Veranstaltungstermine man zufällig oder nie erfährt, von deren Existenz nur die Eingeweihten wissen. Club-Besuche vor Mitternacht sind zwecklos, wenn man sich nicht sehr einsam fühlen möchte.

KULTUR

In den Hackeschen Höfen zeigt das **Chamäleon Theater** (Tel. 030 4 00 05 90) täglich seine witzigen und artistischen Programme. Zum Billardsalon **KÖH** geht man in der Sophienstr. 6 (Mo–Sa ab 17, So ab 16 Uhr, www.billardkoeh.de) eine Treppe hoch und staunt: Gold und Rot, Ledersofas, antike Möbel, Whiskey-Regal – ein nobler Club. Gespielt wird an sieben Pooltischen oder am Caramboltisch. Man bezahlt pro Stunde, vor 20 Uhr ist es billiger. Alle 14 Tage findet sonntags ein Turnier statt, Anmeldung überflüssig.

Der **Club der polnischen Versager e.V.** (Ackerstr. 168, www.polnischeversager.de, Fr/Sa ab 20 Uhr) lädt mehrmals im Monat zu Lesungen, Konzerten, Ausstellungen und Filmvorführungen ein. Der Club versteht sich als »Plattform für analoge Kommunikation«, als eine »Versuchsanordnung für alle Willigen«.

Im Roten Salon und im Grünen Salon (www.volksbuehne.berlin), beiderseits der Volksbühne am Rosa-Luxemburg-Platz 2 wird getanzt, gelesen und vorgetragen. Im stets gut besuchten b-flat in der Dircksenstr. 40 (Tel. 030 2 83 31 23, www.b-flat -berlin.de, tägl. ab 21 Uhr) gibt's Live-Jazz aller Stilrichtungen.

BARS & CLUBS

Das Oxymoron in den Hackeschen Höfen wandelt sich abends zur eleganten Bar, in der im Retro-Ambiente getanzt wird. Wer dagegen gute klassische Cocktails liebt, ist im

Zu den beliebten Szene-Treffpunkten zählt die Bonbon Bar (Tel. 030 24 62 87 18, Torstr. 133, Mo–Do 18–3, Fr–Sa bis 4, So bis 1 Uhr), ein stimmungsvoll beleuchtetes und teuer ausgestattetes Refugium. Wenn bekannte DJs auflegen, ist die kleine Tanzfläche ganz schnell rappelvoll. Ganz in der Nähe ist die Zoe Bar (Große Präsidentenstr. 6/7, Tel. 030 21 30 01 50, tägl. ab 18 Uhr), die als eine der ersten Bars in Deutschland »Cocktailkreationen aus dem Hahn« präsentiert hat – mit Rezepten einer hiesigen Brauerei. Hier wird der klassische Gin & Tonic durch ausgesuchte Teeinfusionen zum komplexen Geschmackserlebnis. Gleich um die Ecke kann man sich bei Dada Falafel zwischen den Cocktails stärken (Linienstr. 132).

Im Nikolaiviertel gibt es viele Ufercafés.

Windhorst (Dorotheenstr. 65, Tel. 030 20 45 00 70, Mo–Fr ab 18, Sa ab 21 Uhr, www.wind horst-bar.de) gut aufgehoben.

Eine erlesene Auswahl von Weinen steht auf der Karte der mondänen Weinbar Freundschaft (Mittelstr. 1, Tel. 030 80 49 24 44, www.istdeinbesterfreund.com, Mo–Fr ab 18 Uhr), gleich um die Ecke des Kulturkaufhauses Dussmann. Besonders Fans deutscher und österreichischer Weine kommen hier auf ihre Kosten. Die beliebtesten Plätze in der 2017 gegründeten Bar befinden sich am 26 m langen, ovalen Eichentresen. Damit man »nicht zu schnell betrunken wird« – so die Gastgeber – gibt es eine kleine Speisekarte mit Snacks aus dem Alpenraum.

Ein abwechslungsreiches Programm bietet die Z-Bar (Bergstr. 2, Tel. 030 28 38 91 21, tägl. ab 19 Uhr) ihren Besuchern – manchmal Filme im hauseigenen Kino, Lesungen und dann und wann auch mal ein Karaoke-Wettbewerb. Dazu gibt es Cocktails oder Bier. Die Bar Moka Efti (Stadtbahnbogen 159 & 160, Hackescher Markt, Tel. 030 84 71 07 09, Fr/Sa ab 22 Uhr) – deren Vorläufer eine wichtige Rolle in der Serie Babylon Berlin spielte – will an die Nachtclubs der Goldenen Zwanziger anknüpfen. In der düsteren Atmosphäre und bei DJ-Klängen im House-Rhythmus kann man tief in die Nacht eintauchen. Angeschlossen ist der Außenbereich der James-Simon-Bar (Mo–Fr ab 15, Sa/So ab 13 Uhr).

Potsdamer Platz

Der »Platz im Herzen der Geschichte Berlins« wandelte sich von einer leeren Brachfläche zum lebendigen neuen Stadtviertel.

Seite 102–125

Am Potsdamer Platz mit dem Sony-Zelt verwirklichten internationale Architekten ihre Ideen.

Erste Orientierung

1994 wurde der Grundstein gelegt. Danach kamen Millionen Menschen aus aller Welt, um an Europas größter Baustelle zuzusehen, wie die Stadt des 21. Jahrhunderts aus dem Nichts entstand. Heute ist der Potsdamer Platz ein Magnet für Shoppingtouristen, Architekturinteressierte und Kinofans.

Vor dem Krieg gab es hier Kaufhäuser und Kabaretts an einem der turbulentesten Plätze Europas. Es war sehr laut und sehr lebendig. Und weil sich der Verkehrsschutzmann an der Kreuzung im Lärm nicht mehr verständlich machen konnte, musste 1925 die erste Ampel her, ein Verkehrsturm aus New York. In den Cafés und Restaurants rund um den Platz traf sich die kulturelle Elite. Der Zweite Weltkrieg jedoch hinterließ ein verwüstetes Areal, das sich zum »Dreiländereck« zwischen dem sowjetischen, britischen und amerikanischen Sektor entwickelte. Die Mauer verlief quer über den Platz, der Potsdamer Platz lag über 40 Jahre im Dornröschenschlaf.

Nach der Wiedervereinigung entstand hier ein neues vollständiges Stadtquartier, wurde der öde Potsdamer Platz plötzlich zu einem Ort für Visionen. Hier sind jetzt Träume zu Stein und Glas geworden. Dazu beigetragen haben internationale Star-Architekten wie Renzo Piano, Richard Rogers, Arata Isozaki, Christoph Kohlbecker und Helmut Jahn.

Möchten Sie wissen, wo einst die Mauer den Potsdamer Platz teilte? Dann riskieren Sie ruhig einmal einen Blick nach unten, wo ein in den Boden eingelassener Metallstreifen an den Mauerverlauf erinnert.

Westlich der Potsdamer Straße leuchtet die goldgelbe Fassade der Philharmonie. Sie ist Teil des Kulturforums, einer Ansammlung von Kunstmuseen, die im Laufe von Jahrzehnten entlang der Mauer am Rande Westberlins entstanden. Am südlichen Saum des Tiergartens schließt sich das Diplomatenviertel mit modernen Vertretungen vieler Länder an.

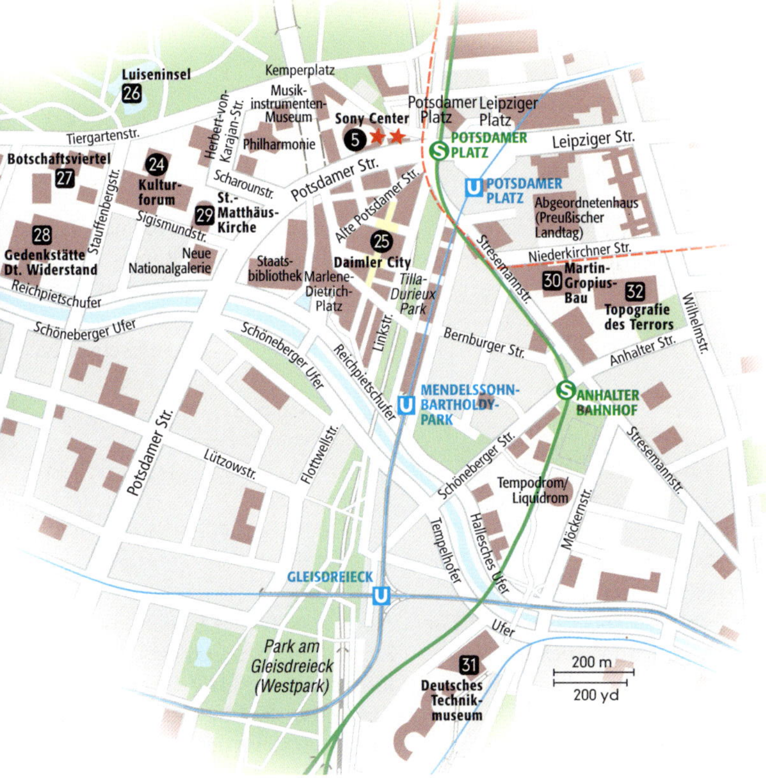

Luiseninsel
26
Kemperplatz
Musik-instrumenten-Museum
Sony Center
5
Potsdamer Platz
Leipziger Platz
Leipziger Str.
POTSDAMER PLATZ
Tiergartenstr.
Philharmonie
Herbert-von-Karajan-Str.
Botschaftsviertel
27
Kultur-forum
24
Scharounstr.
Potsdamer Str.
Alte Potsdamer Str.
POTSDAMER PLATZ
Abgeordnetenhaus (Preußischer Landtag)
Stauffenbergstr.
St.-Matthäus-Kirche
29
Sigismundstr.
Stresemannstr.
Niederkirchner Str.
Martin-Gropius-Bau
30
Topografie des Terrors
32
28
Gedenkstätte Dt. Widerstand
Neue Nationalgalerie
Staats-bibliothek
Daimler City
25
Marlene-Dietrich-Platz
Tilla-Durieux-Park
Wilhelmstr.
Reichpietschufer
Schöneberger Ufer
Schöneberger Ufer
Reichpietschufer
Linkstr.
Bernburger Str.
Anhalter Str.
MENDELSSOHN-BARTHOLDY-PARK
ANHALTER BAHNHOF
Stresemannstr.
Potsdamer Str.
Lützowstr.
Flottwellstr.
Schöneberger Str.
Tempodrom/ Liquidrom
Möckernstr.
Hallesches Ufer
Tempelhofer
GLEISDREIECK
Park am Gleisdreieck (Westpark)
Deutsches Technik-museum
31
Ufer
200 m
200 yd

Mein Tag… im Architekturvorzeigeviertel

Glitzernde Glaspaläste, Backsteintürme, Häuserschluchten im New-York-Stil – der Potsdamer Platz ist Berlins Vorzeigequartier. Zwischen den Wolkenkratzern der Stararchitekten aus aller Welt verstecken sich noch historische Bauten: So wird ein architektonischer Spaziergang zur kurzweiligen Zeitreise.

9 Uhr, Kaiser Wilhelm unterm Sony-Zelt

Der Kontrast könnte kaum stärker sein: Einerseits die stylisch-kühle Moderne mit Chrom, Glas und Stahl – andererseits die Schnörkel der Jahrhundertwende. Kaum ein anderer Ort spiegelt so sehr das Spannungsfeld, in dem sich die Berliner Architektur bewegt, wie der neobarocke Kaisersaal unter dem Dachzelt des ❺ ★★ Sony Cen-ters, wo heute glanzvolle Empfänge und Events stattfinden. Das angeschlossene Café mit seiner originellen wechselnden Fensterdekoration ist der beste Ort, um das Treiben im spektakulärsten Bau am Potsdamer Platz zu beobachten.

10 Uhr, Hommage an Marlene Dietrich

Bei einem Besuch des Filmmuseums im Sony Center haben Sie Ge-

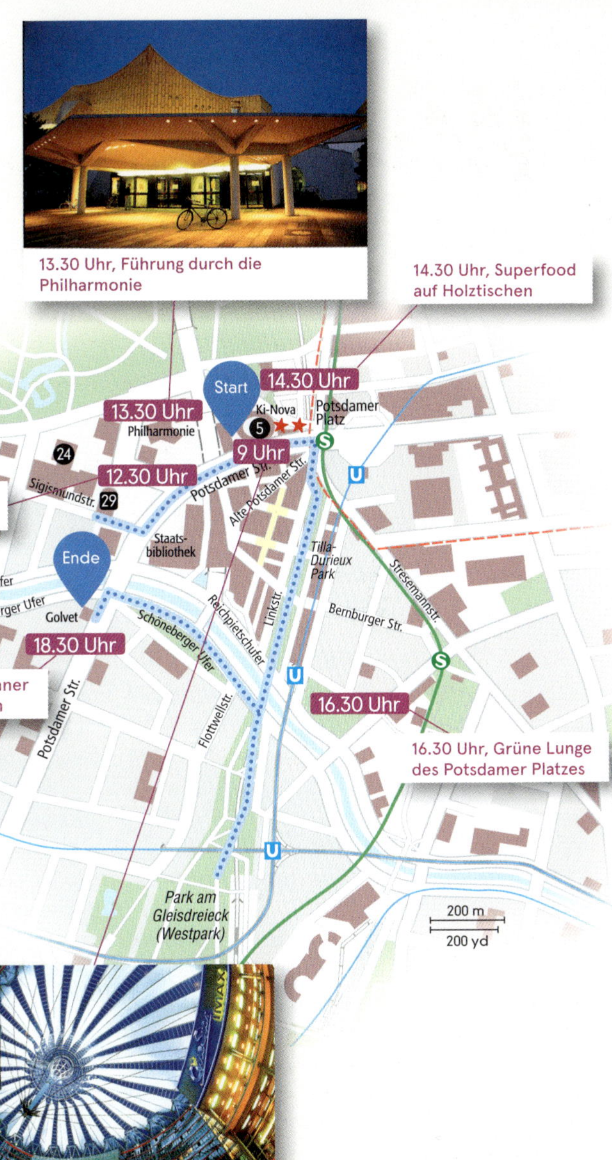

13.30 Uhr, Führung durch die Philharmonie

14.30 Uhr, Superfood auf Holztischen

12.30 Uhr, Meditation in der Matthäuskirche

18.30 Uhr, Dinner auf dem Dach

16.30 Uhr, Grüne Lunge des Potsdamer Platzes

9 Uhr, Kaiser Wilhelm unterm Sony-Zelt

Der Potsdamer Platz mit dem Sony Center hat sich zu einem der beliebtesten Ausgehviertel der Stadt entwickelt.

legenheit, einen Blick vom vierten Stock in den Innenhof des Baus von Stararchitekt Helmut Jahn zu werfen. Die Architektur scheint sich in der Ausstellung fortzusetzen, wo inmitten eines faszinierenden Spiegelkabinetts die Großen des deutschen Films über riesige Screens flimmern. Bestimmt wollen Sie die Säle besichtigen, die Marlene Dietrich gewidmet sind, der großen Berliner Actrice – eine Hommage mit historischen Liebesbriefen und vielen Originalkostümen.

12.30 Uhr, Meditation in der Matthäus-Kirche

Nach den vielen Filmschnipseln und Klangausschnitten tut ein Ort der Stille gut: »Treten Sie ein, seien Sie willkommen1«, steht an der Tür zur 29 Matthäus-Kirche am Rande des 24 Kulturforums. Das einzige historische Relikt weit und breit – und im Vergleich doch noch erstaunlich modern. Pünktlich ab 12.30 Uhr (Di–Sa) können sie an einer Orgelmeditation teilnehmen. Meist lauscht nur eine Handvoll Besucher der Musik.

13.30 Uhr, Führung durch die Philharmonie

Schräg über den leeren Vorplatz, der bald durch ein neues Museum gefüllt werden soll, erreichen Sie die Philharmonie. Falls Sie keine Gelegenheit haben, ein Konzert zu

Um 12.30 Uhr Orgelmeditation in der Matthäus-Kirche
(oben). Das Filmmuseum
präsentiert die Großen des
deutschen Films (rechts).

besuchen, schließen Sie sich doch der täglichen Führung durch das Gebäude an, das bei seiner Eröffnung als wegweisend galt und auch heute noch die umliegenden Neubauten in den Schatten stellt. Dabei erfährt man auch viel Wissenswertes über die bahnbrechende Architektur. Höhepunkt ist der Besuch im Konzertsaal mit dem Orchesterpodium in der Mitte. Einst eine revolutionäre Idee von Architekt Hans Scharoun, folgten später viele Konzerthäuser seinem Beispiel.

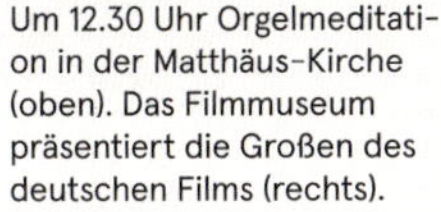 14.30 Uhr, Superfood auf Holztischen

Einen angenehmen Kontrapunkt zu dem Glas, Chrom und Stein bildet das <u>Restaurant Ki-Nova</u>, das mit einem Lunch-Menü zum Snack einlädt: Blumen stehen auf den rustikalen Holztischen, schwarze Kacheln und der dunkle Holzboden sorgen für ein elegantes Ambiente. Viele Gerichte setzen auf gesunde Zutaten wie Granatäpfel, Avocado und Cranberries, Spinat und Rote Bete.

Zum Areal des Potsdamer Platzes zählen künstliche Wasserläufe. Es gibt sogar einen von Regenwasser gespeisten See.

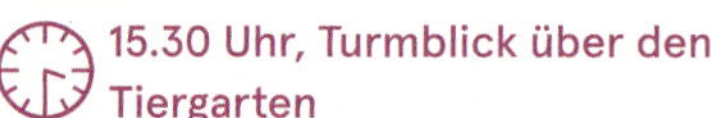 15.30 Uhr, Turmblick über den Tiergarten

Gleich gegenüber ragen die drei Hochhäuser aus der Feder von Architekt Hans Kollhoff wie Schiffe mit mächtigem Bug über den Potsdamer Platz. Lassen Sie sich vom schnellsten Fahrstuhl Europas in den 24. Stock bringen – zu einem der schönsten Aussichtspunkte Berlins. Den Reisegruppen entfliehen Sie, indem Sie es sich in einem Sessel am Fenster des kleinen Dachcafés gemütlich machen, unter sich den Tiergarten und das Zeltdach des Sony-Centers.

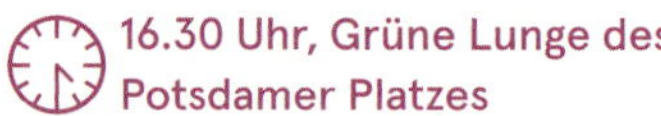 16.30 Uhr, Grüne Lunge des Potsdamer Platzes

Zum Konzept des Potsdamer Platzes gehören auch Wasserflächen und Parks. Mittags pilgern die

Den schönsten Klang Berlins bietet die Philharmonie, in dessen Konzertsaal das Orchester mitten im Raum sitzt, eingekreist vom Publikum.

Angestellten aus den umliegenden Bürogebäuden in den Tilla-Durieux-Park mit seiner strengen Geometrie; benannt ist er nach der österreichischen, 1971 in Berlin verstorbenen Schauspielerin. Beim Umschreiten oder Auf-dem-Kamm-Entlanglaufen hat man abwechslungsreiche Raumerlebnisse. Wenn Sie dann den Landwehrkanal überqueren und Richtung Süden schlendern, wird die Natur im »Park am Gleisdreieck« immer wilder. Birken wachsen zwischen alten Bahngleisen, Schrebergärten grenzen an

Waldabschnitte. Einen Besuch wert ist hier der interkulturelle Rosenduftgarten.

18.30 Uhr, Dinner auf dem Dach

Den Potsdamer Platz am Abend erleben Sie am stilvollsten im Restaurant Golvet, einem der jüngsten Sterne-Lokale der Stadt – entweder bei einem Menü mit regionalen Zutaten von Küchenchef Jonas Zörner oder einem Cocktail an der 13 Meter langen Bar. Das puristische Design lenkt nicht vom Blick auf die Skyline des Potsdamer Platzes ab, mit der golden leuchtenden Philharmonie in der Mitte.

Restaurant Ki-Nova
✉ Potsdamer Straße 2
☎ 030 25 46 48 60
⊕ www.ki-nova.de
◑ Mo–Fr 11.30–22, Sa 12–22 Uhr

Restaurant Golvet
✉ Potsdamer Straße 58
☎ 030 89064222
⊕ www.golvet.de
◑ Do–Sa 17–24 Uhr

⑤ ★★ Sony Center

Warum?	Es ist das Herzstück moderner Architektur in Berlin.
Was?	Das gefächerte Zeltdach soll an die verschneite Spitze des japanischen Bergs Fujisan erinnern.
Wie lange?	Eine Stunde
Was noch?	Auf dem Boulevard der Stars kann man nach berühmten Namen suchen.
Was nehme ich mit?	Ein besonderes Kinoerlebnis im Filmkunstkino Arsenal

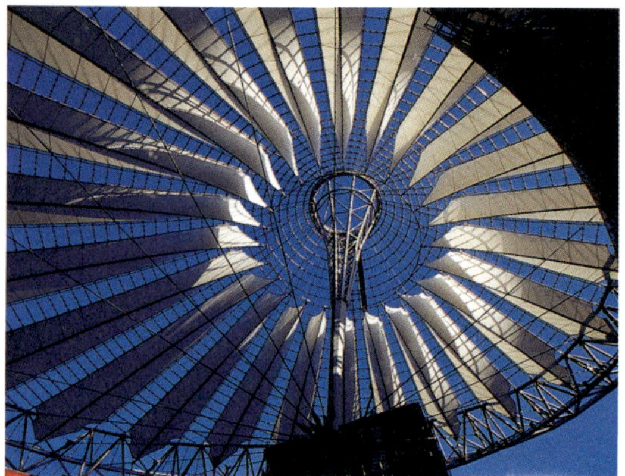

Schutz und Schirm über der Plaza

Ein 103 m hoher gläserner Turm wacht über den von Helmut Jahn entworfenen Gebäudekomplex. Im Mittelpunkt steht eine großzügige Plaza, über der ein zeltförmiges Segeldach gespannt ist, das abends bunt beleuchtet wird.

Wenn die Berliner die fertige Daimler City noch mit »Naja« aufnahmen, ließen sie sich bei Besichtigung des fertigen Sony Centers im Juni 2000 doch zu einem begeisterten »Boah ey« hinreißen. Eine ganz neue Art von Stadt war entstanden. Nur Glas und Stahl. Alles spiegelt sich, täuscht Weite und Vielfalt vor, wo Enge und Strenge sind.

Das bunte Zelt

Vorne an der Potsdamer Straße bestätigt das halbrunde, 103 m hohe Glashaus, dass sein Architekt, Helmut Jahn, in Berlin zu Recht »Turmvater Jahn« genannt wird. Das Verrückteste ist das Zeltdach, eine Stahlseil- und Stabkonstruktion, die abends in wechselndem Licht, mal hellblau, mal violett, ganz allein Lebendigkeit zaubert.

Auf Luftpolstern in die Zukunft

Als Sony nach der Wende das Gelände kaufte, stand am Rand ein Gebäude, das alte Grand Hotel Esplanade von 1908, das im Zweiten Weltkrieg weitgehend zerstört worden war. Der Kaisersaal aber, in dem Kaiser Wilhelm II. seine Herrenabende abgehalten hatte, war noch intakt. Er wurde aus dem Esplanade herausgeschält und ins Sony Center integriert. Rund 1300 t begaben sich hierfür auf Luftpolstern auf eine 75 m lange Reise.

Wie im Film

Das Museum für Film und Fernsehen lässt den Besucher ein – und verschlingt ihn. Man braucht ein bisschen Zeit, um sich an Lichtmenge und Spiegelglanz zu gewöhnen. Dann durchwandert man die deutsche Filmgeschichte.

Der Kaisersaal des alten Grandhotels Esplanade

Auf Marlenes Spuren

Herzstück der Sammlung ist der 1993 übernommene Nachlass von Marlene Dietrich. Spektakulär in Szene gesetzt sind zahlreiche Filmkostüme der Schauspielerin.

KLEINE PAUSE

Das Geschehen im Innenhof des Sony Centers kann man bei einem Glas Berliner Weiße hinter den Glasfronten des **Lindenbräu** (Bellevuestr. 3-5, Tel. 030 25 75 12 80, tägl. ab 11.30 Uhr) verfolgen. Es gibt Snacks und bayerische Spezialitäten.

✛ 224 A/B1 ✉ Potsdamer Platz
🚇 Potsdamer Platz

☎ 030 3 00 90 30;
🌐 www.deutsche-kinemathek.de
🕐 Mi–Mo 10–18, Do bis 20 Uhr
🎟 8 €

Deutsche Kinemathek – Museum für Film und Fernsehen

Kino mit Skyline

Eine milde Sommernacht am Kulturforum. Hunderte Liegestühle warten in Reih und Glied. Das Breitwanderlebnis beginnt schon lange vor dem Film: Hinter der Leinwand leuchtet die Philharmonie, das Dach des Sony Centers schillert in bunten Farben. Die Skyline des Potsdamer Platzes bildet die Kulisse für das stylischste Freiluftkino der Stadt: anspruchsvolle Arthouse-Filme und beliebte Klassiker flimmern jeden Abend über die Leinwand. Hinterher gehen Sie in die ebenso elegante Vox Bar. *Matthäikirchplatz 4/6, Tel. 0157 85 12 00 40, www.yorck.de, Juli–Sept.*

㉔ Kulturforum

Warum?	Das kulturelle Zentrum des einstigen Westberlin
Was?	Faszinierende Architektur aus vier Jahrzehnten
Wie lange?	Je nach Muße zwei bis drei Stunden
Was noch?	Im Musikinstrumentenmuseum ist eine echte Stradivari ausgestellt.
Wie viele?	Rund 1400 Kunstwerke der berühmtesten europäischen Maler wie Dürer und Rembrandt hängen in der Gemäldegalerie.

Zu Mauerzeiten erbaut, gilt das Kulturforum als Gegenstück zur Museumsinsel im Ostteil Berlins. In der Neuen National- und in der Gemäldegalerie sind weltberühmte Kunstwerke zu sehen, in der Philharmonie begeistern die Philharmoni-ker. Die Staatsbibliothek ist das zweite Wohnzimmer vieler Studenten.

Philharmonie

Die Philharmonie mit ihrem Orchester gehört zur Weltspit-ze der Konzerthäuser. Der benachbarte Kammermusiksaal sieht aus wie der kleine Bruder des großen Konzertsaales und ist für intimere Aufführungen bestimmt. Das unver-gleichliche Bauensemble aus Philharmonie, Kammermusik-saal und Staatsbibliothek machte den Architekten Hans Scharoun weltberühmt.

Am Kulturforum macht's der Mix.

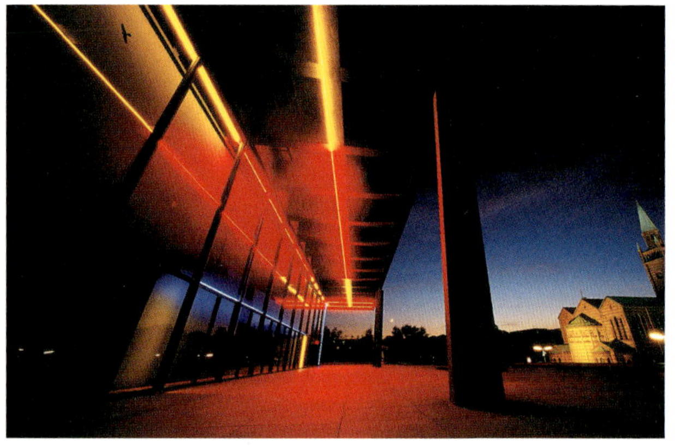

Von September bis Juni finden jeden Mittwoch um 13 Uhr im Foyer der Philharmonie kostenlose Kammerkonzerte statt. Wer einen Sitzplatz ergattern möchte, sollte zeitig erscheinen oder es sich auf den Treppen gemütlich machen.

Staatsbibliothek

Die größte wissenschaftliche Universalbibliothek Deutschlands, eröffnet 1978, ist ein Hort des Wissens und Lernens. Über 11 Mio. Bände sowie abendländische und orientalische Handschriften, Nachlässe, Karten sowie Zeitschriften und Zeitungen werden aufbewahrt. Die architektonische Verwandtschaft mit der Philharmonie und die Handschrift Hans Scharouns sind offensichtlich.

Gemäldegalerie

Das 1998 eröffnete Museum bietet eine einzigartige Sammlung europäischer Malerei des 13. bis 18. Jahrhunderts. 1400 Gemälde verteilt auf 72 Säle und Kabinette und ein 2 km langer Rundweg verlangen einen langen Atem. Im Zentrum befindet sich der Rembrandt-Saal.

Musikinstrumentenmuseum

Das Museum stellt rund 800 europäische Instrumente aus dem 16. bis 21. Jahrhundert aus. Hauptattraktion ist »Mighty Wurlitzer«, die größte Kino- und Theaterorgel Europas, die samstags um 12 und sonntags um 15 Uhr gespielt wird.

Neue Nationalgalerie

Stararchitekt Mies van der Rohe hat den quadratischen Glaskasten entworfen, der berühmte <u>Kunstwerke des 20. Jahrhunderts</u> birgt. Zurzeit wird die Galerie von David Chipperfield saniert und bleibt bis mindestens Ende 2020 geschlossen.

Museum der Moderne

Auf einer großen Freifläche zwischen Philharmonie, Neuer Nationalgalerie und Matthäuskirche soll bis Mitte der 2020er-Jahre ein <u>neues Museum</u> des 20. Jahrhunderts entstehen und unterirdisch mit der Nationalgalerie verbunden sein. Bislang konnte aus Platzgründen immer nur ein Teil der Sammlungen gezeigt werden. Das Architekturbüro Herzog & De Meuron gewann die Ausschreibung für den Bau, dessen Entwurf die Berliner und Architekturkritiker gleichermaßen an eine überdimensionierte Scheune erinnerte.

Kunstgewerbemuseum

Kostbare Gold- und Silberschmiedearbeiten, barocke Kostüme, Fayencen aus Delft sowie Meißner Porzellan sind die Highlights des Museums nördlich der Gemäldegalerie.

KLEINE PAUSE

Es gibt eine Cafeteria im Vorraum der Gemäldegalerie, aber bei schönem Wetter sitzt man netter auf dem Vorplatz.

Philharmonie und Kammermusiksaal
✠ 227 F4 ✉ Herbert-von-Karajan-Str. 1 ☎ 030 25 48 80,
Ticket-Tel. 030 24 58 89 99 ⊕ www.berliner-philharmoniker.de
◕ Kassenzeiten Mo–Fr 15–18, Sa, So 11–14 Uhr
🚉 Potsdamer Platz

Staatsbibliothek
✠ 227 F4 ✉ Potsdamer Str. 33 ☎ 030 2 66 0 ⊕ www.staatsbibliothek-berlin.de ◕ Mo–Fr 9–21, Sa 10–19 Uhr
(Betreten der Lesesäle

nur mit Benutzerausweis)
🚉 Potsdamer Platz

Gemäldegalerie
✠ 227 F4
✉ Matthäikirchplatz
☎ 030 2 66 42 42 42
⊕ www.smb.museum
◕ Di–Fr 10–18, Sa/So 11–18 Uhr 🚉 Potsdamer Platz ✦ 10 €

Musikinstrumentenmuseum
✠ 224 F41 ✉ Tiergartenstr. 1 ☎ 030 25 48 11 78
⊕ www.sim.spk-berlin.de ◕ Di–Fr 9–17, Do bis 20, Sa/So 10–17

Uhr 🚉 Potsdamer Platz
✦ 6 €

Neue Nationalgalerie
✠ 227 F4
✉ Potsdamer Str. 50
☎ 030 2 66 42 42 42
⊕ www.smb.museum
◕ z Zt. geschlossen
🚉 Potsdamer Platz

Kunstgewerbemuseum
✠ 227 F4 ✉ Matthäikirchplatz ☎ 030 2 66 42 42 42
⊕ www.smb.museum
◕ Di–Fr 10–18, Sa/So 11–18 Uhr
🚉 Potsdamer Platz
✦ 8 €

㉕ Daimler City

Warum?	Die exklusivste moderne Architektur Berlins
Was?	Das erste völlig neu errichtete Stadtviertel am Potsdamer Platz
Wann?	Tagsüber der Betrieb eines Business-Viertels, abends faszinierende Ruhe
Was noch?	Kunst des 20. und 21. Jahrhunderts zeigt Daimler Contemporary.
Wo ausspannen?	Am Piano-See sind im Sommer abends Wasserspiele und Musik zu erleben.

Der von Renzo Piano entworfene Atrium Tower

Einen architektonischen Kontrapunkt zum gegenüberliegenden Sony Center bildet das Areal der einstigen Daimler City. Renzo Piano erschuf hier rund um den Marlene-Dietrich-Platz ein eigenes Quartier mit vielen Wasserflächen.

Das Gesicht dieses Viertels hat Stararchitekt <u>Renzo Piano</u> ersonnen, der auch das Centre Pompidou in Paris entwarf. Auf dem 7 ha großen Gelände ist mit 19 Einzelgebäuden, Wohnungen, Büros, Geschäften und Unterhaltungsmöglichkeiten ein neuer Stadtteil entstanden.

Empfangschefs an der Potsdamer Straße sind die Boxer von Keith Haring. Wie eine Kathedrale strebt der 82 m hohe <u>Atrium Tower</u> in den Himmel. Einen Schornstein krönt ein weithin sichtbarer smaragdgrüner Würfel aus 100 unterschiedlich großen Rechtecken, das Firmenlogo. Am Eingang flackert eine Video- und Neonröhren-Installation des Koreaners Nam June Paik.

Künstliche Wasser

Spielbank und Theater begrenzen den muschelförmig gestuften Marlene-Dietrich-Platz, von dem sich Wasserläufe

Das historische Weinhaus Huth wurde in die moderne Architektur integriert.

entfernen. Der von Renzo Piano entworfene, von Regenwasser gespeiste <u>künstliche See</u> wird von Schilfpflanzen umkränzt und beherbergt sogar Fische.

Der schnellste Lift des Kontinents

Das <u>Weinhaus Huth</u>, das einzige alte Haus, das hier übriggeblieben ist, bietet auf neuem Fundament wieder Weine an und präsentiert die <u>Sammlung Daimler Contemporary</u>.

Hinuntersehen kann man vom spitzen ziegelroten Hochhaus mit den goldenen Zinnen, das der Berliner Architekt Hans Kollhoff in Anlehnung an New Yorker Wolkenkratzer entworfen hat. Der schnellste Lift des Kontinents befördert seine Passagiere in 20 Sekunden sanft zum <u>Panoramapunkt</u> im 24. Stock. Man glaubt, fast in die Büros des DB-Glashauses auf der anderen Seite am Sony Center treten zu können.

KLEINE PAUSE

Vegane Donuts aus der eigenen Berliner Bäckerei erwarten Stadtbummler bei Brammibal's Donuts (Alte Potsdamer Str. 7).

✛ 228 A/B 4   ✉ Potsdamer Platz
🚉 Potsdamer Platz

🕐 tägl. 11–19, Winter bis 18 Uhr
💶 7,50 €

Panoramapunkt
✉ Potsdamer Str. 1
☎ 030 25 93 70 80
🌐 www.panoramapunkt.de

Daimler Contemporary Berlin
✉ Alte Potsdamer Str. 5
☎ 030 25 94 14 21   🌐 art.daimler.com
🕐 tägl. 11–18 Uhr

Nach Lust und Laune!

26 Luiseninsel

Wer hinter dem Sony Center oder hinter der Philharmonie die Straße überquert, ist sofort im Tiergarten. Westlich der Bellevue-Allee führt ein Weg zur Luiseninsel. Diesen Teil des Gartens hatte der Königliche Tiergartendirektor Eduard Neide im 19. Jahrhundert rund um eine Figur der in Preußen geliebten Königin Luise geplant.

✠ 227 F4 ⍨ Potsdamer Platz

27 Botschaftsviertel

Nur fünf Minuten braucht man von Japan bis Ägypten oder von der Hiroshimastraße über die Tiergartenstraße bis zur Stauffenbergstraße. Schon in den 1920er-Jahren befand sich Berlins Botschaftsviertel am südlichen Rand des Tiergartens. Nach der Wende kehrten viele Länder in das Diplomatenviertel zurück, oft mit spektakulären Neubauten. So will Südafrika mit großzügigen Dachterrassen und seinem Baustil an afrikanische Kultur und Tradition erinnern. Österreich präsentiert sich – an der Ecke Stauffenbergstraße – in grün schillerndem Kupfer. Und hinter geometrischen Formen liegt Ägypten.

✠ 227 E/F4 ✉ Hiroshimastr., Tiergartenstr., Stauffenbergstr.
⍨ Potsdamer Platz

28 Gedenkstätte Deutscher Widerstand

Im Bendlerblock, dem heutigen Bundesverteidigungsminsterium, erinnert eine Ausstellung an die Menschen, die Widerstand gegen den Nationalsozialismus leisteten. Im Mittelpunkt steht das missglückte Attentat auf Hitler am 20. Juli 1944. Die Hauptverschwörer unter Führung von Claus von Stauffenberg wurden noch in derselben Nacht im Hof des Gebäudes erschossen. Ein Ehrenmal erinnert daran.

✠ 227 E/F4 ✉ Stauffenbergstr. 13-14
☎ 030 26 99 50 00
⊕ www.gdw-berlin.de
◐ Mo–Fr 9–18, Sa/So 10–18 Uhr
⍨ Potsdamer Platz ✦ frei

29 St. Matthäus-Kirche

Sie steht da wie aus dem falschen Baukasten. Alles rundherum wirkt modern, nur das Kirchlein nicht, das dem Platz den Namen gab. Schinkel-Schüler Friedrich August Stüler entwarf es im 19. Jahrhundert. Im 20. Jh. sollte es abgerissen werden wie die Häuser drumherum. Albert Speer hatte für Hitler die »Welthauptstadt Germania« geplant, und das Viertel passte nicht hinein. Es kam anders, die Kirche wurde im Krieg beschädigt und 1959/60 wiederaufgebaut. Der Predigtraum wird für seine Akustik gelobt. In der Kirche finden regelmäßig Ausstellungen, Konzerte und Theateraufführungen statt.

⌖ 227 F4 ✉ Matthäikirchplatz
☎ 030 2 62 12 02
⊕ www.stiftung-stmatthaeus.de
🕐 Di–So 11–18 Uhr; Orgelandacht:
Di–Sa 12.30–12.50 Uhr 🚇 Potsdamer
Platz ⚡ frei

30 Martin-Gropius-Bau

Das nach seinem Architekten benannte Gebäude wurde 1877–81 als
Kunstgewerbemuseum für die
Schau- und Studiensammlung der
Kunstgewerbeschule errichtet. Reliefs und Mosaiken machten die Fassade zur Schautafel künstlerischen
Handwerks. 1977–81 wurde das
kriegsgeschädigte Haus wiederher-
gestellt und gilt seither als Berlins
schönster Ausstellungsbau.

⌖ 228 B3/4 ✉ Niederkirchnerstr. 7
☎ 030 25 48 60
⊕ www.berlinerfestspiele.de 🕐 Sa–Mi
10–19, Do/Fr bis 21 Uhr
🚇 Anhalter Bahnhof
⚡ 15 €, kostenlose Führungen

31 Deutsches Technikmuseum

Die C-47-Skytrain, die Westberlin
während der sowjetischen Blockade
1948/49 als »Rosinenbomber« über
die Luftbrücke versorgte, scheint im
Landeanflug auf den Potsdamer
Platz zu sein. Sie hat jedoch ihren
letzten Landeplatz auf dem Dach
des Deutschen Technikmuseums
eingenommen und weist bereits auf
die außergewöhnliche Luftfahrt-
sammlung hin, die den Besucher erwartet. Auf 26 500 m² Ausstellungs-
fläche wird die Entwicklung der

Luftfahrt von den Anfängen über
den Ersten Weltkrieg bis in die
1950er-Jahre hinein gezeigt, man
kann Oldtimer, Autos, Loks und
Züge besichtigen; faszinierend ist
auch das Science Center Spectrum,
ein wissenschaftliches Experimen-
tierfeld für Besucher.

⌖ 228 B2 ✉ Trebbiner Str. 9
✉ Möckernstr. 26 ☎ 030 90 25 40
⊕ www.sdtb.de 🕐 Di–Fr 9–17.30, Sa/So
10–18 Uhr 🚇 Gleisdreieck ⚡ 8 €

32 Topographie des Terrors

Auf dem Areal südlich der Niederkirchnerstraße – dem ehemaligen
Prinz-Albrecht-Gelände – standen
einst die meistgefürchteten Institutionen des Dritten Reichs, darunter
der Sitz der Reichsführung SS und
die Zentrale der Gestapo. Heute beherbergt ein schlichter Kubus eine
Ausstellung, die über diese Schalt-
stelle der Nazi-Verbrecher einge-
hend informiert.

⌖ 228 B3 ✉ Niederkirchnerstr. 8
☎ 030 25 45 09 50 ⊕ www.topographie.
de 🕐 tägl. 10–20 Uhr, Außenbereich bis
zur Dämmerung (bis spätestens 20 Uhr)
🚇 Potsdamer Platz oder Kochstraße
⚡ frei

Ein »Rosinenbomber« auf dem Dach des
Deutschen Technikmuseums

Wohin zum ...
Essen und Trinken?

Preise für ein Hauptgericht ohne Getränke:
€   unter 12 Euro
€€   12–25 Euro
€€€   über 25 Euro

RESTAURANTS

Café Einstein Stammhaus €€/€€€
Ein klassisches Wiener Kaffeehaus in der einstigen Villa der Schauspielerin Henny Porten. Pflichtprogramm für alle Kaffeeliebhaber, die den Unterschied zwischen Melange und Kleinem Braunen kennen und sich so nicht den missbilligenden Blicken der Kellner aussetzen müssen. Unter den Füßen hat man Marmor, auf dem Sitz Samt. Natürlich sind die Tische eigentlich zu klein, um sich am Wiener Schnitzel abzuarbeiten. Für die gute Sachertorte sind sie gerade richtig. Den schönen Garten möchte man eher als Zeitungslesezimmer nutzen. Wirklich stilvoll!
✠ 227 E3 ✉ Kurfürstenstr. 58
☎ 030 2 63 91 90 ⊕ www.cafeeinstein.com
◕ tägl. 9–22 Uhr

5 – Cinco €€€
Das mit einem Michelin-Stern ausgezeichnete Restaurant im Hotel Stue ist das erste Projekt des katalanischen Meisterkochs Paco Pérez außerhalb Spaniens. Unter kunstvoll arrangierten Kupfertöpfen genießen die Gäste mit Blick auf die Küche avantgardistische Gourmetkreationen. Ein Menü besteht hier aus wahlweise acht oder zwölf »Gängen«, die wie kleine kulinarische Juwelen präsentiert werden.
✠ 227 D4 ✉ Drakestr. 1 ☎ 030 3 11 72 20
⊕ www.5-cinco.com ◕ Di–Sa 18.30–22.00 Uhr

Facil €€€
Das mit zwei Michelinsternen für die Kreationen von Michael Kempf dekorierte Edelrestaurant über dem Potsdamer Platz, im 5. Stock über dem The Mandala Hotel, wirbt mit günstigen Mittagsmenüs um künftige Gourmets für den Abend, die sich auch jenseits aller Dresscodes an die mediterran geprägte Sterne-Küche wagen möchten.
✠ 224 A1 ✉ Potsdamer Str. 3
☎ 030 5 90 05 12 34 ⊕ www.facil.de
◕ Mo–Fr 12–15, 19–23 Uhr

Joseph Roth Diele €
Mehr als zwei Tagesgerichte darf man nicht erwarten, eine Suppe, ein einfaches Menü. Man entnimmt das Angebot einer Tafel hinter dem Tresen. Auch sonst ist das Gasthaus (Abb. oben) anders als andere. Holzbänke und Thonet-Stühle und Lichtinseln als Leseecken. Es ist lange her, dass das Haus eine Konditorei war. Die derzeitigen Betreiber mussten eine Lagerhalle räumen und fanden einen schönen Steinboden und alte Rezepte für Backwaren. Und sie entdeckten, dass der österreichische Schriftsteller Joseph Roth in den 1920er-Jahren nebenan gelebt und im Café einen Roman begonnen hatte. Wurststullen und Eintöpfe sind ebenfalls hausgemacht. Und ein Heiligenbildchen erinnert dezent daran, dass es einen Bezug zum Devotionalienhandel Ave Maria nebenan gibt.
✠ 227 F3 ✉ Potsdamer Str. 75
☎ 030 26 36 98 84 ⊕ www.joseph-roth-diele.de ◕ Mo–Fr 10–24 Uhr

Tizian €€/€€€
Eins der besten Restaurants am Potsdamer Platz ist das elegante Lokal im Hotel Hyatt mit Designertischen aus Walnussholz. Sehr gute Küche in kühl-klarem Design – von den Vorspeisen bis zum Tiramisu. Hier kann man eigentlich nichts falsch machen.
✠ 228 A4 ✉ Marlene-Dietrich-Platz 2
☎ 030 25 53 15 27 ⊕ www.tizian-restaurant.de ◕ tägl. 9–23 Uhr

Zu den großen Shoppingcentern in Berlins Mitte zählt die Mall of Berlin.

Wohin zum ...
Einkaufen?

POTSDAMER STRASSE

Die Potsdamer Straße führt über den Landwehrkanal nach Schöneberg. Mit ihren Billigläden ist sie stellenweise immer noch etwas schmuddelig, wird aber seit ein paar Jahren durch so renommierte Galerien wie Isabella Bortolozzi, Michael Janssen und Guido W. Baudach aufgewertet. Auch das Stil-Emporium Andreas Murkudis und die Hutmacherin Fiona Bennett haben sich hier angesiedelt.

Im Shop von **LEGOLAND® Discovery Centre** (Potsdamer Straße 4) kommen Lego-Fans, egal welchen Alters, voll auf ihre Kosten. Mit Spielesets kann man u.a. die ferne Galaxie mit Star-Wars-Produkten entdecken. Oder man baut eine eigene LEGO City mit Polizeistationen, Feuerwehrfahrzeuge, Müllwagen und unzähligen Minifiguren.

Ein Hauch von Lourdes schwebt über dem **Ave Maria** (Lützowstr. 23, Mo–Fr 12–18, Sa bis 15 Uhr). Man lernt hier nicht nur, dass es rund 40 Arten von Weihrauch gibt; Madonnenaugen blinken, und Kruzifixe, auch in passender Größe für Auto oder Handtasche, leuchten in falsch-barocker Pracht. Wem es an Votivgaben fehlt, der wird zwischen silbernen Armen und Beinen fündig. Pilger opfern sie in Erwartung der Heilung von Gebrechen aller Art. Und Kerzen, groß und größer, geweiht und ungeweiht, gibt es.

EINKAUFSZENTREN

Zwischen dem Weinhaus Huth und dem Marlene-Dietrich-Platz laden die **Potsdamer Platz Arkaden** auf drei Stockwerken zum gepflegten Einkauf ein. Das Einkaufszentrum, das sich unter Berlin-Besuchern besonderer Beliebtheit erfreut, wird bis 2022 saniert und umgebaut. Nach der Wiedereröffnung soll es 90 Geschäfte aus sechs Themenwelten umfassen sowie eine große Markthalle mit nachhaltigen Produkten aus der Region und aller Welt. Die riesige **Mall of Berlin** am benachbarten Leipziger Platz macht den Arkaden Konkurrenz. Am einstigen Standort des historischen Kaufhauses Wertheim finden heute knapp 300 Geschäfte Platz.

Wohin zum ...
Ausgehen?

Wer Karten für die Philharmonie hat oder einen Kinobesuch plant, muss sich keine Gedanken machen. Wer in der Nähe tanzen oder am Abend noch ein Glas trinken möchte, hat nicht viel Auswahl. Spätestens dann merkt man, dass der Potsdamer Platz kein gewachsenes Viertel ist.

Seit rund 17 Jahren begeistert die **Blue Man Group** am Potsdamer Platz. Über 4 Mio. Besucher haben die akrobatischen und künstlerischen Hochleistungen der blau gefärbten Trommel-Artisten bislang bejubelt, und ein Ende ihrer Performance, eine Mixtur aus rockiger Musik, Comedy und Lightshow, ist nicht abzusehen (Stage Bluemax Theater, Marlene-Dietrich-Platz 4, Tickets online unter www.stage-entertain ment.de, Karten ab 50 €).

KINOS

Besucher des Potsdamer Platzes haben jeden Tag die Auswahl zwischen einem Dutzend Filmen im **Cinemaxx Multiplex** in der Daimler City (Potsdamer Platz 1-19). Wer statt Mainstream lieber Werke des unabhängigen und avantgardistischen Kinos sehen möchte, findet gegenüber im Sony Center mit dem **Arsenal**, dem Institut für Film und Videokunst (Potsdamer Straße 2, Tel. 030 26 95 51 00, www.arsenal-berlin.de) eine der engagiertesten Institutionen dieses Genres. In zwei Sälen werden jährlich rund 1000 Filme gezeigt: experimentierfreudige Regiedebüts, innovative Film- und Videokunst aus aller Welt und Filmgeschichte von A bis Z. Während der jährlichen Filmfestspiele ist das Arsenal für eine Sektion des Festivals verantwortlich.

THEATER AM POTSDAMER PLATZ

1800 Besucher fasst das elegante Theater (Marlene-Dietrich-Platz 1), das an verschiedene Veranstalter für Shows oder Musicals vermietet wird. Immer im Februar zur Berlinale verwandelt es sich in ein großes Festspielkino (www.berlinale.de).

SPIELBANK BERLIN

Die Spielbank Berlin (Marlene-Dietrich-Platz 1, Tel. 030 25 59 90) bietet Roulette, Baccarat und Black Jack fürs Spiel um Glück und Geld. Außerdem warten Einarmige Banditen und andere Automaten auf die Spieler. Die Automatenhalle (11-5 Uhr), zu der man nur die Treppe hinuntersteigt, ist schon vormittags gut gefüllt. Für erfahrene Zocker, die den klassischen Spielbankbetrieb bevorzugen, gibt es edlere Räume, die von 15 bis 3 Uhr zugänglich sind. Die Zeiten des Krawattenzwangs sind zwar vorbei, aber angemessene Kleidung wird dennoch verlangt.

BARS

Die schicke **Victoria Bar** (Potsdamer Str. 102, Tel. 030 25 75 99 77, tägl. ab 18 Uhr) ist eine Berliner Institution und beliebte Anlaufstelle für professionell gemixte Cocktails. Auch Kleinigkeiten zu essen werden bis spät serviert. Wer vor 21 Uhr bestellt, profitiert von den günstigen Happy-Hour-Preisen.

Wer nicht im **Kumpelnest 3000** (Lützowstr. 23, Tel. 030 2 61 69 18, tägl. ab 19 Uhr) war, weiß nichts vom Berliner Nachtleben. Wer hier zu lange war, wird sich am nächsten Tag fragen, in welchem Film er die Zeit vergessen hat. Im Kumpelnest enden Betriebsfeiern, finden sich die Übriggebliebenen einer Party, die Unersättlichen aus den Kneipen, die früher schließen, die Neugierigen, die wissen wollen, wer immer noch da ist ... Eine Adresse, für die niemand zu alt ist, der noch Abba oder Udo Jürgens hören mag oder dem die Musik egal ist.

Der wunderbare Blick aus 70 m Höhe macht das **Solar** (Stresemannstr. 76, Tel. 0163 7 65 27 00, tägl. ab 18 Uhr, www.solarberlin. com) zu einer beliebten Anlaufstelle für Verliebte und Romantiker, besonders bei Sonnenuntergang. Schwarz und rot präsentiert sich die **Vox Bar** im Grand Hyatt (Marlene-Dietrich-Platz 2, Tel. 030 25 53 17 72, tägl. 18.30–23 Uhr). Der Martini ist trocken, und statt der üblichen Olive entdeckt man ein Stück Ingwer. Wer möchte, kann natürlich auch aus 300 Whiskey-Sorten wählen. Jazz- und Soulgrößen sorgen für stimmungsvolles Nachtclubflair. Ebenfalls im Grand Hyatt untergebracht ist die schicke Cocktaillounge **Jamboree**, die zu einer Reise in die 1980er-Jahre einlädt: Die Drinks, das Interieur im Industrie- und Vintagedesign, die Musik – alles im Stil der Eighties. Selbst die Cocktails heißen z. B. »Love will tear us apart« oder »Der Kommissar«. Von Donnerstag bis Samstag legen hier Berliner DJs ab 22 Uhr die legendären Retrosounds der Achtziger auf. In den Sommermonaten kann man bereits ab 11 Uhr Drinks und kleine Gerichte auf der Cocktailterrasse genießen.

Einmal im Jahr ist das Theater am Potsdamer Platz ein großes Festspielkino.

Zu einem Berlin-Besuch gehört ein Bummel
auf dem Kurfürstendamm.

Um den
Kurfürstendamm

Der Kurfürstendamm ist
und bleibt die beliebteste
Einkaufs- und Flaniermeile
Berlins.

Seite 126–149

Erste Orientierung

»Ich hab' so Heimweh nach dem Kurfürstendamm …« Allein für diese Chanson-Zeile haben die Westberliner Hildegard Knef, ihre größte Sängerin ohne Stimme, schon geliebt. Der Ku'damm, wie er hier heißt, war nach der Teilung der Stadt ihre neue Mitte geworden. Schon immer war er für die Berliner die Champs-Elysées, und die bevorzugte Einkaufs- und Flaniermeile ist er geblieben.

Wo einst der Kurfürst auf dem Kurfürstendamm zur Jagd in den Grunewald ritt, machen heute Berliner und Stadtbesucher Jagd auf neueste Modeteile, hübsche Designerstücke oder einfach nur Schnäppchen. Der Kurfürstendamm ist Berlins bekannteste und beliebteste Shoppingmeile. Der 3,5 Kilometer lange Boulevard führt vom Breitscheidplatz mit der Kaiser-Wilhelm-Gedächtniskirche bis zum Rathenauplatz, wo die Villenviertel im Grunewald stehen.

Nach der Wende sprach zwanzig Jahre kaum einer vom Ku'damm. Wer Berlin sagte, meinte Unter den Linden, Mitte oder Potsdamer Platz. Es schien, als ob sich niemand mehr für den Westen der Stadt interessierte. Und jetzt? Jetzt fährt man wieder hin, flaniert über den Kurfürstendamm, besucht das neue Bikinihaus, bummelt in die Seitenstraßen und genießt die ganz eigene Atmosphäre. Der Kurfürstendamm hat den Charme des Gewachsenen, die Lebendigkeit von Straßen, in denen Menschen leben, ihren Alltagsgeschäften nachgehen, Freizeit genießen. Dass fast nichts neu ist, wirkt erholsam. Und wo etwas neu ist, passt es sich schnell in das Vorhandene ein – meistens.

Das Schloss Charlottenburg und seine Parks sind die Oasen, die Anwohner genauso nutzen wie Besucher der Hauptstadt.

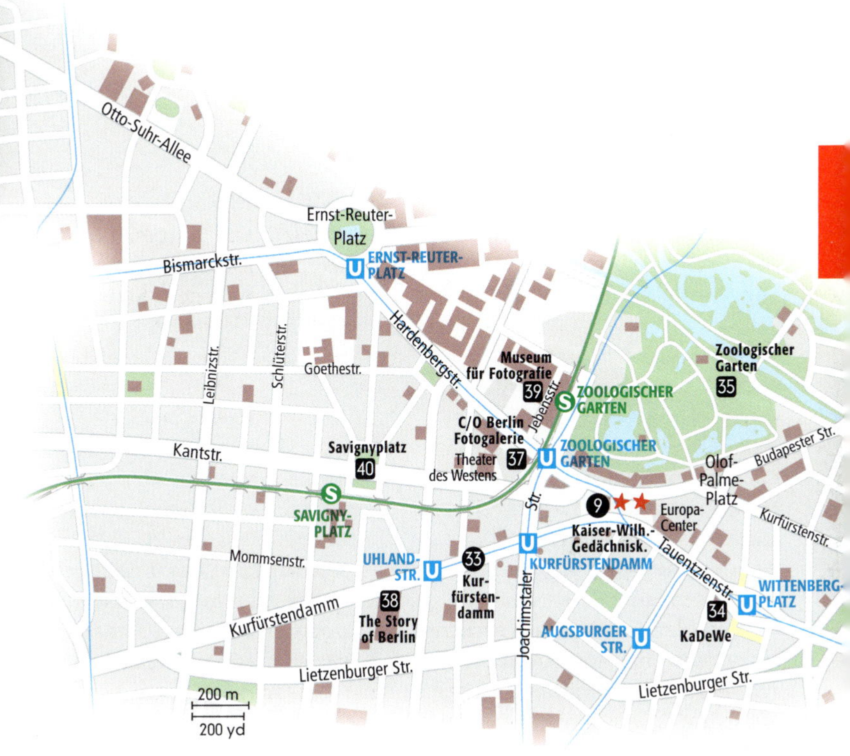

Otto-Suhr-Allee
Ernst-Reuter-Platz
ERNST-REUTER-PLATZ
Bismarckstr.
Hardenbergstr.
Leibnizstr.
Schlüterstr.
Goethestr.
Museum für Fotografie
39
C/O Berlin Fotogalerie
Theater des Westens
37
ZOOLOGISCHER GARTEN
Zoologischer Garten
35
Kantstr.
Savignyplatz
40
SAVIGNY-PLATZ
Str.
Jebensstr.
ZOOLOGISCHER GARTEN
Olof-Palme-Platz
Budapester Str.
Kurfürstenstr.
9 ★★
Kaiser-Wilh.-Gedächtnisk.
Europa-Center
Tauentzienstr.
Mommsenstr.
UHLAND-STR.
33
Kurfürstendamm
KURFÜRSTENDAMM
WITTENBERG-PLATZ
Joachimstaler Str.
Kurfürstendamm
38
The Story of Berlin
AUGSBURGER STR.
34
KaDeWe
Lietzenburger Str.
Lietzenburger Str.
200 m
200 yd

Mein Tag… mit Shopping in der neuen City West

Der Kurfürstendamm ist wieder die Nummer 1: Das KaDeWe glitzert in alter Pracht, neue Wolkenkratzer mischen die Skyline auf, stylische Einkaufswelten sorgen für frischen Wind an Berlins beliebtestem Boulevard. An einem Shoppingtag finden Sie edle Marken und junge Designer, innovative Küche und Momente der Entspannung.

9 Uhr, Zimtschnecken vom Bäcker

Egal, ob erstes oder zweites Frühstück: Die Anwohner des Olivaer Platzes am westlichen Ende des Kurfürstendamms beginnen den Morgen gerne mit einem Abstecher ins Zeit für Brot. Dieser klimaneutral wirtschaftende Biobäcker mit angeschlossenem Café hat die Herzen der Berliner in Windeseile erobert. Wo sonst kann man dem Bäcker noch direkt bei der Arbeit zusehen? Genießen Sie einen Kaffee – natürlich auch aus nachhaltiger Bioproduktion – an einem der großen Holztische am Platz. Kenner bestellen sich dazu eine der handgemachten Zimtschnecken.

11 Uhr, Shopping in der Edelmeile

Am Olivaer Platz Beginnt der edelste Teil des Ku'damms – hier haben die Stores der berühmten Luxusmarken ihren Sitz: Gleich nebenan

11 Uhr, Shopping in der Edelmeile
21 Uhr, Nightlife mit Affenblick
18 Uhr, Kinoerlebnis mit Verwöhnprogramm
16 Uhr, Yoga oder High Tea
Hardenbergstr.
18 Uhr
Zoo Palast
Bikini-Haus
Monkey Bar
Ende
Kantstr.
16 Uhr
Waldorf Astoria
Breitscheid-platz
21 Uhr
Lagoa Yoga
Breitscheid-platz
11 Uhr
Kurfürstendamm
Tauentzienstr.
12 Uhr
Olivaer Platz
Lietzenburger Str.
Joachimstaler Str.
Lietzenburger Str.
Zeit für Brot
Start
9 Uhr
200 m
200 yd
9 Uhr, Zimtschnecken vom Bäcker
12 Uhr, Besuch im neuen KaDeWe

Wein, Käse, Wurst, Brot, Tee
(Abb. oben) — die Auswahl im
KaDeWe ist gewaltig.

Immer für eine Pause gut –
die Dachterrasse des
Bikini-Hauses..

finden Sie Max Mara, Rolex, Hermès und Louis Vuitton. Weiter in Richtung Wittenbergplatz folgen Prada und Giorgio Armani, Dolce & Gabbana und Cartier sowie Bulgari und Gucci. Jil Sander hat hier eine Dependence, Dior und Valentino.

12 Uhr, Besuch im neuen KaDeWe

Kein Ku'damm-Besuch wäre komplett ohne einen kleinen Abstecher ins 34 KaDeWe – der Doppeldecker bringt sie in zehn Minuten hin. Seit 2016 bis voraussichtlich 20222 wird das berühmte Kaufhaus nach Plänen des Architekten Rem Koolhaas umgestaltet. Mit neuen, größeren Schaufenstern und prunkvollem Eingangsportal verströmt es wieder das Flair der Anfangszeit von 1907. In der zweiten Etage mit der Women's Fashion tauchen Sie in die Welt der extravaganten Pariser Designerin India Mahdavi ein. Sie verschmolz Kunst, Design, Architektur und Mode zu einem sinnlichen Gesamterlebnis.

In der legendären Austernbar im KaDeWe werden jede Woche bis zu 7000 frische Muscheln zubereitet. Mittags bilden sich hier immer Menschentrauben.

13 Uhr, Lunch in der Feinschmeckeretage

Mittags brodelt die Food-Abteilung des KaDeWe – eine der größten der Welt – vor Leben: »Tout Berlin« und Besucher aus aller Welt treffen sich an Themenständen wie dem »Kartoffelacker« oder bei Le Notre aus Paris – und natürlich an der legendären Austernbar. Am besten, Sie lassen sich einfach treiben, z. B. durch die Fischabteilung mit ihren exotischen Arten, vorbei an den rund 200 Brotsorten und köstlichem Käse in hunderten von Variationen.

14 Uhr, Mit Guide ins Bikini-Haus

Nach einem Zwischenstopp in der ❾ ★★ Gedächtniskirche gelangen Sie zur wohl spektakulärsten Neueröffnung der City West: Das sanierte Bikinihaus hat Architekturpreise abgeräumt und etablierte sich schnell als innovativste Concept Mall der Stadt. Für Aufsehen sorgten die Popup-Boxen – leichte Holzkonstruktionen, in denen junge Designer testen können, ob ihre Produktideen Erfolgschancen haben. Möchten Sie sich einer geführten Tour anschließen? Kunst- und Architekturexperten erzählen Ihnen dabei mehr über das Denkmal-Ensemble und sein Lifestyle-Konzept.

16 Uhr, Yoga oder High Tea

Zeit für eine Pause! Wenn Ihnen der Sinn nach Entspannung

Der Zoo Palast mit dem Charme der Kinos aus den
1950er-Jahren bietet eine besondere Kinoerfahrung.

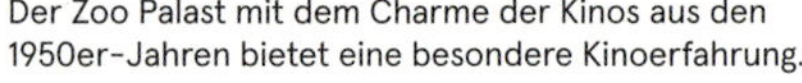

steht, lädt das Hotel Waldorf Astoria
– die edelste Luxusunterkunft der
City West – zum High Tea in der 15.
Etage. Versunken in einem Ledersessel können sie in der Library bei
Snacks den Blick über die Gedächtniskirche genießen. Oder möchten
Sie sich lieber bei einer Yoga-Stunde
erden? Im großzügigen Loft von Lagoa kann man an einer Yoga- oder
Pilates-Stunde teilnehmen.

Von der 15. Etage des
Waldorf Astoria Berlin
gegenüber vom Zoo Palast
eröffnet sich ein herrlicher
Ausblick.

18 Uhr, Kinoerlebnis mit Verwöhnprogramm

Zum Bikini-Ensemble gehört auch
der Zoo Palast, lange Zeit Wettbe-
werbskino der Berlinale. Der
Charme der Architektur aus den
1950er-Jahren wurde bei der liebe-
vollen Sanierung wieder herausge-
arbeitet. Für eine besondere Kinoerfahrung bucht man die Premium

Lounge – mit Garderobe, Begrü-
ßungsgetränk und Service am Platz.
Ebenso luxuriös ist die nahe gelegene Astor Filmlounge mit ihren plüschigen Liegesesseln.

21 Uhr, Nightlife mit Affenblick

Die Nacht ist angebrochen, Zeit für
die Monkey Bar – oder das Restaurant Neni – auf dem Dach des 25
Hours Hotels Bikini. Das eine ist die
hipste Bar am Platz, das andere ein
chilliges Restaurant.

Zeit für Brot
✉ Konstanzer Str. 1
☎ 030 88 70 24 24 ⊕ www.zeitfuerbrot.com
🕐 Mo–Fr 7–20, Sa 8–20, So 8–18 Uhr

Bikinihaus
Führungen: Art Berlin ☎ 030 68 91 50 08
⊕ www.artberlin-online.de
Go Art ☎ 030 30873626 ⊕ www.goart-berlin.de

High Tea im Waldorf Astoria
✉ Hardenbergstr. 28 ☎ 030 8 14 00 00
⊕ www.waldorfastoriaberlin.de
🕐 Fr 18–23, Sa 14–23, So 14–18 Uhr,
auf Anmeldung

Lagoa Yoga Berlin
✉ Uhlandstraße 20–25 ☎ 030 8 82 20 49
⊕ www.lagoayoga.de

Zoo Palast
✉ Hardenbergstr. 29a
☎ 01805 22 29 66 (0,14 €/Min. aus dem Festnetz,
max. 0,42 €/Min. aus dem dt. Mobilfunknetz)
⊕ www.zoopalast-berlin.de

Astor Film Lounge
✉ Kurfürstendamm 225
☎ 030 8 83 85 51
⊕ www.berlin.astor-filmlounge.de

Monkey Bar/Restaurant Neni
Monkey Bar 🕐 Mo–So 12–2 Uhr
Restaurant Neni 🕐 Mo–Fr 12–23,
Sa/So 12.30–23 Uhr
✉ Budapester Str. 40
☎ 030 1 20 22 12 00
⊕ www.monkeybarberlin.de
⊕ www.neniberlin.de

❼ ★★ Schloss Charlottenburg

Warum?	Berlins größtes und schönstes Schloss
Was?	Wohnkultur, Kunstsammlungen und das Porzellankabinett sowie ein weitläufiger Park
Wie lange?	Hier kann man leicht einen halben Tag verbringen.
Was noch?	Eine szenische Führung mit Prinzessin Sophie Charlotte und ihrem Diener Aly
Wo einkehren?	Im Brauhaus Lemke am Schloss, Berlins ältester Gasthausbrauerei

Sophie Charlotte war gerade 16 Jahre alt, als sie 1684 den Kurfürsten Friedrich III. von Brandenburg heiratete. Er ließ ihr ein Schloss nach einem Entwurf von Arnold Nering bauen (1695–99), das im Laufe der Geschichte sieben Generationen Hohenzollern nutzten.

Vorbild Versailles

Das historisch bedeutendste Bauwerk im Westen der Stadt ist im 17. Jahrhundert in ländlicher Umgebung als Sommerschlösschen Lietzenburg entstanden. Es war längst nicht so groß wie heute und bestand nur aus dem Mittelteil. Dass es auf das jetzige Ausmaß wuchs, ist zunächst wohl dem zunehmenden Repräsentationsbedürfnis des Gatten von Sophie Charlotte zu verdanken, der sich 1701 in Königsberg selbst zum König Friedrich I. in Preußen gekrönt hatte. Seine Bedeutung sollte sich auch im erlesenen Mauerwerk manifestieren, und so wurde der Baumeister Eosander von Göthe beauftragt, nach dem Vorbild des Schlosses von Versailles nicht nur das Hauptgebäude zu verlängern, sondern auch mit Seitenflügeln einen Ehrenhof zu schaffen.

505 m Schloss

Am westlichen Flügel entstand – als Eosanderflügel – die große Orangerie (1709–12), den barocken Mitteltrakt krönte schließlich ein Kuppelturm (1710). 1740 bis 1746 wurde östlich noch ein schlichter, zweigeschossiger Neuer Flügel von Knobelsdorff angefügt und schließlich, 1787 bis 1791, von Langhans ein Schlosstheater als Abschluss des Orangerieflügels. Fast 100 Jahre waren nach dem Baubeginn vergangen. Das Schloss war 505 m lang. Sophie Charlotte war längst – 1705 – gestorben und das Schloss zu ihrem Gedenken in Schloss Charlottenburg umbenannt worden.

Alter Flügel

Ein Besuch beginnt am besten im Alten Schloss, dem ältesten Teil der Anlage, wo sich neben den Privatgemächern von Friedrich I. und Sophie Charlotte auch repräsentative Räume befinden. Dazu gehören das Porzellankabinett mit ostasiatischem Porzellan aus dem 17. und 18. Jahrhundert, die

Schlosskapelle und die Gobelinräume. Im ersten Stock liegen die Wohnräume von Friedrich Wilhelm IV., in denen das Kronprinzensilber ausgestellt ist.

Charlottenburg gilt als schönstes der Berliner Schlösser.

Neuer Flügel

In diesem unter Friedrich dem Großen errichteten Flügel befinden sich die schönsten Räume des Schlosses: der mit rosa Stuckmarmor verkleidete Weiße Saal sowie die Goldene Galerie, ein 42 m langer Festsaal mit üppiger Dekoration aus vergoldetem Stuck. Dahinter liegen die Privatzimmer des Königs, in denen Meisterwerke der französischen Malerei zu bewundern sind.

Schloss Charlottenburg umgibt ein weitläufiger Park.

 KURFÜRSTENDAMM

Zwischen Belvedere und Mausoleum

Erholung findet man im weitläufigen Schlosspark. Hier wandeln Spaziergänger zunächst in einem französischen Barockgarten, aber am Karpfenteich löst sich das Strenge auf, im englischen Landschaftsgarten fliegen Bälle und Bumerangs, spielen Kinder, dösen Sonnenhungrige. Am Ende einer Tannenallee verbirgt sich das von Schinkel wie ein dorisches Tempelchen gestaltete Mausoleum der Königin Luise. Im Belvedere, einem von Langhans gebauten Teehaus, ist eine bedeutende Sammlung von Porzellan aus der Königlichen Porzellan Manufaktur (KPM) zu bestaunen. Der von Schinkel entworfene Neue Pavillon lässt von Italien träumen. Friedrich Wilhelm III. hatte 1824 ein einfaches Wohnhaus in Auftrag gegeben, aber nun wohnen dort nur Möbel, Bilder und Skulpturen aus dem 19. Jahrhundert.

Barocker Prunk im Schloss Charlottenburg

KLEINE PAUSE

Die **Kleine Orangerie** (Tel. 030 3 22 20 21, Di–So 10–18 Uhr) am Eingang des Schlossparks ist ein entzückender Ort auch für größere Pausen. Man sitzt zwischen altem Küchengerät auf der einen oder mit Blick auf Grün auf der anderen Seite und am schönsten im Sommer im Garten unter alten Bäumen. Am Wochenende brutzeln außerdem Bratwürste auf dem Grill und Musiker sorgen für dezente Kaffeehausmusik.

✝ 226, westl. A5
✉ Spandauer Damm 10–22
☎ 030 32 09 10
🌐 www.spsg.de
🚌 109, 145

Altes Schloss
🕐 April–Okt. Di–So 10–17.30, Nov.–März bis 16.30 Uhr 🎟 12 €

Neuer Flügel
🕐 April–Okt. Di–So 10–17.30, Nov.–März Di–So bis 16.30 Uhr 🎟 12 €

Neuer Pavillon
🕐 April–Okt. Di–So 10–17.30, Nov./Dez. Di–So bis 16, Jan.–März Di–So 12–16 Uhr 🎟 4 €

Belvedere
🕐 April–Okt. Di–So 10–17.30 Uhr 🎟 4 €

Mausoleum
🕐 April–Okt. Di–So 10–17.30 Uhr 🎟 3 €

Park
🕐 8 Uhr bis Einbruch der Dunkelheit 🎟 frei

❾ ★★ Kaiser-Wilhelm-Gedächtniskirche

Warum?	Hier schlug immer das Herz Westberlins.
Was?	Die Kirche bietet innere Einkehr und Stille am trubeligen Kurfürstendamm.
Wie lange?	Eine halbe Stunde
Was noch?	Flair der 1950er-Jahre bietet das restaurierte Kino Zoopalast.
Was ist neu?	Das Mahnmal »Goldener Riss« erinnert an die Opfer des Terroranschlags am 19. Dezember 2016.

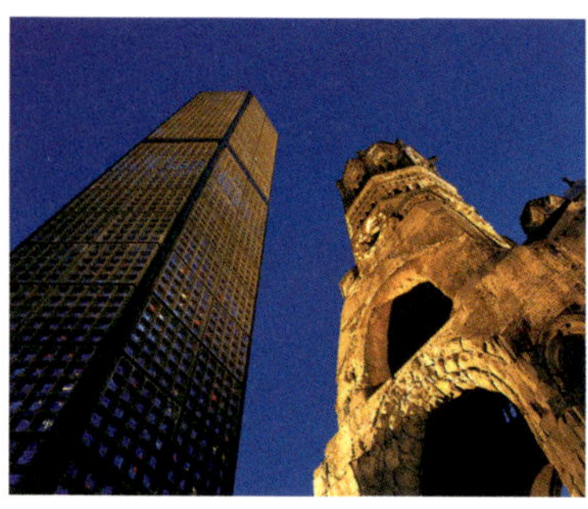

Turmstumpf und Neubau

»Alles vergehet« hieß das Thema der Predigt am 22. November, dem Totensonntag 1943, in der Kaiser-Wilhelm-Gedächtniskirche. Wenige Stunden nach dem Abendgottesdienst fielen Bomben und hinterließen die berühmte Ruine.

Glanz für Thron und Altar

So viel Symbolik kann man gar nicht erfinden, und doch gibt es noch mehr: An einem Kriegsgedenktag, dem 25. Sedantag am 1. September 1895, der an die Kapitulation der Franzosen nach der Schlacht von Sedan im Deutsch-Französischen Krieg erinnerte, war die Kirche geweiht worden. Wilhelm II. hatte ein geradezu inflationäres Kirchenbauprogramm begonnen. Das Gotteshaus zu Ehren seines Großvaters, der 1888 gestorben war, sollte der Glanzpunkt im neuen westlichen Stadtzentrum sein. Ein Fürstenfries verewigt die Hohenzollernherrscher von Kurfürst Friedrich I. bis zum letzten Kronprinzen Friedrich Wilhelm und seiner Frau Cäcilie.

Geliebter hohler Zahn — 33 000 mal blau

»Hohler Zahn« hieß der lädierte Westturm, von ehemals 113 m auf 63 m reduziert. Der Plan, die Ruine abzureißen, entfesselte bei den Berlinern einen Sturm der Entrüstung. So blieb die Turmruine als Gedenkstätte erhalten: ein asketisches graues Gebilde, ein flach gedecktes Oktogon. Abends leuchtet es blau. 33 000 Glasbausteine wurden für die Kirche angefertigt, fast alle in einem warmen dunklen Blauton. Der Eindruck im Inneren ist überwältigend. Dem Glashaus mit seinen nur 2,5 cm dünnen Wänden hat der Architekt eine zweite achteckige Wand vorgesetzt. Der Zwischenraum dämpft den Lärm von außen und bietet den Lichtquellen Platz, die die Steine leuchten lassen.

KLEINE PAUSE
Bei **Dean & David** (Kurfürstendamm 21) im neuen Kranzlereck kann man sich mit gesunden Salaten, Wraps und Suppen stärken.

✝ 226 C3
✉ Breitscheidplatz
⊕ www.gedaechtniskirche-berlin.de

🕐 Kirche tägl. 10–18 Uhr, Gedenkhalle tägl. 12–17.30 Uhr
🚉 Zoologischer Garten 🎫 frei

Magischer Moment

Cocktail mit Schaupielern

Moritz Bleibtreu ist da. Christiane Paul vor der Schreibmaschine. Und Jürgen Vogel. Die großformatigen Schaupieler-Porträts von Star-Fotograf Jim Rakete schmücken die Wände in einer der stylischsten Lounges der City West: Kuscheln Sie sich mit einem Cocktail in eines der plüschigen Sofas in der Bar des Motel One im 15. Stock. Die Glasfronten liegen auf Augenhöhe mit der golden leuchtenden Uhr der Gedächtniskirche – ein unvergleichlicher Augenblick über dem Herzen des Ku'damms.
Kantstr. 10

㉝ Kurfürstendamm

Warum?	Er schwächelte kurz nach dem Mauerfall, jetzt ist er wieder der edelste Prachtboulevard Berlins.
Was?	Die Mischung aus edlen Boutiquen, mondänen Kaufhäusern und historischer Architektur
Wie lange?	Hier kann man einen ganzen Tag verbummeln.
Was noch?	Am seinem westlichen Ende stehen ungewöhnliche Skulpturen: zwei Cadillacs aus Beton.
Was nehme ich mit?	Die neueste Mode, Designobjekte, Kulinarisches aus dem KaDeWe

Was ist ein Boulevard? Eine breite gerade Straße, eine von Laubwerk beschattete Stadtachse mit schönen Häusern und Geschäften, mit Platz zum Flanieren, vielleicht 53 m breit und 3,5 km lang – oder einfach: der Kurfürstendamm.

Wo er genau anfängt, ist nicht zu erkennen. Am Wittenbergplatz beim KaDeWe? Das Kaufhaus des Westens ist der größte Konsumtempel des Kontinents und mindestens einen Besuch wert. Aber seine Adresse heißt Tauentzienstraße. Also am Breitscheidplatz, wo Kaiser Wilhelms Kirchenruine in den Himmel ragt. Wo Straßenhändler, Pflastermaler und Komödianten ihrem Tagwerk nachgehen. Wo Christen wie Nichtchristen Weihnachtsmarkt abhalten. Wo Joachim Schmettaus Weltkugelbrunnen täglich daran erinnert, dass der Globus in Nord und Süd gespalten ist – die Berliner nennen ihn nur den »Wasserklops«.

Flanieren oder den Flaneuren zusehen

Prächtige Bürgerhäuser

Die Pariser Champs-Elysées hatte Bismarck im Kopf, als er den kurfürstlichen Knüppeldamm, der seit dem 16. Jahrhundert das Stadtschloss mit dem Jagdschloss Grunewald verband, zum Boulevard ausbauen ließ. Das emanzipierte Bürgertum zog

Ende des 19. Jahrhunderts in den damals neuen Westen und ließ große Häuser mit schmucken Fassaden errichten.

Selbstbewusster Westen

Das Europa-Center, 1965 eingeweiht, galt mit seinen 86 m Höhe und 22 Geschossen als riesig. Heute ist es kaum mehr zu erkennen. Es ist das Haus, auf dem sich der 14 m hohe Mercedesstern dreht und damals nach Osten Westberliner Selbstbehauptungswillen demonstrierte. An der Ecke Joachimstaler Straße schiebt sich wie ein riesiges gläsernes Tortenstück das Kranzlereck von Helmut Jahn an die Kreuzung.

Das Weltstadtflair, aber auch die Seitenstraßen mit ihren üppigen Bäumen sind das Schönste am Ku'damm: die Meinekestraße mit guten Restaurants, die Fasanenstraße mit dem Wintergartenensemble: schönste Berliner Villen im Neo-renaissancestil wie das Literaturhaus, daneben ein entzückender Restaurantgarten, eine Treppe führt in einen kleinen Buchladen hinunter. In die Marmoreingänge der Uhlandstraße muss man hineingesehen haben, durch die hübschen Geschäfte der Bleibtreustraße gebummelt sein.

Immer nobler und teurer

Das einstige Kudamm-Karree zwischen Uhland- und Knesebeckstraße verwandelt sich zurzeit unter dem Namen »Fürst« in ein neues Quartier, in dem man nach Fertigstellung die Nachfolgeausstellung von »Story of Berlin« erkunden kann. Nördlich liegt der Savignyplatz, umgeben von Modeläden, kleinen Restaurants und speziellen Geschäften. Die Schlüterstraße lockt mit schicken kleinen Modeläden, am Kurfürstendamm wird es nobler und teurer. Weiter westwärts, hinter dem Olivaer Platz, und endgültig hinter dem Adenauerplatz wird der Kurfürstendamm zur Wohnstraße mit Gemüseladen, Bäcker und Lebensmittelgeschäften.

KLEINE PAUSE

Der erste Bio-Imbiss Deutschlands eröffnete 2003 am Wittenbergplatz. Hier kann man bei **Wittys** (Mo–Sa 10–24, So ab 11 Uhr) eine Bio-Currywurst mit Pommes genießen.

✠ 226 A3–C3

Nach Lust und Laune!

34 KaDeWe

Kochtopf oder Kaviar, Stecknadel oder Modellkleid, im 1907 eröffneten KaDeWe (Kaufhaus des Westens) ist alles zu haben. Die Krönung aber ist die legendäre Feinschmeckeretage, kurz »die Sechste« – Gourmets gilt sie als Mekka. Sie haben u. a. die Wahl zwischen 1300 Käsesorten, 1200 Wurstspezialitäten und rund 3400 Weinen. Zum Food-Konzept des KaDeWe gehören drei neue Restaurants. In der Champagner- und Weinbar kann man bis in die späten Abendstunden den Blick über die Dächer der Stadt genießen.

✛ 226 C3 ✉ Tauentzienstr. 21-24
☎ 030 2 12 10 ⊕ store.kadewe.de
🕐 Mo–Do/Sa 10–20, Fr bis 21, Restaurants bis 24 Uhr Ⓜ Wittenbergplatz

35 Zoologischer Garten

Am Löwentor des Zoos steht immer eine mehr oder weniger lange Menschenschlange. Sie erleidet zweijährige Elefantenschwangerschaften, jubelt über 80 kg schwere Neugeborene, rätselt, wie lange es dauert, bis so ein »Knirps« zu einem 3 m hohen und 6 t schweren Kerl herangewachsen ist (15 bis 18 Jahre), und geht immer mal gucken.

1844 wurde der Berliner Zoo, von Alexander von Humboldt und Landschaftsarchitekt Peter Joseph Lenné angeregt, als erster Zoologischer Garten in Deutschland eröff-

Elefantenportal des Zoos

net. Das Aquarium mit über 10 000 Tieren gründete und leitete der berühmte Zoologe Alfred Brehm. Zu sehen gibt es nicht nur die Fischabteilung mit Highlights wie dem Riffbecken mit Schwarzspitzriffhaien, sondern auch die Abteilungen der Niederen Tiere, Reptilien, Amphibien und Gliederfüßer.

✛ 226 C4 ✉ Hardenbergplatz 8 (Löwentor), Budapester Str. 34 (Aquarium, Elefantentor) ☎ 030 25 40 10 ⊕ www.zoo-berlin.de, www.aquarium-berlin.de
🕐 Nov.–Feb. tägl. 9–16.30, März, Okt. bis 18, April–Sept. bis 18.30 Uhr, Aquarium tägl. 9–18 Uhr Ⓜ Zoologischer Garten
🏷 Zoo oder Aquarium 16 €, zusammen 22 €

36 Museum Berggruen

Picasso und seine Zeit – Paul Klee, Braque und Giacometti – zeigt die Ausstellung, die der Sammler und Freund Picassos, Heinz Berggruen, seiner Heimatstadt zuerst als Leihgabe zur Verfügung stellte und schließlich überließ.

⚓ 226, westl. A5 ✉ Schlossstr. 1
☎ 030 2 66 42 42 42
🌐 www.smb.museum 🕐 Di–Fr 10–18,
Sa/So 11–18 Uhr 🚌 309, M45 🎟 12 €

37 C/O-Galerie im Amerika-Haus

Das Amerika-Haus ist Sitz von C/O Berlin, einem Ausstellungshaus für Fotografie und visuelle Medien, das Werke renommierter Künstler zeigt. Die Stiftung zeigt pro Jahr bis zu 20 Einzel- und Gruppenausstellungen von Fotografen wie Annie Leibovitz, Nan Goldin, Anton Corbijn oder Sebastião Salgado.

⚓ 226 B3 ✉ Hardenbergstr. 22-24
☎ 030 284 44 16 62 🌐 www.co-berlin.
org 🕐 tägl. 11–20 Uhr
🚇 Zoologischer Garten 🎟 10 €

38 The Story of Berlin

Ein voll funktionsfähiger Atombunker unter dem Kurfürstendamm ist Teil des Museums »The Story of Berlin«. Bislang haben ihn zum Glück nur Besucher der Ausstellung aufgesucht. Thema ist die Entwicklung der Hauptstadt von den Anfän-

Der Savignyplatz: eine beliebte Ausgehzone

gen bis heute. Bis Herbst 2021 wird die multimediale Ausstellung komplett modernisiert.

⚓ 226 B3 ✉ Kurfürstendamm 207-208,
☎ 030 88 72 01 00
🌐 www.story-of-berlin.de
🚇 Uhlandstraße

39 Museum für Fotografie

In einem ehemaligen Offizierscasino hinter dem Bahnhof Zoo zeigt die Helmut Newton Stiftung Ausstellungen zum Werk des in Berlin geborenen Modefotografen und seiner Weggefährten. Vor beeindruckender Kulisse des Kaisersaals im zweiten Stock werden Wechselausstellungen aus dem Archiv der Kunstbibliothek gezeigt.

⚓ 226 B4 ✉ Jebensstr. 2
☎ 030 2 66 42 42 42 🌐 www.smb.
museum 🕐 Di–So 11–19, Do bis 20 Uhr
🚇 Zoologischer Garten 🎟 10 €

40 Savignyplatz

Das wahrhaft urbane Zentrum der City West fügt sich aus all den schmalen Straßen zusammen, die an diesem Platz aufeinandertreffen. Im Bewusstsein der Westberliner gehört das ganze Viertel mit seinen kleinen exquisiten Läden, schönen Wohnhäusern und Dutzenden von Restaurants und Kneipen zum Savignyplatz.

⚓ 226 A/B3 🚇 Savignyplatz

Wohin zum ...
Essen und Trinken?

Preise für ein Hauptgericht ohne Getränke:
€   unter 12 Euro
€€   12–25 Euro
€€€   über 25 Euro

RESTAURANTS

893 Ryotei €€
Von der Fassade dieses japanischen Restaurants sollte man sich nicht abschrecken lassen. Hat man diese hinter sich gelassen, wird im loungigen Ambiente gehobene Küche von Sushi bis zu ausgefallenen Kreationen des Chefs serviert.
✢ 226 A3 ✉ Kantstr. 35
☎ 030 91 70 31 21 ⊕ www.893ryotei.de
◷ Di–Sa 18–23 Uhr

A Telha €€
Portugiesische Küche par excellence: Nicht nur Hauptgerichte wie der obligatorische Bacalhau (Stockfisch) oder Fleischspieße schmecken köstlich, auch die Vorspeisen sind ein Gedicht. Und die Weinauswahl des Restaurants kann sich sehen lassen. Regelmäßig finden Fado-Abende mit Drei-Gänge-Menü statt.
✢ 226 B1 ✉ Holsteinische Str. 17
☎ 030 75 52 53 16
⊕ www.restaurant-a-telha.de
◷ Mo–Sa 17–24, So ab 17 Uhr

Café im Literaturhaus €€
Sie sollten sich einen Platz im Garten des Literaturhauses ergattern oder wenigstens einen der Tische über der Treppe am Eingang. Nur zwei Minuten vom Kurfürstendamm entfernt liegt die Idylle, die längst das Schicksal aller verratenen Geheimtipps erlitten hat: Man kommt immer zu spät. Man sitzt nicht mehr neben bleichen Dichtern wie früher. Die Küche verarbeitet fürs Frühstück, Mittag- und Abendessen auch Zutaten aus biologischem Anbau.
✢ 226 B3 ✉ Fasanenstr. 23
☎ 030 8 82 54 14 ⊕ www.cafe-im-literaturhaus.de ◷ tägl. 9–24 Uhr

Diekmann €€
Bis unter die Decke stapeln sich die Kastenregale eines Gemischtwarenladens, auf den Tellern Kolonialwaren, und erzählen von der Geschichte des Hauses. Wie von früher muten auch die schneeweißen Tischdecken und spitzen Servietten an. Perfekt, was hier serviert wird. Mittags gibt es ein günstiges Lunch.
✢ 226 B3 ✉ Meinekestr. 7
☎ 030 8 83 33 21
⊕ www.diekmann-restaurants.de ◷ Mo–Sa ab 12, feiertags ab 18 Uhr, So auf Anfrage

Funky Fisch €€
Vorhang auf für den Fisch: In dem Restaurant des bekannten Berliner Gastronomen The Duc Ngo wird Seafood vor den Augen der Gäste zu Ceviche und Carpaccio verarbeitet, gedünstet oder gegrillt. Stilisierte Fische schmücken auch die Wände des sonst modern-schlichten Lokals.
✢ 226 A3 ✉ Kantstr. 135–136
☎ 0163 9 38 22 15 ⊕ www.funky-fisch.de
◷ Di–Sa 12–22 Uhr

Hard Rock Café €
Bewunderer von Stars und Sternchen sehen den Trabi von U 2, einen Schal von Jimi Hendrix, Gitarren von Eric Clapton und Neil Young und freuen sich daran, dass es zu Fastfood rockt.
✢ 226 B3 ✉ Kurfürstendamm 224
☎ 030 88 46 20 ⊕ www.hardrock.com
◷ tägl. 12–22 Uhr

Hugos €€€
Der Küchenchef Eberhard Lange beweist Tag für Tag, dass das Restaurant im 13. Stockwerk des Hotels InterContinental, über den Dächern von Berlin, zu den besten der Stadt gehört, es trägt einen Michelin-Stern. Das hat seinen Preis. Gratis gibt es den wunderbaren Blick auf die City West.
✢ 227 D3 ✉ Budapester Str. 2
☎ 030 2 60 20 ⊕ www.hugos-restaurant.de
◷ Di–Sa 18.30–22.30 Uhr

Koshary Lux €
Fleisch-Reis-Bällchen (in Bio-Qualität) aus dem Libanon, ägyptisches Falafel,

Schawarma wie in Syrien: Die Küche in diesem orientalischen Streetfood-Restaurant ist ebenso bunt wie die Einrichtung. Mittags gibt es einen schnellen Lunch mit Selbstbedienung, abends verwandelt sich das Koshary Lux dann in ein gemütliches Dinner mit Mezze als Startern.
✝ 226 B3 ✉ Grolmanstr. 27 ☎ 030 81 40 61 90 ⊕ www.klx-kosharylux.com ❶ Mo–Do 12–15 und 18–22, Fr/Sa 12–22 Uhr

Kuchi €€

Wunderbar günstiger japanischer Mittagstisch mit Fischbällchen, Yakitori-Spießen und anderen Köstlichkeiten. Eine Spezialität sind ferner die traditionellen japanischen Nudelsuppen. Man kann auch im Innenhof sitzen. Zu Stoßzeiten bekommt man allerdings nicht immer einen Platz.
✝ 226 A3 ✉ Kantstr. 30 ☎ 030 31 50 78 15 ⊕ www.kuchi.de ❶ tägl. 12–24 Uhr, Mittagstisch Mo–Fr 12–17 Uhr

Lubitsch €€

Benannt ist das Lokal nach dem in Berlin geborenen, deutsch-amerikanischen Filmregisseur und Schauspieler Ernst Lubitsch (1892–1947) und somit ein beliebter Treffpunkt der Film- und Fernsehbranche. Aber auch Anwohner und Touristen schätzen die moderne Küche des Hauses. Zur Mittagsauswahl gehört immer Vegetarisches, Pasta und ein Fleischgericht.
✝ 226 A3 ✉ Bleibtreustr. 47 ☎ 030 88 62 66 60 ⊕ www.restaurant-lubitsch.de ❶ tägl. 12–24 Uhr

Manzini €€

Unten Marmor, oben Murano, so edel haben es auch Medienmenschen im alten Westen gern, und der ist hier besonders schön. Die vorzügliche Bistro-Küche ist zu loben – ein Risotto, wie es sein soll –, sodass man mit einem rundum gelungenen Abend rechnen kann. Man kann hier auch nur auf einen Drink nach Feierabend vorbeikommen.
✝ 226 A2 ✉ Ludwigkirchstr. 11 ☎ 030 8 85 78 20 ⊕ www.manzini.de ❶ tägl. ab 8 Uhr, Küche bis 24 Uhr, mittags Plat du jour Mo–Fr 11.30–17 Uhr

Opera Italiana €/€€

Liegt das Schloss Charlottenburg in Neapel? Gegenüber jedenfalls sitzt man zwischen kleinen Häusern an italienischen Straßen, neben Wäsche, die von der Leine baumelt, und Heiligenbilder fehlen auch nicht – alles Kulisse für hausgemachte Pasta, riesige Pizza und Saltimbocca in Weißweinsoße. Die Preise sind jedoch wegen der Lage direkt gegenüber vom Schloss schon höher als beim »Italiener um die Ecke«.
✝ 226, westl. A5 ✉ Spandauer Damm 5 ☎ 030 34 70 36 26 ⊕ www.opera-italiana.com ❶ tägl. 12–24, Mittagstisch bis 16 Uhr

CAFÉS

Coffee Drink Your Monkey

Stylisches Café direkt am Savignyplatz mit köstlichem Kaffee, Kleinigkeiten wie Müslis, Stullen oder Kuchen und Croissant. Der Eistee ist hausgemacht, mittags gibt es auch Suppe. Genießen kann man die Leckereien bei warmen Temperaturen auf der großen Außenterrasse.
✝ 226 A3 ✉ Savignyplatz 11 ⊕ www.coffeedrinkyourmonkey.de ❶ Mo–Fr 7.30–19, Sa 8.30–19, So 9–18 Uhr

Café Hardenberg

Das auch wegen seiner günstigen Preise beliebte Studentencafé in der Nähe der Technischen Universität ist oft voll und meist laut, so versinken stadtmüde Menschen ungestört in ihre Träumereien.
✝ 226 B4 ✉ Hardenbergstr. 10 ☎ 030 3 12 26 44 ⊕ www.cafe-hardenberg.com ❶ So–Do 10–22, Fr/Sa 10–24 Uhr

Früher war es innen wirklich kohlraben-
schwarz, und mancher schreckte davor zurück, bei Sonnenschein in so eine dunkle
Kiste hineinzugehen (Abb. oben). Das hat
sich geändert. Eine Legende – zum Frühstück, Mittagessen, auf ein Bier oder einen
Cocktail – ist das Café geblieben.
✈ 226 B3 ✉ Kantstr. 148 ☎ 030 3 13 80 38
🌐 www.schwarzescafe-berlin.de ◑ durch-
gehend geöffnet (außer Di: 3–10 Uhr)

Wohin zum … Einkaufen?

AM UND UM DEN KURFÜRSTENDAMM

Das 1965 entstandene Europa-Center (Tauentzienstr. 9) war eines der ersten Shop-
pingcenter der Republik und hat ein vielfältiges Angebot in allen Preisklassen. Direkt
gegenüber eröffnete 2014 Deutschlands erste »Concept Mall« Bikini Berlin. Statt der
üblichen Ladenketten sind hier vornehmlich
individuelle Boutiquen eingezogen. Zu den
rund 60 Fachgeschäften gehören Mode-,
Schuh- und Designläden, aber auch Shops
für Sport und Technik, Cafés und Restaurants. Ungewöhnlich sind die zwei Dutzend
modulen »Pop-up Stores«, die für drei bis
zwölf Monate gemietet werden können, um
neue Produktideen zu testen. Durch ein
Panoramafenster im Erdgeschoss und von
der Dachterrasse hat man einen tollen Blick
ins Affengehege des Berliner Zoos.

Im Neuen Kranzlereck eröffnete Ende 2016 das
neue Café Kranzler.

Auch das Neue Kranzlereck von Helmut
Jahn besticht durch seine extravagante Architektur. Hier gibt es in erster Linie Modeläden wie Jack Wolfskin und H&M.
In der Perlenbar (Uhlandstr. 156) können Sie
alles kaufen, was Sie zur Herstellung eines
individuellen Schmuckstückes brauchen. Die
Kreativität des Käufers fördert auch Paint
Your Style (Bleibtreustr. 46), wo man Teller
und Tassen selbst bemalen kann. Liebhaber
alter Bücher schätzen das Angebot von
Düwal (Schlüterstr. 17). Die kostbaren Werke
türmen sich bis unter die Decke.

Secondo (Mommsenstr. 61) verkauft Ge-
brauchtes von Mode-Designern. Bei Rose
Rosa (Bleibtreustr. 48) gibt es schöne Des-
sous, bei Bleibgrün (Bleibtreustr. 29) avant-
gardistische Schuhe und bei Gangart
(Mommsenstr. 45) ökologisch wertvolle.
Edelshops wie Jil Sander (Kurfürstendamm
185) gibt es nahe dem Olivaer Platz. Promi-
Designerin Anna von Griesheim, die u. a. für
Angela Merkel tätig ist, präsentiert ihre
Mode in der Pariser Str. 44.

UM DEN SAVIGNYPLATZ

Das Design-Kaufhaus Stilwerk (Kantstr. 17)
bietet alles Erdenkliche an, was das Wohnen
schöner machen soll: Edle Beschallungsmö-
bel von Bang & Olufsen, Antiquitäten und
Naturholzmöbel, aber auch Ethno-Nippes.
Riccardo Cartillone (Savignyplatz 4) italienische Schuhe. Schräg gegenüber lockt
sein Outlet mit Schnäppchenschuhen. Ob
Ramses oder Friedrich II., Berliner Zinnfigu-
ren (Knesebeckstr. 88) hat sie vorrätig.
Bücherbogen direkt am Savignyplatz
(S-Bahnbogen 593) heißt die Fundgrube für
Lesbares zu den Themen Architektur, Kunst,
Design und Foto. Freunde guter Gedichte
sollten die Autorenbuchhandlung (Else-
Ury-Bogen 599–601) mit der größten Lyrik-
abteilung im deutschsprachigen Raum nicht
versäumen. Regelmäßig wird zu Lesungen
eingeladen. Die Buchhandlung Prinz
Eisenherz (Motzstr. 23) bietet Schwul-
lesbisches.
Die guten soliden Dinge des Lebens gibt
es bei Manufactum (Hardenbergstr. 4). Angeschlossen an das Warenhaus ist der

Bar jeder Vernunft: Spielstätte für die Crème de la Crème der Kleinkunst von Chanson, Entertainment, Show und Comedy.

brot&butter-Laden mit hervorragenden Käsesorten sowie ausgezeichneten Schinken aus Deutschland und Spanien.

Wohin zum … Ausgehen?

THEATER UND MUSIK

Freunde hoher Schauspielkunst und guter Choreografie sind in der **Schaubühne** (Kurfürstendamm 153, Tel. 030 89 00 23; www.schaubuehne.de) gut aufgehoben. Das **Renaissance-Theater** (Knesebeckstr. 100, Tel. 030 3 12 42 02; www.renaissance-theater.de), ein überaus schönes Jugenstilhaus, zeigt moderne Stücke. Die Aufführungen im Spiegelzelt der **Bar jeder Vernunft** (Schaperstr. 24, Tel. 030 8 83 15 82; www.bar-jeder-vernunft.de) gehören zu den Glanzpunkten der Unterhaltung. Die **Stachelschweine** (Europa-Center, Tel. 030 2 61 47 95; www.diestachelschweine.de) haben im Laufe der Jahre etwas von ihrem kabarettistischen Biss verloren.

Der leichteren Muse, dem Schwank und Volkstheater, sind **Theater und Komödie am Kurfürstendamm** (Tel. 030 88 59 11 88; www.komoedie-berlin.de) verpflichtet. Für die Theater ist ein Neubau geplant – während der Baumaßnahmen sind die Häuser im **Schillertheater** (Bismarckstr. 110) im Exil. Die **Deutsche Oper** (Bismarckstr. 35, Tel. 030 34 38 43 43; www.deutscheoperberlin.de), von

außen ein nüchterner Bau von 1961, zeichnet sich durch ihre einzigartige Akustik aus. **Quasimodo** (Kantstr. 12 a, Tel. 030 318 045 60; www.quasimodo.de) heißt Berlins Jazzlegende neben dem Theater des Westens. Man darf Jazz und Blues live und manchmal eine überraschende Session erwarten. Im **A-Trane** (Bleibtreustr. 1, Tel. 030 3 13 25 50; www.a-trane.de) ist fast jeden Abend Modern Jazz oder Swing zu hören.

BARS

Wer den Abend gern in einer Bar beschließt, hat rund um den Kurfürstendamm die Auswahl zwischen mehreren Häusern, die lange Zeit hatten, sich ihr ganz spezielles Image zu erarbeiten.

In der 10. Etage von Bikini Berlin bietet die **Monkey Bar** im 25Hours Hotel (Budapester Str. 40, Tel. 030 1 20 22 12 10; www.monkeybarberlin.de, tägl. 12–2 Uhr) neben einem tollen Blick über die Stadt und den Zoo eine große Auswahl an Cocktails auf Tiki- und Gin-Basis. Gute Cocktails trinkt man im **Gainsbourg** (Jeanne-Mammen-Bogen 576, Tel. 030 3 13 74 64, www.gainsbourg.de, tägl. ab 17 Uhr). Dort trifft sich die Bohème der Umgebung, manchmal greift der Wirt zur Gitarre und singt Chansons. Im Sommer genießt man den Cocktail auf der schönen Terrasse.

In der **Vesper Bar** (Kurfürstendamm 160, Tel. 030 85 60 63 56, www.vesper-bar.de, Do–Sa ab 19 Uhr) wird der »Vesper Bond Martini« nach Originalrezept und im passenden 1960er-Jahre-Interieur gemixt.

Schauspieler und Selbstdarsteller finden ihre nächtliche Bühne im **Diener** (Grolmanstr. 47, Tel. 030 8 81 53 29, www.diener-berlin.de, Mo–Sa ab 18 Uhr), die übrig gebliebene Wirtschaft einer 1893 eröffneten zweistöckigen Reithalle, »Tattersall des Westens«. Neue Farbe haben die Wände in den vergangenen 50 Jahren wohl nicht gesehen, dafür ist das Haus ja berühmt. Keine Bar, sondern eine Kneipe ist der **Zwiebelfisch** am Savignyplatz 7–8 (Tel. 030 3 12 73 63, www.zwiebelfisch-berlin.de, z.Zt. geschl.), die Domäne der 68er und ihrer Sympathisanten.

rikostspezialitäten
ty Service
el.
ax   694 58 07
ww.knofi.de

Abendliche Straßenszenein der Bergmannstraße

Erste Orientierung

Lange Nächte, Multikulti und Randale im Mauerschatten – auf diese Kurzformel brachten Bundesbürger jahrelang den Bezirk Kreuzberg. Die Mauer fiel, und plötzlich lag der arme Alternativbezirk mitten in der Stadt. Mittlerweile ist das ehemalige Sehnsuchtsziel junger Leute wieder hip.

Kreuzberg ist eine Hälfte des Bezirks Kreuzberg-Friedrichshain. Die Spree trennt den ehemaligen West- vom ehemaligen Ostbezirk, und die Oberbaumbrücke verbindet beide wieder. Kühl- und Speicherhäuser werden zu Medienfabriken und Lofts umgebaut. Schlesische Straße, Skalitzer Straße und Oranienstraße sind Ausgehmeilen mit unzähligen Szenebars, Clubs und Cafés. Nachts ist dort auf den Gehwegen mehr los als am Tag. Deswegen ist das alte Kreuzberg aber noch längst nicht verschwunden. Die größte türkische Gemeinde außerhalb der Türkei behauptet sich mit eigenen Banken und Juwelieren neben alternativen Kneipen und gepiercten Punks. Die Oranienstraße ist der alternative Ku'damm geblieben, auch wenn aus Hausbesetzern oft Wohnungsbesitzer geworden sind und gute Restaurants sich über Gäste aus anderen Bezirken freuen.

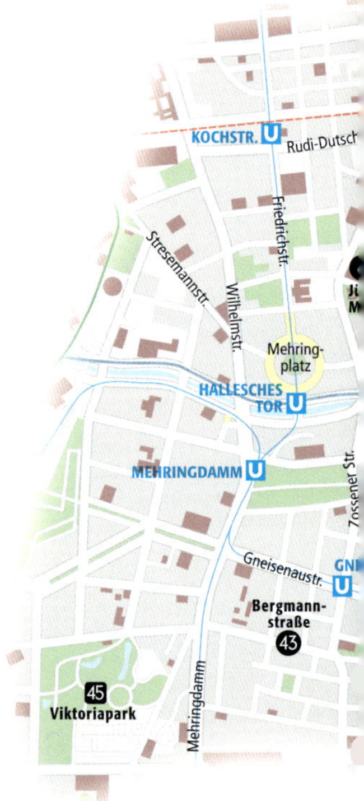

Trotz steigender Mieten hat sich Kreuzberg bislang viel von seinem Flair bewahrt und viele Berliner ziehen immer noch gerne hierher. Kreuzbergs gewachsenes Bürgertum ist um die Bergmannstraße sichtbar glücklich. Architektonische Ikone ist und bleibt Daniel Libeskinds extravagantes Jüdisches Museum.

TOP 10

8 ★★ Jüdisches Museum S. 160

Nicht verpassen!

41 Oberbaumbrücke S. 162

42 Oranienstraße S. 164

43 Bergmannstraße S. 166

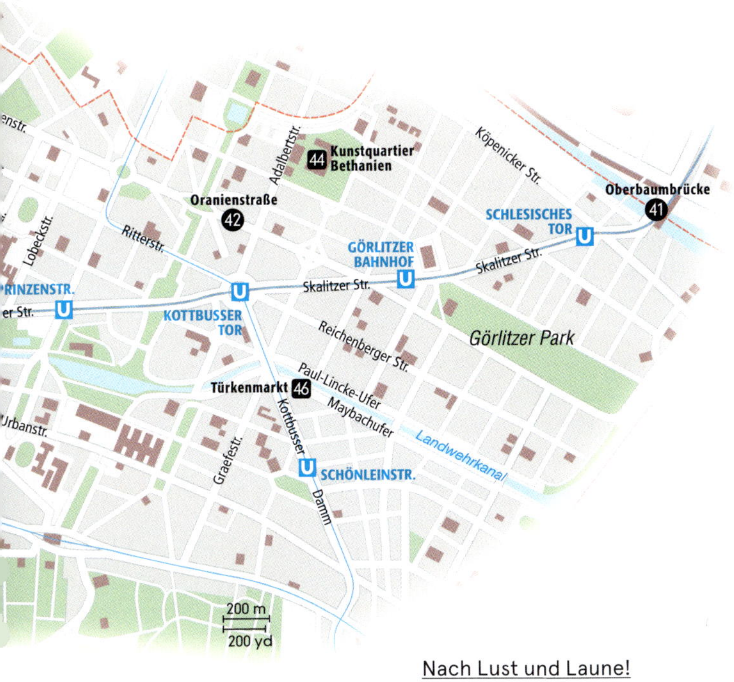

Nach Lust und Laune!

44 Kunstquartier Bethanien S. 169

45 Viktoriapark S. 169

46 Türkenmarkt S. 169

Mein Tag...
mit Relaxen in grünen Oasen

Kreuzberg weckt Assoziationen an wilde Partys, Subkultur und lange Nächte. Doch der Bezirk hat auch eine faszinierende grüne Seite: Hier liegen einige der schönsten Parks, Gärten und historischen Friedhöfe der Stadt. Lassen Sie sich treiben an einem Tag der Entspannung.

10 Uhr, Spaziergang am alten Kanal

Still ruht das Wasser, regungslos steht das Schilf. Ein paar Frühaufsteher genießen ihren Morgenkaffee auf der Terrasse des Cafés am Engelbecken. Die Anlage mit ihren 16 Wasserfontänen ist ein Relikt des einst hier verlaufenden Luisenstädtischen Kanals. Eine grüne Achse mit Brunnen und Gärten, Plätzen und Alleen führt von hier aus in Richtung Süden. Auf dem Oranienplatz brodelt kurz das urbane Leben, bevor Sie wieder ins Grün tauchen – der Wechsel zwischen Natur und wildem Kreuzberg macht diese Strecke so abwechslungsreich.

12 Uhr, Lunch auf dem Flussschiff

Am Fraenkelufer erreichen Sie den Landwehrkanal, an dessen Ufern sich prächtige Gründerzeithäuser aneinanderreihen. Spazierwege führen am Wasser entlang, Trauerweiden beschatten die Wiesen im Urbanhafen, wo man Studenten beim Lernen, Familien bei Picknick, Sonnenbadende beim Lesen trifft.

17 Uhr, Picknick auf dem Kreuzberg
10 Uhr, Spaziergang am alten Kanal
Start
10 Uhr
Engel-becken
ehem. Verlauf
Berliner Mauer
Oranien-platz
Prinzenstr.
Ritterstr.
Gitschiner Str.
Van Loo
12 Uhr
12 Uhr, Lunch auf dem Landwehrkanal
Urbanhafen
Kottbusser
Zossener Str.
Baerwaldstr.
Urbanstr.
Gneisenaustr.
17 Uhr
15 Uhr
13.30 Uhr
13.30 Uhr, Verwunschener Kirchhof
Ende
Methfesselstr.
Kreuzbergstr.
43
Marheinekeplatz
Café Strauss
Friedhöfe
14.30 Uhr
45
Golgatha
15 Uhr, Markt am Marheinekeplatz
14.30 Uhr Einkehr mit Wiener Flair
200 m
200 yd

Wassersport oder einfach nur relaxen – am Urbanhafen des Landwehrkanals geht beides.

Nicht selten bekommt man auch Kanus zu sehen, denn auch Freizeit-Paddler dürfen den Landwehrkanal für eine Bootspartie nutzen. Die Atmosphäre können Sie am schönsten auf Deck der Van Loon genießen: Passend zum Wasserelement serviert die offene Kombüse auf dem fest vor Anker liegenden Restaurantschiff neben saisonalen Köstlichkeiten natürlich auch Fischspezialitäten wie Matjes, Shrimps und Fischsuppe. Sonn- und feiertags bereitet Ihnen die Küchencrew das große Van-Loon-Brunch-Buffet. Und beim Genuss all der Leckereien haben Sie durch die Panoramafenster einen wunderbaren Blick aufs Wasser.

13.30 Uhr, Verwunschener Kirchhof

Darf es nach dem Mittag am quirligen Kanalufer etwas ruhiger sein? Dann ist ein gemütlicher Spaziergang über die Kirchhöfe an der ❹❸ Bergmannstraße genau das Richtige: An den Hängen einstiger Weinberge entstanden hier ab 1825 vier Friedhöfe mit einem Labyrinth aus Alleen und Pfaden, Grabstätten und Mausoleen. Hier stößt man auf die Namen berühmter Politiker wie Gustav Stresemann oder Künstler wie Adolph von Menzel. Doch nicht die Prominenz macht den Ort so besonders, sondern seine verwunschene Atmosphäre, der morbide Charme verwitterter Kuppeln, ver-

Auf dem Dreifaltigkeitskirchhof II, einem der vier Friedhöfe an der Bergmannstraße, findet sich auch die letzte Ruhestätte von Ludwig Tieck, dem bedeutendsten Dichter der Frühromantik in Deutschland.

rosteter schmiedeeiserner Gitter, von Efeu umrankter Engel und Madonnen.

14.30 Uhr, Einkehr mit Wiener Flair

Eines der ungewöhnlichsten Cafés der Stadt befindet sich direkt auf dem Friedhofsgelände in der einstigen Aufbahrungshalle. Egal ob drinnen unter dem Deckengewölbe oder draußen auf der Terrasse: Der Kaffee im dezent in Weiß und Schwarz gehaltenen Café Strauss ist hervorragend, dazu gibt es selbst gebackenen Kuchen und Schnittchen wie in einem Wiener Kaffeehaus.

15 Uhr, Markt am Marheinekeplatz

Nur wenige Meter weiter liegt der Marheinekeplatz, das Herz des bürgerlichen Kreuzbergs. Hier tobt das Leben rund um den Brunnen und unter schattigen Bäumen. Am Wochenende kann man in den Auslagen eines kleinen Flohmarkts stö-

In der Bergmannstraße reihen sich Restaurants und Straßencafés aneinander.

bern. Versäumen Sie nicht einen Blick in die Passionskirche mit ihrer Backsteinarchitektur. Doch der Hauptanziehungspunkt ist die Markthalle. Mittags fällt das Sonnenlicht durch die Glasfassade und beleuchtet die Mischung gastronomischer Angebote. Haben Sie Lust auf ein Picknick auf dem Kreuzberg? Dann ist hier der ideale Ort zum Einkauf: Eingelegtes aus Griechenland, Pasten aus der Türkei, Wurst aus Italien, Käse aus Frankreich.

Der Viktoriapark ist eine Grünanlage auf dem Kreuzberg, der höchsten natürlichen Erhebung in der Berliner Innenstadt.

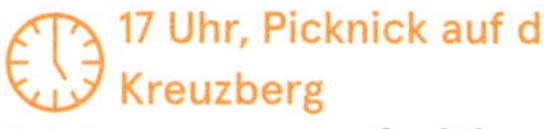 **17 Uhr, Picknick auf dem Kreuzberg**

Die Bergmannstraße führt nun geradewegs zum Kreuzberg, der höchsten natürlichen Erhebung der Berliner Innenstadt, auf dem sich der **45** Viktoriapark erstreckt. Folgen Sie nur dem Rauschen des Wasserfalls, der hier künstlich angelegt wurde. Bald hört man Trommeln oder Gitarrenklänge: Im Sommer treffen sich die Anwohner im Park, essen, machen Musik, spielen Frisbee. Oder setzen sich auf den »Gipfel«, auf die Treppen am historischen Denkmal, und genießen bei einem Bier den Sonnenuntergang. Eine Attraktion ist auch der Wasserfall. An mehreren Stellen kann man sich dem herabtosenden Wasser nähern und sich dem lauten Rauschen

hingeben. Was ist Ihnen lieber – Sie haben die Wahl!

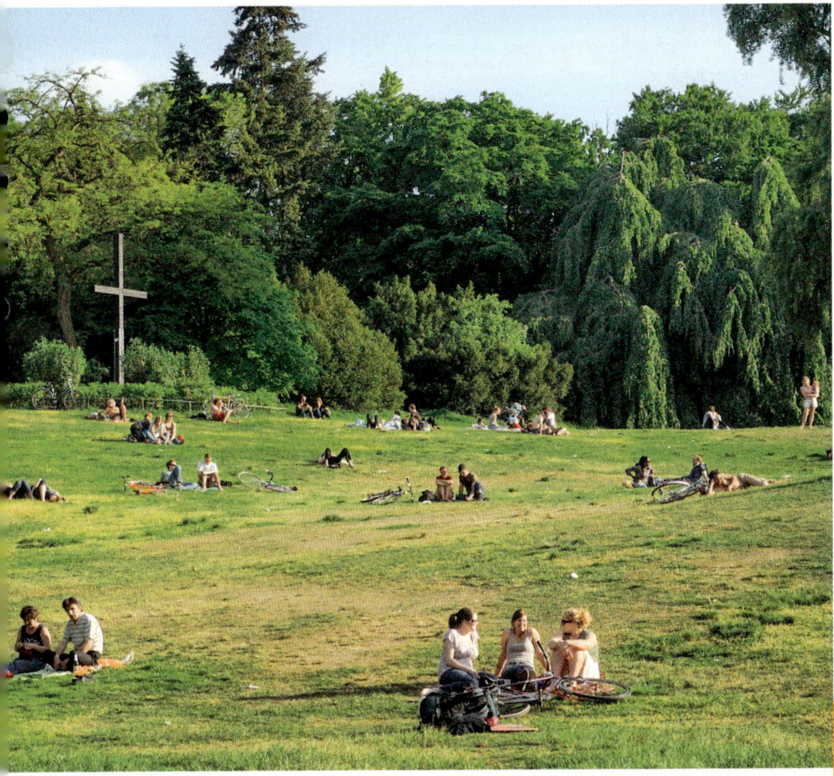

Natürlich könnten sie den Abend im Viktoriapark ausklingen lassen: In warmen Nächten nimmt die Party erst spät ein Ende. Doch dann würden Sie das Golgatha verpassen, einen der traditionsreichsten Biergärten im Kiez. Ab mittags werden Bratwürste, Steaks und Fischfilets gegrillt, nachts legt ein DJ Musik auf – es kann eine lange Kreuzberger Nacht werden.

Café am Engelbecken
✉ Michaelkirchplatz
⊕ www.cafe-am-engelbecken.de
🕐 tägl. 10–24 Uhr

Ev. Friedhöfe an der Bergmannstraße
🕐 tägl. ab 8 Uhr bis Sonnenuntergang

Café Strauss
✉ Bergmannstr. 42 ⊕ www.cafestraussberlin.de
🕐 Di–Sa 9–17, So ab 10 Uhr

❽ ★★Jüdisches Museum

Ein zerborstener Davidstern oder einfach ein metallenes Zickzack? Das Jüdische Museum, von Daniel Libeskind entworfen, macht seit der Eröffnung 2001 Furore: Über zwölf Millionen Besucher zählte das Haus schon. 2020 wurde eine neue Dauerausstellung eröffnet.

Der erste Eindruck ist geprägt von der spektakulären Architektur: Die Zinkhaut des Gebäudes reflektiert die Sonne. Schlitze und Keile in fast fensterloser Wand könnten Zeichen einer Geheimschrift sein. Es gibt keinen Eingang – man betritt das Museum durch das barocke Gebäude des einstigen Kammergerichts.

Der Baukörper selbst ist ein Holocaust-Mahnmal. Bedrückend ist die Atmosphäre im Holocaust-Turm, in dem den Besucher nichts als Dunkelheit und Leere umfangen. Die schmalen Schlitze, die man von außen gesehen hat, verheißen Hoffnung, denn nur sie lassen Licht ins Haus. Viel Symbolik prägt auch den Garten des Exils, in dem aus 49 Betonsäulen Ölweiden wachsen. Der steinerne Hain soll ein Gefühl für die Emigrantenexistenz vermitteln: Alles scheint perfekt, aber die Ordnung ist nicht durchschaubar, und man hat nicht das Gefühl, auf festem Boden zu stehen.

Durch geheimnisvolle Zeichen fällt Licht in das silberne Bauwerk.

Im Mittelpunkt der Dauerstellung stehen fünf historische Kapitel, von den Anfängen jüdischen Lebens über die Emanzipationsbewegung im 19. Jahrhundert und deren gewaltsames Ende durch den Nationalsozialismus bis zur Vielstimmigkeit jüdischen Lebens heute. Anders als zuvor wird die 1700-jährige Geschichte der Juden in Deutschland nicht streng chronologisch erzählt: Der Rundgang wechselt zwischen Epochen und Einblicken in jüdische Themen jenseits geografischer und zeitlicher Grenzen.

Spaziergang durch jüdischen Alltag

Von den mehr als 1000 ausgestellten Objekten stammen fast 70 Prozent aus dem Bestand des Museums. Die interaktive Medieninstallation »Familienalbum« präsentiert das Herzstück der Sammlung: das historische Vermächtnis deutscher Juden aus aller Welt. Besucher können sich in über 500 Dokumente, Fotos und Alltagsgegenstände aus den Nachlässen von zehn Familien vertiefen.

Purim-Rasseln und Popmusik

Acht thematische Inseln laden ein, mehr über die jüdische Kultur zu erfahren. Besucher lauschen liturgischen Gesängen, Purim-Rasseln und Popmusik. In einem Debattenraum geht es um das Thema Antisemitismus: Vier Kurzfilme greifen aktuelle Fallbeispiele auf. Neben Originalobjekten erlebt man eine Fülle von audiovisuellen Medien, Virtual Reality, Kunstinstallationen und interaktiven Spielen. Eine eigene App bietet darüber hinaus Audios, Bilder, Spiele und Filme sowie viele Interviews – u. a. mit Daniel Libeskind.

KLEINE PAUSE
Im Museumscafé von Esskultur gibt es Mittagsgerichte, Kuchen und weitere Snacks (tägl. 10–18 Uhr).

✝ 229 D3 ✉ Lindenstr. 9–14 ☎ 030 25 99 33 00 ⊕ www.jmberlin.de ◷ Di–So 10–20, Mo bis 22 Uhr, außer an jüdischen Feiertagen (Rosch ha-Schana, Jom Kippur) und Heiligabend 💳 8 € Ⓜ Hallesches Tor 

④① Oberbaumbrücke

Rund um die Oberbaumbrücke hat sich ein buntes Treiben aus Kunst, Café-Kultur und Nightlife etabliert. Kein Wunder: Die Brücke verbindet die Szenebezirke Friedrichshain und Kreuzberg.

Verspielt und doch trutzig wirkt die markante rote Backsteinbrücke mit den beiden Türmen, die sich die orange U-Bahn, Autos, Fußgänger und viele Radfahrer teilen. Unten kreuzen Boote, Ausflugsdampfer und Lastkähne über die Spree.

Gemauerte Bögen verdecken eine massive Stahlbetonkonstruktion. Den eleganten Stahlbogen, der in der Mitte die fehlenden Arkaden ersetzt, hat der Portugiese Santiago Calatrava 1992 entworfen. Die beiden spitzbehelmten Türme spielen auf die einstige Funktion der Brücke als Zollstation an. Ein Baumstamm – der Oberbaum – verhinderte früher nachts die Durchfahrt in die Stadt.

Nachtleben

Nachts ist auf der Brücke mit den markanten Türmen am meisten los. Gegen 2 oder 3 Uhr zieht das Partyvolk von Norden nach Süden (oder umgekehrt), um auf der anderen Seite weiterzufeiern. In Kreuzberg werden Bars, Kneipen und der angesagte Club Watergate mit seiner fantastischen Aussicht auf die Spree angesteuert. Auf der nördlichen Seite vergnügen sich die Nachtschwärmer im Matrix, Busche und Musik & Frieden – Clubs mit unterschiedlichen Musikrichtungen und Publikum.

Trendige Clubrestaurants wie etwa das <u>Spindler & Klatt</u> in der ehemaligen Heeresbäckerei beleben die alten Gewerbehäuser am Kreuzberger Ufer. Nicht weit davon entfernt befindet sich in einem ehemaligen Heizwerk der <u>Tresor Club</u>, ein Technoladen der ersten Stunde.

Cafés und Kneipen

Morgens werden aus den Kneipen an der Oberbaumbrücke, wie dem <u>San Remo Upflamör</u>, Cafés. Studenten, Mütter mit Kleinkindern und andere Frühaufsteher sitzen über ihrem Caffè Latte und genehmigen sich ein ausgiebiges Frühstück.

Chillen auf dem Badeschiff

Vom <u>Arena-Badeschiff</u>, das hinter der Bezirksgrenze in Treptow liegt, hat man einen schönen Blick auf die gigantischen Molecule Men von Jonathan Borofsky. Der Pool mit Steg und Sandstrand befindet sich in einem <u>alten Containerschiff</u>.

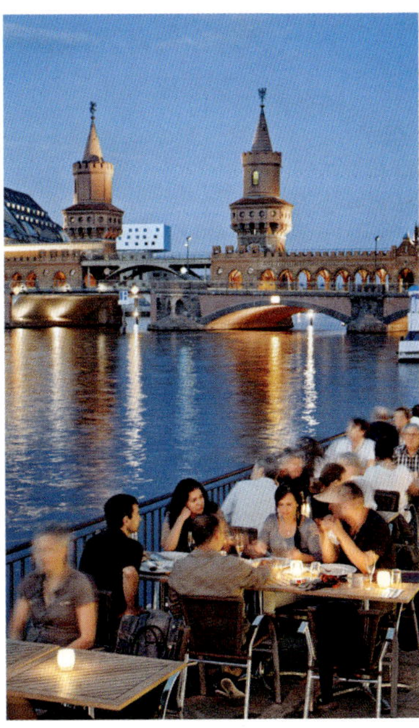

Plausch am Abend mit Blick auf die Oberbaumbrücke

KLEINE PAUSE

Ein hübscher Ort für eine Pause ist das Lokal **Freischwimmer** (Vor dem Schlesischen Tor 2a, Tel. 030 61 07 43 09, www. freischwimmer-berlin.com, Mo–Fr ab 12, Sa/So ab 10 Uhr), idyllisch in einem alten Bootshaus an einem ruhigen Spreekanal gelegen. Im Sommer sitzt man direkt am Wasser und schlemmt Gegrilltes vom Lavastein, raffinierte saisonale Gerichte oder einen knusprigen Flammkuchen. Tagsüber kommen viele Gäste auch nur auf einen Kaffee, Bier oder Aperitivo vorbei. Sonntags üppiges Brunchbuffet.

✛ 230 C3 Schlesisches Tor

Arena-Badeschiff
✛ 230 östl. C2 Eichenstr. 4

☎ 0162 5 45 13 74
⊕ www.arena.berlin Mai–Sept. tägl. ab 8 Uhr, je nach Witterung
 6,50 €

㊷ Oranienstraße

Neuberliner von Anatolien bis Schwaben kamen lange Jahre nicht nach Berlin, sondern nach Kreuzberg oder nach SO 36. Das Kürzel für den Sehnsuchtsort bezeichnete den Postzustellbezirk für das südöstliche Kreuzberg zwischen Mauer, Spree und Landwehrkanal – billig, bunt und fröhlich. Die O-Straße, wie man sie hier nennt, ist das Zentrum.

SO 36 gibt es immer noch. So heißt das Haus Oranienstr. 190, in und vor dem das Nachtleben stattfindet. Hier gibt es mehrmals die Woche Rock- und Punkkonzerte, dazu regelmäßig verschiedene Partyreihen wie der sonntägliche Tanztee »Café Fatal« oder die monatliche Rollerschuh-Disko. Aber solche Multikulti-Veranstaltungen sind nur Teil des Lebens in der Oranienstraße. Über den Hof nebenan geht es zur Moschee.

In der Oranienstraße herrscht immer Betrieb.

Kopftuch und gepiercte Nasen

Hier ist das Treiben auf der Straße, in den Cafés und Geschäften besonders bunt gemischt. Türkische Frauen, manche modisch, andere in lange Mäntel und Kopftücher gekleidet, treffen auf hippes Jungvolk mit Tattoos und Touristen aus der ganzen Welt, die den exotischen Trubel zu schätzen wissen.

Rund ein Drittel der Bewohner haben einen türkischen Hintergrund.

Schneidereien gibt es und Feinkostläden, Bars neben Modelädchen und Galerien, die sich dem Sog der neuen Mitte verweigerten. Am Paul-Lincke-Ufer löffelt einer Sahnetorte gegen Liebeskummer, und im Familiengarten wird preiswerter Mittagstisch serviert. Banken und Juweliere scheinen sich vor allem an türkische Kunden zu wenden, immerhin ein Drittel der Bewohner.

Endstation der Revolutionäre

In der strategischen Mitte, am Heinrichplatz, liegen so berühmte Kneipen wie Zum Elefanten und Rote Harfe. Hier wurden in den 1970er-Jahren Strategien zur Verhinderung der Senatspläne erdacht, nach denen das Viertel saniert und die Hinterhöfe entkernt werden sollten. In Kreuzberg stand die Hälfte aller in Berlin besetzten Häuser, hier wurden Barrikaden gebaut, flogen Steine auf Touristenbusse, bis eine sogenannte behutsame Stadterneuerung begann, die eine lebendige Stadtentwicklung und den Erhalt historischer Substanz ermöglichte.

KLEINE PAUSE

Im **Bateau Ivre** (Oranienstr. 18) am Heinrichplatz gibt es guten Kuchen oder ein leckeres Feinkost-Frühstück zu französischen Chansons. Man kann hier bei warmem Wetter auch im Freien sitzen.

✢ 229 D4–F3 ☒ Görlitzer Bahnhof

㊸ Bergmannstraße

Warum?	Die Bergmannstraße ist der Promenierboulevard des bürgerlichen Teils von Kreuzberg.
Was?	Prächtige Gründerzeithäuser mit Bioläden, nachhaltigen Modeboutiquen und Trödlern
Wie groß?	Die Bergmannstraße ist gut einen Kilometer lang.
Wie lange?	Inklusive Einkehr mindestens zwei Stunden
Was noch?	Die Marheineke Markthalle bietet Stände mit köstlichen Spezialitäten.

In der Bergmannstraße herrscht kein herrscht kein Mangel an Einkehrmöglichkeiiten.

Häuser und Straßen im westlichen Kreuzberg sind beliebte Filmkulissen. Polnische Theatermacher treffen türkische Regisseure samstags in der Markthalle. Man liest den »New Yorker« und trinkt Bio-Rotwein. Natürlich in der Bergmannstraße.

Sieht es nicht aus wie am Ende des 19. Jahrhunderts? Nahezu lückenlos reihen sich historische Fassaden zwischen Bergmann-, Heimstraße und Mehringdamm aneinander – ein Gründerzeitensemble, wie man es nur selten findet. Das ist dem nahen Flughafen Tempelhof zu verdanken: Die Alliierten wollten ihn seinerzeit als Landeplatz für die eigenen Flugzeuge behalten und bombardierten die nähere Umgebung daher nicht, heißt es.

So gibt es breite Straßen, alte Bäume und gewachsene Nachbarschaften, eine Fülle von Läden, Kneipen und Theatern, nur keine leeren Wohnungen. Es ist schick, in der Bergmannstraße oder am Chamissoplatz zu wohnen.

Marheinekeplatz

Samstags jaulen die Hunde am Eingang der hübschen Markthalle am Marheinekeplatz nach ihren trödelnden Besitzern, die sich vermutlich am Käsestand über die ökologische Beschaffenheit des Angebots austauschen oder die Empfehlungen der Weinkritiker aus der Wochenendzeitung weitergeben. Im Alimentari e Vini machen sie dann die Probe aufs Exempel. Die Passionskirche am Ende des Platzes ist nur sonntags Kirche, sonst Konzertsaal oder Diskussionsort.

Chamissoplatz

Das Viertel um den Chamissoplatz ist seit 1880 bebaut worden. Fünfgeschossige Häuser mit neoklassizistischen Fassaden entstanden. Nach dem Krieg verwahrloste das Viertel über Jahrzehnte. Etwa 20 Jahre lang, bis 2001, dauerte die geförderte Sanierung.

Der Wasserturm an der Ecke Fidicinstraße versorgte das Viertel ab 1888 mit Wasser und wurde viel später Jugendzentrum und Konzertsaal. An der Fidicinstraße 40 hatte der Künstler Kurt Mühlenhaupt (1921–2006) die Räume einer ehemaligen Metallwarenfabrik gekauft und sie zum Kunsthof gemacht. Dort hat sich auch das English Theatre angesiedelt. Die einzige englischsprachige Bühne der Stadt ist nicht nur für Briten und Amerikaner ein Magnet.

✢ 228, C1 🚇 Gneisenaustr.

English Theatre
☎ 030 6 91 12 11 🌐 www.etberlin.de

Den Kopf freipusten

Surfer sausen auf Rollen über den Asphalt, Kitesurfer heben in die Luft ab, auf der Wiese daneben musizieren drei Geiger. Familien grillen, Freunde gärtnern, Radler und Inliner sausen übers Rollfeld: Die Weite im größten Park Europas auf dem einstigen Flughafen Tempelhof ist unermesslich, die Luft ist hier frischer, der Wind stärker als im Rest der Stadt. Erobern Sie das Feld mit einem Leihrad oder Segway – und genießen Sie den Blick bis zum Horizont einfach in einem der drei Biergärten.
www.gruen-berlin.de/tempelhofer-feld

Nach Lust und Laune!

44 Kunstquartier Bethanien

Riesig ist das Gebäude am Mariannenplatz. Etwa zwei Dutzend Jugend-, Sozial- und Kultureinrichtungen sind hier und in den dahinterliegenden Gebäuden untergebracht. Errichtet wurde der Gebäudekomplex 1847 nach Entwürfen des Schinkel-Schülers Ludwig Persius als Diakonissenanstalt Bethanien. 1970 wurde das Krankenhaus stillgelegt. Ein ehemaliges Schwesternwohnheim machte 1971 als erstes besetztes Haus in Berlin Geschichte: 150 junge Leute drangen in das leerstehende Gebäude ein und benannten es nach Georg von Rauch, der als Sympathisant der RAF von einem Westberliner Polizisten erschossen worden war.

45 Viktoriapark

Von der Großbeerenstraße geht es hinauf auf die mit 66 m höchste Erhebung der Stadt. Ein Wasserfall plätschert hinunter, für spielende Kinder, Hunde und Füße. Unterschiedlich steile Wege schlängeln sich nach oben zum 20 m hohen Nationaldenkmal (1818–21) mit Eisernem Kreuz, das Schinkel zur Erinnerung an die Befreiungskriege entwarf. Unten erstreckt sich die

Wasserfall im Viktoriapark

ehemalige Schultheiß-Brauerei, aus der nach Umbauten eine Stadt in der Stadt zum Wohnen und Arbeiten entstanden ist. Im Grün versteckt sich das Golgatha.

46 Türkenmarkt

Die Gegend südlich des Maybachufers, wo zweimal wöchentlich (Di/Fr 11 bis 18.30 Uhr) der berühmte Türkenmarkt stattfindet, gehört eigentlich schon zu Neukölln, aber in den letzten Jahren haben hier so viele Bars, Cafés, Designerläden und Ateliers ihre Zelte aufgeschlagen, dass man sich fast wie in Kreuzberg fühlt. Das sehen auch die Bewohner so und haben ihrem Kiez deshalb den Namen Kreuzkölln verpasst. Besonders rund um die Weserstraße tummelt sich nachts das junge Ausgehvolk. Bier und Cocktails gibt es noch zu günstigen Preisen, doch die Mieten ziehen bereits kräftig an.

Wohin zum ...
Essen und Trinken?

Preise Für ein Hauptgericht ohne Getränke:
€   unter 12 Euro
€€   12–25 Euro
€€€   über 25 Euro

RESTAURANTS

Defne €
Türkisches Restaurant am Landwehrkanal
mit solider Küche, leckeren Grillgerichten
und Biergarten. Ideal auch für Vegetarier.
✚ 229 F2 ✉ Planufer 92c ☎ 030 81 79 71 11
⊕ www.defne-restaurant.de ◑ tägl. ab 17,
im Sommer ab 16 Uhr

Henne €
Punks und Promis gehören zu den Stamm-
gästen des Gasthauses, das sich der knus-
prigsten Milchmasthähnchen rühmen darf.
✚ 229 F3 ✉ Leuschnerdamm 25
☎ 030 6 14 77 30 ⊕ www.henne-berlin.de
◑ Di–Sa ab 17 Uhr

Hinterland €/€€
Berlins Hinterland liegt in Brandenburg –
und von dort kommen die lokalen Produkte
der kleinen Karte in dem Bistro im Land-
hausstil, z. B. Fisch aus dem Stechlinsee.
Zum Lunch gibt es Sandwiches und Salat,
abends originelle Tapas, samstags trifft man
sich zum Brunch.
✚ 229 D1 ✉ Gneisenaustr. 67
☎ 030 98 43 84 47 ⊕ www.hinterland
provisions.de ◑ Di–Fr 12–15 und 18–23,
Sa 11–15 und 18–23 Uhr

Horvath €€€
»Das ist eine der spannendsten Küchen in
Berlin«, sagt der Guide Michelin über die
Gerichte von Sebastian Frank, der im Hor-
vath österreichische Küche aufregend neu
interpretiert – und sich zwei Sterne redlich
verdient hat.
✚ 230 A2 ✉ Paul-Lincke-Ufer 44 a
☎ 030 61 28 99 92 ⊕ www.restaurant-
horvath.de ◑ Do 18–22, Fr–So 12–15 und
18–22 Uhr

Café Jacques €€
Die orientalische Platte ist eine der Spezialitäten des Hauses, die andere wird am Mittwoch und Sonntag serviert: Couscous nach
Wahl mit Fisch, Fleisch oder Gemüse.
✚ 230 A1 ✉ Maybachufer 14
☎ 030 6 94 10 48 ◑ tägl. 12–22 Uhr

Jolesch €€/€€€
So wunderbar altmodisch das Interieur ist –
man beachte den Kronleuchter – , so modern
ist die fantasievolle österreichische Küche.
✚ 230 B3 ✉ Muskauer Str. 1
☎ 030 6 12 35 81 ⊕ www.jolesch.de
◑ So–Fr 12–23, Sa 17–23 Uhr

Ora €€/€€€
Die historischen Räume einer Apotheke von
1860 beherbergen das gemütliche Restaurant mit Fokus auf regionaler und saisonaler
Küche. Die Karte wechselt täglich. Zu emp-
fehlen ist auch das Mittagsmenü.
✚ 229 F3 ✉ Oranienplatz 14
☎ 030 54 86 10 70 ⊕ www.ora.berlin
◑ Do–Sa 12.30–24, So 14.30–22 Uhr

Osteria No. 1 €/€€
Palmen und Natursteinboden im Garten,
Knoblauchdüfte, frischer Fisch und schnelle
italienische Sätze – zusammen ergibt das
eine außerordentlich attraktive Mischung für
einen kulinarischen Sommerabend.
✚ 228 B1 ✉ Kreuzbergstr. 71
☎ 030 57 79 29 99 ⊕ www.berlin.osteria
-uno.eu ◑ tägl. 12–24 Uhr

Pagode €
Viele stehen nach Thailändischem an, das
man sich an der Theke abholt. Große Auswahl, reichliche Portionen.
✚ 228 C1 ✉ Bergmannstr. 88
☎ 030 6 91 26 40 ⊕ www.pagode-thaifood.
de ◑ tägl. 12–23 Uhr

Sale e Tabacchi €€/€€€
Edler Italiener. Man hat das Mauermuseum
im Blick, und im Sommer speist man recht
idyllisch im ummauerten Gärtchen.
✚ 228 C3 ✉ Rudi-Dutschke-Str. 25
☎ 030 2 52 11 55 ⊕ www.sale-e-tabacchi.de
◑ Mo–Fr ab 12, Sa ab 16, So 13–21.30 Uhr

Authentisches thailändisches Essen gibt es in der »pagode« in der Bergmannstraße.

Spindler & Klatt €€
Trendiges Club-Restaurant im Fabrik-gebäude der ehemaligen Heeresbäckerei, das am frühen Abend mit schöner Spreeter-rasse und panasiatischem Essen aufwartet.
✠ 230 B3 ✉ Köpenicker Str. 16–17
☎ 0178 2 15 90 15 ⊕ www.spindlerklatt.com
◕ tägl. 18–1 Uhr, Club Fr–Sa ab 23 Uhr

Van Loon €/€€
Auf einem holländischen Frachtensegler von 1914 an einer Dampferanlegestelle im Land-wehrkanal, erweitert um die Terrasse am Ufer, findet man hier viele Fischgerichte, aber auch Burger und Vegetarisches.
✠ 229 E2 ✉ Urbanhafen, Carl-Herz-Ufer 5 (nahe Baerwaldbrücke) ☎ 030 6 92 62 93
⊕ www.vanloon.de ◕ tägl. ab 10 Uhr

IMBISSE

Curry 36
Die Currywurst hier soll die beste Berlin sein, sagen Kreuzberger Currywurst-Fans.
✠ 228 C1 ✉ Mehringdamm 36
⊕ www.curry36.de ◕ tägl. 9–5 Uhr

Mustafas Gemüse-Döner
Gleich nebenan gibt es den angeblich bes-ten Döner der Stadt. Man sollte aber Warte-zeit mitbringen.
✠ 228 C1 ✉ Mehringdamm 32
⊕ www.mustafas.de ◕ Mo–Fr ab 10, Sa/So ab 11 Uhr

Seerose
Gute Auswahl für eilige Vegetarier – von Sa-lat bis Spinatlasagne.
✠ 229 E1 ✉ Körtestr. 38
⊕ www.seerose-berlin.de ◕ Mo–Sa 10–24, So 12–23 Uhr

Wohin zum ...
Einkaufen?
Eine Fülle von kleinen, immer spezialisier-teren Läden bestimmt die Szenerie rund um die Oranienstraße. Und auch zwischen Südstern und Mehringdamm findet man zahllose kuriose Läden mit interessantem Angebot. Begeben Sie sich rund um die Bergmannstraße auf Entdeckungstour und lassen Sie sich treiben.

UM DIE ORANIENSTRASSE

Im **Lilofee** (Spreewaldplatz 4) kann man Bü-cher, Spielzeug und Geschenke kaufen. **Groove Records** (Pücklerstr. 36) vertreibt Independent-Tonträger, Ethno und Black Music. **Luzifer Now** (Oranienstr. 169) handelt mit Kleidung aus Hanf und Leinen. Bei **Base-cut** (Oranienplatz 1) kann man sich in einem loftartigen Salon von 10 bis 19 Uhr (Di und Do bis 21, Sa bis 15 Uhr) die Haare stylen las-sen. **Alimentari i Vini** (Skalitzer Str. 23) ver-sorgt Hungrige mit italienischen Käse- und Wurstwaren. Weinhandlung **Suff** (Oranienstr. 200) bietet, wie der Name schon sagt, Wein und Spirituosen an, **Mondlicht** (Oranienstr. 14) esoterische Bücher, das Frauenkollektiv **Kraut und Rüben** (Oranienstr. 15) neben Obst, Gemüse und Milchprodukten auch Naturkosmetik. Im **Voo Store** (Oranienstr. 24, Hinterhof) wird angesagte Mode verkauft, bei **DIM** (Oranienstr. 26) findet man originelle Produkte aus Papeterie, Keramik und Stof-fen, darunter schick designte Bürsten und Besen aus einer Blindenanstalt. **Kisch & Co** (Oranienstr. 25) führt Bücher, Zeitungen und ein modernes Antiquariat. Bei **Melek Pasta-nesi** (Oranienstr. 28) kann man rund um die Uhr frische Brötchen und orientalische Süßigkeiten kaufen. **Schmuck Fritz** (Dres-dener Str. 20) heißt eine Schmuckgalerie, **O ton** (Oranienstr. 165a) hat Keramik, und bei **Dante Connection** (Oranienstr. 165) gibt es Literatur, nicht nur aus Italien.

UM DIE BERGMANNSTRASSE

Kadó – authentic flavours (Graefestr. 20) verheißt nicht nur internationale Lakritz-spezialitäten, sondern auch solche aus eigener Herstellung. Spiele für Babys, Kinder und Erwachsene türmen sich im Spielbrett (Körtestr. 27), der sympathische Fahrradladen Räderwerk (Körtestr. 14) liegt schräg gegenüber. Bei Broken English (Arndtstr. 29) gibt es britische Nahrungsmittel.

In der Buchhandlung Otherland (Bergmannstr. 25) erhält man Science Fiction, Fantasy und Horror, bei Hammet (Friesenstr. 27) nur Krimis mit exzellenter Beratung, in Original wie Übersetzung.

In der Markthalle am Marheinekeplatz

In der Markthalle (Abb. S. 172) am Marheinekeplatz (Mo–Fr 8–20, Sa 8–18 Uhr) gibt es ein vielfältiges Angebot an Lebensmitteln, u.a. französischen Käse, deutsches Biobrot, erlesene Weine, frische Säfte und Snacks. Eine Touristenattraktion ist mittlerweile Paul Knopf (Zossener Str. 10) mit seinem unermesslichen Sortiment von Knöpfen, Schnallen, Nieten, Ösen. bagAge (Bergmannstr. 13) verkauft Ultimatives zum Tragen, Ararat (Bergmannstr. 99) gilt als Kultladen für Postkarten, Papier und trendige Geschenke.Bei Chapati-Design (Zossener Str. 37) finden Sie orientalisch inspirierte Mode und Wohnaccessoires. Im hübsch gestalteten Knofi (Bergmannstr. 98) gibt es Antipasti und andere mediterrane Feinkost. Logo (Nostizstr. 32) ist ein Secondhandgeschäft für Schallplatten und Belladonna (Bergmannstr. 107) steht für Naturkosmetik.

Wohin zum ... Ausgehen?

THEATER UND MUSIK

Das Ballhaus Naunynstraße (Naunynstr. 27, Tel. 030 75 45 37 25, www.ballhausnaunyn strasse.de), ein altes Berliner Ballhaus aus dem 19. Jh., ist Spielstätte für migrantisches und postmigrantisches Tanz- und Musiktheater, Konzerte klassischer und neuer Musik und Raum für interkulturelle Veranstaltungen. Eine renommierte Off-Bühne für Kleinkunst jeder Art ist das BKA, die Berliner Kabarett Anstalt, über den Dächern Kreuzbergs (Mehringdamm 34, Tel. 030 2 02 20 07, www.bka-theater.de). Die Columbiahalle (Columbiadamm 13–21, Tel. 030 69 81 75 86, www.columbiahalle.berlin) ist der geeignete Ort für Prominenz in der Stadt. Ehemals war hier an der Grenze zwischen Kreuzberg, Tempelhof und Neukölln ein riesiges Gelände mit Sporthalle und Kino der US-Alliierten. Seitdem die Armee nicht mehr da ist, finden hier große Rock-, Pop- und Jazzkonzerte, Festivals und Techno-partys statt.

Zum Wallfahrtsort für Freunde des Tanzes wird das HAU – Hebbel am Ufer (Stresemannstr. 29, Tel. 030 25 90 04 27, www.heb bel-am-ufer.de) jedes Jahr während der Festivals »Tanz im August«. Die Bühne im Jugendstiltheater ist überhaupt der Schauplatz für alles Experimentelle, vor allem Tanz, Musik und Performance.

Weltmusik und Jazz stehen in der Passionskirche häufig auf dem Programm (Marheinekeplatz 1, Tel. 030 69 40 12 41, www. akanthus.de). Abdullah Ibrahim ist hier ebenso aufgetreten wie Ricky Lee Jones. Das Tempodrom hinter dem Anhalter Bahnhof (Möckernstr. 10, Tel. 01806 55 41 11, www.tempodrom.de) ist eine Hightech-Kathedrale mit einem vielfältigen, recht bunten Programm aus Kabarett, Konzerten, Artistik und Großveranstaltungen.

Wem nach einem nächtlichen Bad zumute ist, der lässt sich im Liquidrom im Sole-Wasser treiben. Abends gibt es musikalische Untermalung von Klassik bis Electro sowie gelegentlich Harfenkonzerte am Beckenrand. (Möckernstr. 10, Tel. 030 2 58 00 78 20, www.liquidrom-berlin.de, Schwimmen So–Do 9–24, Fr/Sa bis 1 Uhr).

Das Mehringhof Theater (Gneisenaustr. 2a, Tel. 030 6 91 50 99, www.mehringhof theater.de) ist für seine politischen Kabarettabende bekannt, aber auch Comedy und Musikkabarett gehören zum Programm. Das Ratibortheater (Cuvrystr. 20a, Tel. 030 6 18 61 99, www.ratibortheater.de) pflegt seit Jahren erfolgreich das Improvisationstheater.

Schon eine Kreuzberger Legende ist das Wild at Heart (Wiener Str. 20, Tel. 030 6 11 92 31, www.wildatheartberlin.de, tägl. ab 20 Uhr) mit seinen Indie- und Punkkonzerten. Am Wochenende legen DJs auf.

KINOS

Eines der beliebtesten Stadtteilkinos ist das Yorck mit zwei Sälen, das Gründungskino der gleichnamigen Berliner Kinogruppe. Gezeigt werden anspruchsvolle Uraufführungen (Yorckstr. 86, Tel. 030 78 91 32 40, www.yorck.de). Das fsk (Segitzdamm 2, Tel. 030 6 14 24 64, www.fsk-kino.peripherfilm. de) ist ebenfalls ein Paradies für Cineasten. Das Programmkino zeigt Erstaufführungen (im OmU), darunter französische und englische Filme. Neue Filme, ebenfalls als Originalaufführungen mit Untertiteln, bietet auch das Babylon (Dresdener Str. 126, Tel. 030 61 60 96 93, www.yorck.de).

BARS UND KNEIPEN

Wer in der Ankerklause (Kottbusser Damm 104, Tel. 030 6 93 56 49, tägl. ab 10 Uhr) ein Plätzchen auf dem Balkon über dem Landwehrkanal ergattert, hat es – nicht nur luftmäßig gesehen – gut. Die Musik aus der reich bestückten Jukebox tönt bis dahin. Die Kiezkneipe ist bei Besuchern aus der ganzen Welt beliebt. Bei Möbel-Olfe (Reichenberger Str. 177, Tel. 030 23 27 46 90, Di–So ab 18 Uhr) leuchtet es unübersehbar, wie damals, als dies noch ein Möbelgeschäft war. Nun ist es der Standort der trinkfesten Kreuzberger, die polnischen

Wodka und polnisches Fassbier mögen. Der Würgeengel (Dresdener Str. 122, Tel. 030 6 15 55 60, tägl. ab 19 Uhr) hat seinen Namen einem Film von Luis Buñuel entliehen und verdankt sein Renommee den fantastischen Cocktails. Konrad Tönz (Falckensteinstr. 30, Tel. 030 6 12 32 52) heißt die Wohnzimmerbar mit Fernsehgeschichte: Konrad Tönz hieß der Mann im Schweizer Studio, der bei der Sendung »Aktenzeichen XY« zur Verbrecherjagd zugeschaltet wurde (Mo–Do ab 18, Fr ab 20 Uhr). In der Bar Limonadier (Nostitzstr. 12, Tel. 0170 6 01 20 20, tägl. ab 19, Happy Hour 19–20 Uhr) schwelgt man im Stil der 1920er-Jahre. Die Barkeeper servieren originelle Cocktails wie »Nautilus Daiquiri« mit Spiced Rum. Viele Zutaten sind selbst gemacht. Zu den Kreuzberger Legenden gehört das Madonna (Wiener Str. 22, Tel. 030 6 11 69 43, tägl. ab 15 Uhr), in dem man unter den Todsünden an der Decke aus 250 Whisky-Sorten auswählen kann. Auch das Yorckschlösschen (Yorckstr. 15, Tel. 030 2 15 80 70, tägl. ab 16 Uhr) bleibt, was es immer war: eine Jazzkneipe der Alt-Kreuzberger mit Sommergarten und Jazzbrunch am Sonntag. Stehen geblieben ist die Zeit auch in der Junction Bar (Gneisenaustr. 18, Tel. 030 6 94 66 02, So–Do ab 21, Fr–Sa ab 22 Uhr) mit Livemusik im Keller. Vom Café zu Bar und Kneipe mutiert das San Remo Upflamör (Falckensteinstr. 46, Tel. 030 74 07 30 88, tägl. ab 14 Uhr) im Laufe des Tages.

TANZEN

SO36 (Oranienstr. 190, Tel. 030 61 40 13 06) lockt mit Programmen wie Karaoke, Konzerte, Disko. Regelmäßig im Veranstaltungskalender: Café Fatal (Tanztee, So 19–23 Uhr), Kiezbingo (jeden 2. Di, 19–1 Uhr), Gayhane (schwullesbische Party mit türkischem Programm, 4. Sa im Monat ab 22 Uhr). Das Golgatha (Dudenstr. 40/Eingang Katzbachstr., Tel. 030 7 85 24 53, April–Sept. tägl. ab 9/10 Uhr) ist ein Biergarten im Viktoriapark. Um 22 Uhr tritt ein DJ in Aktion. Im Watergate (Falckensteinstr. 49a, Tel. 030 61 28 03 94, Mi–Sa ab 24 Uhr) schwappt die Spree fast auf die Tanzfläche: u.a. Techno.

Russische Zuckerbäckerarchitektur an der
Karl-Marx-Allee

Prenzlauer Berg &
Friedrichshain

Zwei unterschiedliche
Stadtteile, die eins
gemeinsam haben: Kneipen,
Clubs und Restaurants.

Seite 174–195

Erste Orientierung

Während im Prenzlauer Berg eher gut situierte Akademiker ihr Zuhause gefunden haben, genießen in Friedrichshain Studenten und Berufsjugendliche einen subkulturellen Lebensstil bei steigenden Mieten und regem Nachtleben. Die Dichte an Kneipen, Clubs und Restaurants ist rekordverdächtig. Zwei unterschiedliche Bezirke, deren Bewohner doch vieles gemeinsam haben: das Streben nach einem alternativen Lebenskonzept jenseits des Mainstreams.

Der typische Bewohner im Prenzlauer Berg arbeitet entweder bei einer Bundesbehörde, entwirft erfolgreich Tapeten, Lampen oder Mode oder plant Projekte in der Medienbranche. In Friedrichshain steht der Durchschnittsbewohner gegen 11 Uhr auf, schlappt zur Uni, lernt abends bis 22 Uhr und geht dann auf Tour durch die Bar- und Clubszene seiner Wahl.

Die Mehrheit der Berliner in beiden Bezirken ist zugezogen, seit der Wende haben über die Hälfte aller früheren Bewohner ihre Heimat verlassen und sind etwa mit Kind und Kegel in ein Reihenhäuschen im Umland gezogen. Heute sind die Spielplätze wieder voll, weil auch die Neuen fleißig für Nachwuchs sorgen. Vor einigen Jahren gehörte die Geburtenrate im Prenzlauer Berg zu den höchsten in ganz Europa! Die Eltern der kleinen Gören, wie der Berliner sagt, sitzen in den Cafés rund um den Kollwitzplatz, während der Nachwuchs den Spielplatz in der Mitte belagert.

Am Boxhagener Platz sorgen Öko- und Flohmarkt regelmäßig für Andrang. Dann zeigt sich Berlin von seiner jungen stylischen Seite. Gewagte Kombinationen aus bunten Röcken, rosa Sonnenbrillen und Parkas gibt es hier zuhauf.

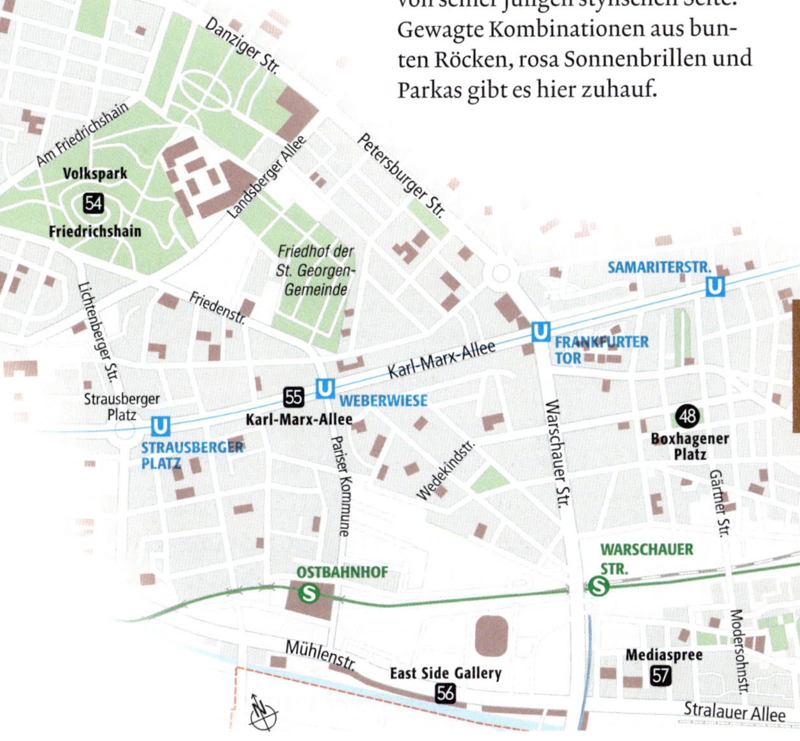

Mein Tag...

Alternativkultur mit DDR-Flair

Bunte Gemälde auf der Mauer, Feste und Flohmärkte im Grenzstreifen, Konzerte in ehrwürdigen Backsteinhallen: Wenn Sie erleben wollen, wie die Alternativkultur die einstigen Symbole der DDR in Besitz genommen hat, lohnt sich eine Tour von der East Side Gallery bis zum Mauerpark. Eine Spurensuche mit der Trambahn.

10 Uhr, Kunstspaziergang an der East Side Gallery

Der Tagesbeginn ist die beste Zeit für einen Besuch an 56 Berlins berühmtester "Galerie". Die Morgensonne fällt auf die über 100 Gemälde an der einstigen Hinterlandmauer. Immer dicht von Schaulustigen umlagert ist das Bild vom Bruderkuss zwischen Erich Honecker und Leonid Breschnew. Lassen Sie sich treiben entlang der Kunst aus über 20 Ländern: Manche Bilder sind bunt und futuristisch, es gibt Comics und abstrakte Kunst, naive Malerei und politische Botschaften.

11.30 Uhr, Tram zu den Champs-Élysées des Ostens

Gleich um die Ecke an der Warschauer Straße verkehrt die Straßenbahnlinie M 10 – eine beliebte Partybahn, weil sie Kreuzberg, Friedrichshain und Prenzlauer Berg verbindet. Sie bringt Sie zum Frankfurter Tor mit seinen zwei giganti-

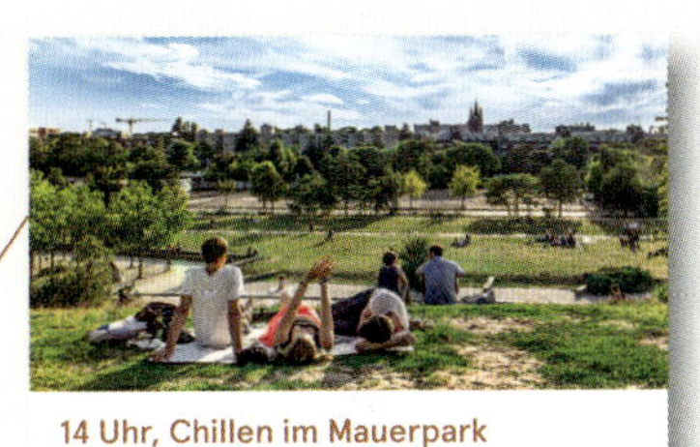

14 Uhr, Chillen im Mauerpark

16 Uhr

16 Uhr, Eintauchen ins »Bionade-Biedermeier«

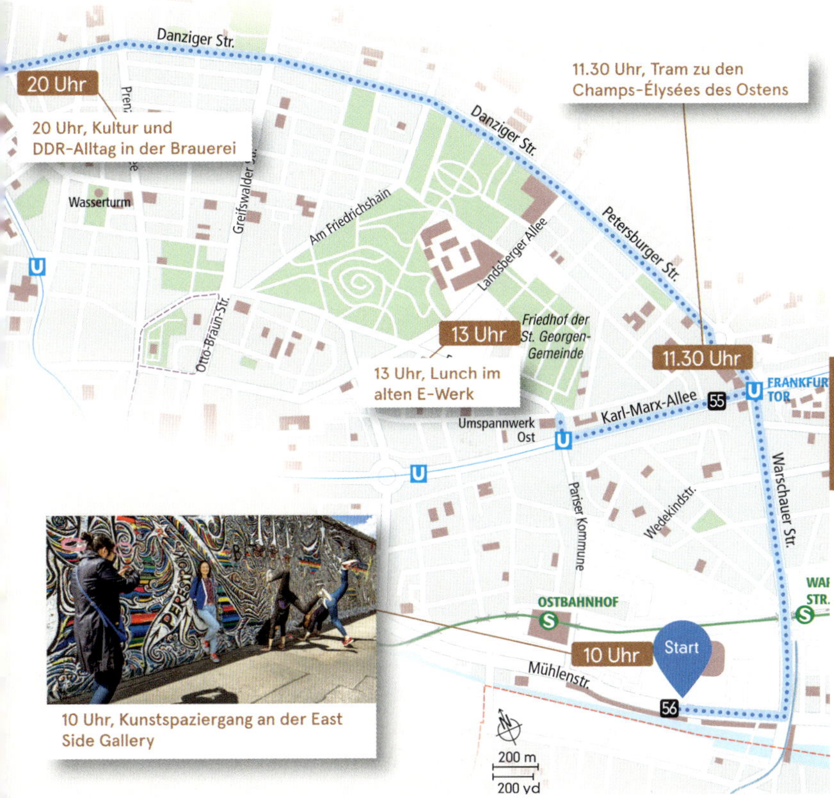

10 Uhr, Kunstspaziergang an der East Side Gallery

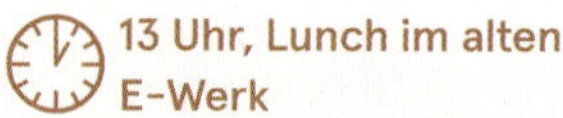

East Side Gallery — »Mit dem Trabi durch die Mauer«

Die Karl-Marx-Allee ist breiter als die Pariser Champs-Élysées.

schen Turmhäusern: das Herz der »Champs-Élysées des Ostens«. Ein wahres Understatement, denn die **55** <u>Karl-Marx-Allee</u> ist 20 Meter breiter als der Pariser Boulevard. Luxusgeschäfte suchen Sie hier vergeblich: Stattdessen kann man unter schattigen Alleen abseits des tosenden Verkehrs einen gemütlichen Spaziergang machen – mit Blick auf die russische Zuckerbäckerarchitektur.

13 Uhr, Lunch im alten E-Werk

Gleich um die Ecke blieb eine außergewöhnliche Kathedrale historischer Architektur erhalten: Im eins-tigen <u>Umspannwerk Ost</u> von 1899 residiert heute ein Restaurant – ideal für einen leichten Snack. Riesige Tore aus Stahl und Glas öffnen sich zur ehemaligen Trafohalle, wo unter dem sieben Meter hohen Gewölbe mit Galerie gespeist wird. Nahe an der offenen Küche können Sie zusehen, wie Ihr Lunch frisch zubereitet wird. Im Kellergeschoss des Lokals befindet sich der Theaterclub. Sein Programm reicht von den Goldenen Zwanzigern über Flamenco-Shows bis zu Zauber- und Comedyvorstellungen.

14 Uhr, Chillen im Mauerpark

Nächster Halt: **52** <u>Mauerpark</u> (erreichbar mit der Tram 10 vom Frankfurter Tor zur Eberswalder Straße). In der Oase der Prenzlberger erinnert heute kaum noch etwas an DDR-Zeiten. An Wochentagen treffen sich die Anwohner zum Grillen und Chillen, Boulespiel und Sonnen, am Wochenende breiten Händler auf dem Flohmarkt ihren Trödel aus, Food-Trucks verkaufen Köstliches aus aller Welt und Musiker aller Couleur stellen sich im Amphitheater dem Publikum. Wenn Sie Glück haben, ergattern Sie eine Hängematte in dem kleinen Birkenhain am nördlichen Ende 2020 wurde der Park erst aufwendig erweitert.

16 Uhr, Eintauchen ins »Bionade-Biedermeier«

Noch mehr über die Mauer erfahren Sie in der angrenzenden Gedenkstätte. Doch vielleicht möchten Sie lieber ins wahre Herz des Prenzlauer Bergs eintauchen. Im

Der 1837 entstandene Prater mit seinen großen Bäumen ist Berlins ältester Biergarten.

Dreieck zwischen Arnim-, Helmholtz- und Kollwitzplatz lebten früher viele Künstler und Oppositionelle. Heute entdeckt man zwischen den sanierten Wohnhäusern immer wieder Neues: z. B. die »Kleine Eiszeit« gegenüber der **53** <u>Gethsemane-Kirche</u>, eine der besten Eisdielen Berlins. Falls die Schlange zu lang ist, lädt das Café Zuckerfee um die Ecke zu Bio-Snacks ein. »Bio« ist vieles in diesem Kiez und die Kinderwagendichte ist hoch – das Klischee vom Bionade-Biedermeier hat auch seinen wahren Kern.

18 Uhr, Sundowner im ältesten Biergarten Berlins

Ob mit oder ohne »Kind und Kegel« – zum Feierabend trifft man sich im <u>Prater</u>: einfache Bänke unter schattigen Kastanien und

Früher wurde hier Bier gebraut, heute bietet das Gelände der Kulturbrauerei ein Kino, Theater, Clubs, ein Museum und Restaurants.

frisch Gegrilltes abseits des Straßengetümmels machten diesen Biergarten nicht erst zu DDR-Zeiten zum beliebten Ausgehort. An kühlen Abenden verlagert sich der Betrieb in die angeschlossene Gaststätte mit dem Flair eines bayerischen Wirtshauses.

20 Uhr, Kultur und DDR-Alltag in der Brauerei

Für das Nachtprogramm gibt es keinen besseren Ort als die **51** <u>Kulturbrauerei</u> – eines der schönsten In-

dustriedenkmäler in Berlin. Wo früher die Schultheiß-Brauerei (1853–1967) ihr Bier braute, ist eine der größten alternativen Kultureinrichtungen Berlins entstanden. Hier finden Sie jeden Abend etwas für Ihren Geschmack: Auspowern beim Capoeira-Kurs, Zuhören beim »Kantinenlesen«, Muskeln dehnen beim Yoga, Gruseln beim Tatort-Public-Viewing – oder Tanzen bis tief in die Nacht im Frannz-Club, der an warmen Tagen auch mit einem schönen Biergarten lockt.

Restaurant im Umspannwerk Ost
✉ Palisadenstr. 48
☎ 030 42 80 94 97
🌐 www.umspannwerk-ost.de
🕐 tägl. ab 11.30 Uhr

Kleine Eiszeit
✉ Stargarder Str. 7

Café Zuckerfee
✉ Greifenhagener Str. 15
🌐 www.zuckerfee-berlin.de
🕐 Di–Fr 10–18 Uhr, Sa/So 9–18 Uhr

47 Kollwitzplatz

Warum?	Berlins berühmtester Wohlfühlkiez
Was?	Ein idyllisches Viertel zum Bummeln, Shoppen und Kaffee trinken
Wann?	Donnerstags findet der Ökomarkt statt, samstags der Wochenmarkt.
Was noch?	Einen grünen Ruhepol bildet der benachbarte jüdische Friedhof.
Was nehme ich mit?	Alles für den nächsten Besuch am Wannsee gibt es bei Strandbad (Wörtherstr. 12).

Es mag die architektonische Geschlossenheit sein, die den Platz für viele so reizvoll macht. Schon wenige Sonnenstrahlen genügen, um die Menschen aus den umliegenden Häusern auf die Caféterrassen zu locken. Der Kollwitzplatz ist das Herz des Prenzlauer Bergs.

Bunte Vielfalt: Markttreiben auf dem Kollwitzplatz

Zu DDR-Zeiten verließen viele die maroden Häuser des dicht besiedelten Arbeiterbezirks rund um den Kollwitzplatz und zogen in moderne Plattenbauten. Junge Leute aus allen Teilen der DDR hingegen wurden von den leerstehenden Wohnungen angezogen. Sie kamen ohne die notwendige Zuweisung in die Hauptstadt der DDR und blieben. Allmählich entwickelte sich eine eigenwillige Kulturszene mit privaten Konzerten und Lesungen in Wohnungen und auf Hinterhöfen. Schauspieler, Maler, Liedermacher und Studenten fühlten sich hier heimisch und sympathisierten mit der Friedensbewegung im Westen.

In den Jahrzehnten seit dem Mauerfall haben Baufirmen den morbiden Schick von einst im Auftrag finanzkräftiger Kunden beseitigt. Die umliegenden Läden verkaufen, was Wohnen schöner macht. Bild-

Der Wasserturm (links) vom Prenzlauer Berg, liebevoll »Dicker Hermann« genannt

hauer, Maler und Fotografen haben ihre zu teuer gewordenen Ateliers verlassen. Wer den Blick nach oben schweifen lässt, sieht Grün auf den neuen Dachterrassen sprießen. Nur die Kinder auf dem Spielplatz klettern wie seit 1959 auf das Denkmal der <u>Käthe Kollwitz</u>, das Gustav Seitz einem Selbstbildnis der Künstlerin von 1938 nachempfunden hat.

In der Rykestraße 53 blickt man durch das Tor eines viergeschossigen Backsteinhauses auf den Hof mit einer <u>Synagoge</u> (errichtet 1903/04). Nur weil man ein Übergreifen des Feuers auf die Nachbarhäuser befürchtete, wurde die Synagoge am 9. November 1938 nicht angezündet. Sie wurde als Pferdestall genutzt. Nach der Renovierung 1953 wurde sie neu geweiht und ist heute Deutschlands größte Synagoge.

Der <u>Wasserturm</u> auf dem Windmühlenberg ist das Wahrzeichen des Bezirks, in dem sich im 18. und 19. Jahrhundert Dutzende von Windmühlen drehten. Er war der erste Wasserturm in Berlin und wurde ab 1855 aufgebaut. Heute ist er nur noch Wohnhaus. Der Keller des zum Wasserturm gehörenden Maschinenhauses wurde 1933 von der SA in eine berüchtigte Folterstätte umfunktioniert.

KLEINE PAUSE

Ein beliebter Treffpunkt im Kiez ist das **Café Anna Blume** (Kollwitzstr. 83, www.cafe-anna-blume.de, tägl. 8–23 Uhr), im Sommer sitzt man idyllisch unter einer alten Platane. Es gibt Frühstück und eine große Auswahl an Torten und Kuchen.

✝ 225 F5 🚇 Senefelder Platz

④⑧ Boxhagener Platz

Warum?	Beschauliches Wohn- und Bummelviertel am Tag, Partymeile in der Nacht
Was?	Eine schöne Mischung aus Boutiquen und Gastronomie
Wie lange?	Ein bis zwei Stunden
Wann?	Wer sonntags kommt, kann auf dem großen Trödelmarkt stöbern.
Was noch?	Modeläden wie Broke & Schön (Krossener Str. 9–10) oder Schwesterherz und Blaucraut (Gärtnerstraße)
Was nehme ich mit?	Eine Schachtel köstliche Macarons von Macarons de Stéphane (Gärtnerstr. 13)

Der Prenzlauer Berg, aber auch Friedrichshain entwickelt sich vom Kleineleute- und Studentenviertel zu einem Kiez für Familien und Besserverdienende. Doch noch lässt sich hier gut feiern, vor allem am Boxhagener Platz, entlang der Simon-Dach-Straße, der Revaler Straße und am Ostkreuz.

Die Simon-Dach-Straße ist eine beliebte Ausgehmeile.

Heute kommen auf dem Wochenmarkt am Boxhagener Platz die Bewohner der Gegend zusammen. Künstler, junge Familien, Studenten und immer mehr Gutsituierte kaufen ökologisch angebautes Gemüse und halten einen Schwatz beim Käsehändler. Der Boxhagener Platz, im Volksmund liebevoll »Boxi« genannt, ist das Herz Friedrichshains, eine Art Dorfplatz, auf dem man u.a. die Sonne auf der Terrasse eines der vielen Cafés genießt. Für viele beginnt hier der Tagesablauf frühestens morgens um 10 Uhr und endet selten vor 2 Uhr nachts.

KLEINE PAUSE
Auf ein Glas Wein und einen Antipasti-Teller kehren Friedrichshain-Flaneure im **Cento Passi Vino** (Krossener Str. 36, Mo–Sa ab 17.30 Uhr) mit seinem Retro-Ambiente ein.

 ✛ 230, östl. C4 🚇 Samariterstr.

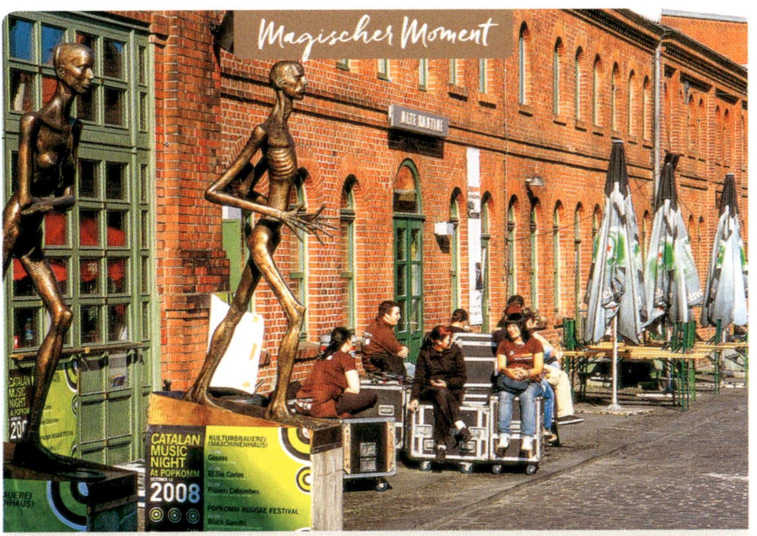

Kulinarische Weltreise

Die argentinischen Empanadas haben Sie schon probiert. Auch die veganen koreanischen Burger waren köstlich. Jetzt lockt noch eine Portion Raclette. Oder doch lieber ein paar Tacos mit scharfer Füllung? Die halbe Welt präsentiert sonntags in der Kulturbrauerei ihre Köstlichkeiten. Während Sie gemütlich im Schatten der historischen Mauern sitzen, wird in Foodtrucks Teig geknetet, gebrutzelt und gerührt. Die Reise für den Gaumen wäre ohne Nachtisch nicht komplett: vielleicht mit süßen Waffeln aus Hongkong?
Schönhauser Allee 36, So 12–18 Uhr

Nach Lust und Laune!

49 Jüdischer Friedhof

1828, als der Friedhof eröffnet wurde, lag er noch auf freiem Feld außerhalb der Stadt. Die Begräbniszüge erregten bei Hofe Ärgernis, störten sie doch, wenn königliche Karossen vom Stadtpalais ins Sommerschlösschen zogen. So wurde ein Feldweg als »Judengang« zur Rückseite geführt. Heute ist er kaum noch sichtbar. Mehr als 5000

Grabsteine von Grün umwuchert

Menschen wurden hier beigesetzt, darunter so berühmte wie der Musiker Giacomo Meyerbeer, der Verleger Leopold Ullstein und der Maler Max Liebermann. Zu dessen Beerdigung 1935 kamen nur noch Wenige, weil die Nationalsozialisten ihn ächteten. Ende 1944 hatten Kriegsgegner sich hier versteckt, aber sie wurden kurz vor Kriegsende entdeckt und erhängt.

🕇 225 E5 ✉ Schönhauser Allee 22
🕐 Mo–Do 8–16, Fr bis 13 Uhr
🚇 Senefelder Platz

50 Kastanienallee

Der Szene-Boulevard zieht Menschen aus ganz Berlin und aus der ganzen Welt an. Wer Fashion Made in Berlin anprobieren möchte, hat hier die große Auswahl. Thatchers und Eisdieler sind nur einige Labels, die dazu beitragen, dass Berlin den Titel UNESCO-Stadt des Designs bekommen hat. Dazwischen laden unzählige Cafés und Bars zum Pausieren ein. Längst ist die Designerszene auch in anliegende Straßen, etwa die Oderberger Straße, gewandert. Nachts herrscht in den vielen Bars und Kneipen ein buntes Treiben.

🕇 225 E5
🚇 Rosenthaler Platz/Eberswalder Str.

51 Kulturbrauerei

Das Brauereigelände zwischen Schönhauser Allee und Knaackstraße ist eine Stadt in der Stadt, von 1890 bis 1910 nach Plänen des Königlichen Baurats Franz Schwechten, des Architekten der Kaiser-Wilhelm-Gedächtniskirche, auf 25 000 m² als Stammsitz für die Schultheiß-Brauerei gebaut. Bis 1967 war sie in dieser Ziegelsteinburg in Betrieb. Die letzten 20 Jahre fand allerdings nur noch die Flaschenabfüllung an der Knaackstraße statt. Über Türen und Toren liest man die Namen der einzelnen Gewerke: »Heuboden«, »Sattlerei«, »Flaschenbier« und »Böttcherwerkstatt«, »Stellmacherei« und

»Schlosserei«. Man staunt darüber, was alles zu einer Brauerei gehörte.

Seit 1999 hat die Kultur in den Gebäuden, die unter Denkmalschutz stehen, Einzug gehalten. Seitdem ist die Kulturbrauerei <u>einer der beliebtesten Veranstaltungsorte Berlins</u> mit Bühnen, Multiplexkino und Restaurants. Jeden Sonntag findet ein Streetfood-Markt statt.

Eine <u>Dauerausstellung</u> widmet sich dem »Alltag in der DDR«. Viele Dokumente und Exponate thematisieren verschiedene Aspekte des Lebens in der DDR, etwa die Mangelwirtschaft, die Machtmechanismen des SED-Regimes, der kollektivierte Betriebsalltag und die Suche nach Freiheit durch Rückzug ins Private.

✝ 225 E5 ✉ Knaackstr. 75–97/Schönhauser Allee 36–39 ☎ 030 44 35 21 70 ⊕ www.kulturbrauerei.de ⊕ Museum in der Kulturbrauerei Di–Fr 9–18, Sa/So ab 10 Uhr ⊠ Eberswalder Str. ✦ frei

52 Mauerpark

Die Oderberger Straße gehörte zu den Straßen, die am längsten im Abseits lagen. Zu offensichtlich führte sie, auch nachdem die Mauer abgerissen war, ins Nichts. Am Ende der Straße erstreckt sich auf dem Gelände des ehemaligen Güternordbahnhofs, durch den ab 1961 die Mauer verlief, seit 2000 der Mauerpark (www.mauerpark.info). An die Teilung erinnert nur noch ein Stück Hinterlandmauer, die sich entlang des Friedrich-Ludwig-Jahn-Sta-

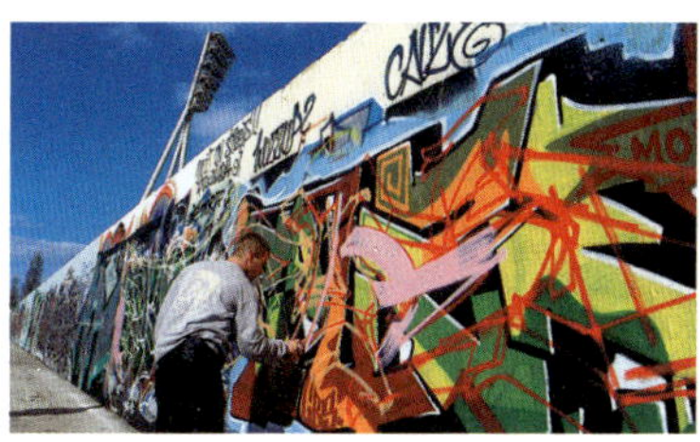

Im Mauerpark wurde viel Farbe versprüht.

dions erstreckt und offiziell von Graffiti-Künstlern bemalt werden darf.

Auf dem Gelände findet man Liegewiesen und Spazierwege, eine Kletterwand oder auch einen Boule-Platz. Ein <u>Flohmarkt</u> und eine beliebte <u>Musik- und Improvisationsshow</u> sorgen sonntags für regen Publikumsverkehr. Dort kann man Produkte Berliner Designer kaufen und jede Menge Trödel von privaten Verkäufern. 2020 wurde eine bedeutende Parkerweiterung eröffnet, über die man nun den Nachbarbezirk Wedding erreicht.

✝ 225, nördl. E5 ⊠ Eberswalder Str.

53 Gethsemanekirche

Im Herbst 1989 wurde die evangelische Kirche weit über ihre Gemeindegrenzen hinaus bekannt. Für Berlin war sie, wie die Nikolaikirche für Leipzig, <u>Versammlungsort der Oppositionellen</u>. Die 1893 erbaute Kirche ist eins der größten Gotteshäuser in Berlin und war somit ausgezeichnet für große Menschenansammlungen geeignet. Wandzei-

tungen der Bürgerrechtler wurden
in der Wendezeit aufgehängt,
Mahngottesdienste fanden statt
und Fürbittegebete wurden gespro-
chen. Liedermacher, die sonst nir-
gends auftreten durften, fanden
hier ihr Publikum. Vor dem Ein-
gangsbereich flackerten Kerzen, damit jeder den Weg finde. Am Abend
des 7. Oktober 1989 beendete ein
brutaler Polizeieinsatz vor der Kirche das Treffen der Regimegegner.
Einen Monat später, am 9. November, wurde in der Bornholmer Straße die erste Schneise in die Mauer
geschlagen.

Detail des Märchenbrunnens

zu hoch. Ideal zur Einkehr ist das
Restaurant Schönbrunn (Tel. 030 4
53 05 65 25, www.schoenbrunn.net)
mit angeschlossenem Biergarten.

✛ 225, nördl. E5 ✉ Stargarder Str.
🕐 Mai bis Sept. Mo–Fr 10–18 Uhr
🚇 Schönhauser Allee

✛ 225, östl. E4 🚌 Tram M5, 6, 8, 10

54 Volkspark Friedrichshain

Der älteste Park Berlins dient seit
1848 als Naherholungsgebiet für die
dicht besiedelten Bezirke Prenzlauer Berg und Friedrichshain. Mehr
als 40 Beachvolleyball-Courts, eine
öffentliche Skater- und eine Tennis-
anlage ermöglichen sportliche Betä-
tigung. Verliebte und Rentner treffen sich am Märchenbrunnen am
westlichen Parkeingang. Die um-
plätscherten Grimmschen Mär-
chenfiguren und Balustraden mit
Tierfiguren sind schön kitschig. Ein
Aufstieg auf den 78 m hohen Trüm-
merberg durch dichten Baumbe-
stand ist für jeden Besucher obliga-
torisch. Sehen kann man oben
allerdings wenig – die Bäume sind

55 Karl-Marx-Allee

Ganze 90 m breit, gesäumt von
neunstöckigen Gebäuden im Mos-
kauer Stil, ist die Karl-Marx-Allee
ein gutes Zeugnis sozialistischer
Architektur. Steigen Sie am besten
am Frankfurter Tor aus der U-Bahn
und laufen Sie gen Westen bis zum
Strausberger Platz. Dort begrenzen
zwei Hochhäuser im Art-déco-Stil
den Boulevard wie ein Stadttor.
Die Turmkuppeln auf den Hoch-
häusern am Frankfurter Tor sind
den Domaufbauten am Gendarmenmarkt nachempfunden und wirken
genauso imposant. Die Prachtstraße

Prachtbau in der Karl-Marx-Allee

wurde 1952–60 von Ostberliner Arbeitern u. a. nach Feierabend erbaut. Als Dank bekamen viele der ehrenamtlichen Aufbauhelfer später eine Wohnung in den sogenannten Arbeiterpalästen zugewiesen. Nahe dem U-Bahnhof Weberwiese entzündete sich der Arbeiteraufstand, der am 17. Juni 1953 blutig niedergeschlagen wurde.

✚ 230, B5–C5 🚇 Frankfurter Tor

56 East Side Gallery

110 Künstler haben die Mauer an der östlichen Spreeseite, die auf 1,3 km den Blick von der Mühlenstraße auf den Fluss verstellt, im Herbst 1990 zur Freiluftgalerie umfunktioniert. Noch immer vermittelt die East Side Gallery (www.eastside gallery-ber lin.de) die euphorische und weltweite Anteilnahme am Mauerfall,

vor allem seitdem die Bilder aufgefrischt und manches schon neu gemalt worden ist. Am berühmtesten sind der Bruderkuss von Dimitri Vrubel, der Breschnew und Honecker in einer Umarmung zeigt, und der mauerdurchbrechende Trabi von Birgit Kinder.

✚ 230 B3–C3 🚇 Warschauer Str.

57 Mediaspree

Schaut man von der Oberbaumbrücke nach Osten, blickt man auf die

Bunt erst seit dem Mauerfall: East Side Gallery

sogenannte Mediaspree, eine umstrittene Ansiedlung von Kommunikations- und Medienunternehmen entlang des Spreeufers, z. B. dem Musiksender MTV und dem Musiklabel Universal. Auffallend ist auch die extravagante Architektur des nHow Hotels. Dahinter befindet sich die Oberbaum-City. Wo vor dem Krieg Osram und zu DDR-Zeiten der VEB Narva Glühlampen produzierten, ist ein Büro- und Geschäftsviertel entstanden.

✚ 230 C3 🚇 Warschauer Str.

Wohin zum ...
Essen und Trinken?

Preise für ein Hauptgericht ohne
Getränke:
€   unter 12 Euro
€€   12–25 Euro
€€€   über 25 Euro

PRENZLAUER BERG: RESTAURANTS

Fleischerei €€/€€€
Die bürgerliche Küche bietet den besten
Gegensatz zum kühlen Ambiente einer ehemaligen Fleischerei. Klassiker wie edle
Fleischgerichte vom Simmental- oder
Pommerschen Rind sowie Broiler und Burger sorgen für gute Laune. Man sitzt zünftig
auf Bänken an blanken Tischen oder – ideal
für Einzelbesucher – am Fenstertresen mit
Blick auf die Schönhauser Allee.
✝ 225 E4 ✉ Schönhauser Allee 8
☎ 030 50 18 21 17 ⊕ www.fleischerei-berlin.
com ❶ tägl. 17–24 Uhr

Gugelhof €/€€
Im rustikal-eleganten Restaurant gibt es
deftige elsässische Spezialitäten wie Flammkuchen, Käsefondue und Choucroute, im
Sommer auch auf der Terrasse mit Blick auf
den Kollwitzplatz. Selbst Politpromis schau-
en öfter mal vorbei – und nicht erst seit
2000, als Bundeskanzler Schröder und
US-Präsident Clinton das Restaurant besuchten.
✝ 225 F5 ✉ Knaackstr. 37
☎ 030 4 42 92 29 ⊕ www.gugelhof.de
❶ Mo/Mi–Fr 17–23, Sa/So 12–23 Uhr

Kink €€
Ceviche mit Spreewaldgurke, Simmentaler
Rind und Szechuan-Zitronentarte: Die Gerichte im cool designten Kink entführen die
Gäste auf eine Weltreise. Alleine schon die
Location in der einstigen Brauerei Pfefferberg ist einen Besuch wert – auch auf einen
Drink in der Bar.
✝ 225, E4 ✉ Schönhauser Allee. 176
☎ 030 41 20 73 44 ⊕ www.kink-berlin.de
❶ Di–Sa ab 18 Uhr

La Muse Gueule €/€€
Eine kleine Karte mit bodenständi-
ger französischer Küche – u. a. mit Klassi-
kern wie Bœuf bourguignon oder Confit de
Canard – lädt in dem familiären Bistro zum
abendlichen Speisen ein. Nach einem Kino-
abend in der benachbarten Kulturbrauerei kann man den Abend hier bei einem
Glas Wein ausklingen lassen.
✝ 225 E5 ✉ Sredzkistr. 14
☎ 030 43 20 65 96
❶ Mo–Fr 17.30–2, Sa/So 17–2 Uhr

Lucky Leek €€
Auch rein vegane Restaurants können Gourmet-Niveau haben. Im Lucky Leek werden
neben marktfrischen Tagesgerichten auch
eine wechselnde Wochenkarte sowie ein
Sonntags-Brunch angeboten.
✝ 225 F5 ✉ Kollwitzstr. 54
☎ 030 66 40 87 10 ⊕ www.lucky-leek.com
❶ Mi–So 18–22 Uhr

Prater €/€€
1862 lag der kleine Bierausschank noch jwd
(also »janz weit draußen«) vor der Stadt und
wurde als Café Chantant schnell beliebt. Als
dann 1875 noch die Pferdebahn hierherfuhr,
wurde die Gegend auch zum Wohnen at-
traktiv und schnell bebaut. 1880 wuchs der
Ausschank um Bühne, Orchestersaal und
Buffetgebäude und trug schon den heutigen
Namen. Berliner kamen mit Kind und Kegel,
um hier ihre Freizeit zu verbringen – der geeignete Ort für aufrüttelnde Reden der Ar-
beiterführer. Rosa Luxemburg sprach hier
ebenso wie August Bebel. 1960 wurde die
Freilichtbühne in den Garten gestellt, sonntags lud das Kreiskulturhaus zum Tanz ... und
1991 war Schluss. Als aber die Volksbühne
mit ihrer Dependance einzog, erwachten
auch Gaststätte und Biergarten wieder zum
Leben. Man sitzt an einfachen alten Tischen
und Stühlen und bestellt Hausmannskost wie
Wiener Schnitzel oder Königsberger Klopse.
Im Biergarten bedient man sich selbst.
✝ 225, nördlich E5 ✉ Kastanienallee 7–9
☎ 030 4 48 56 88 ⊕ www.pratergarten.de
❶ Gaststätte Mo–Sa ab 18, So ab 12 Uhr;
Garten April–Sept. Mo–Sa, So ab 12 Uhr
(keine Kreditkarten)

The Bird €/€€

Die Mutter aller Burgerläden sieht aus, als ob sie von New York nach Berlin umgepflanzt worden wäre. Hier werden alle Burger frisch durch den Fleischwolf gedreht und mit leckeren hausgemachten Soßen serviert. Saftige Steaks stehen ebenfalls auf der Karte.

✛ 225, nördl. E5 ✉ Am Falkplatz 5
☎ 030 51 05 32 83 ⊕ www.thebirdinberlin. com ⏱ Mo–Do 18–24, Fr 16–24, Sa/So 12–24 Uhr (keine Kreditkarten)

PRENZLAUER BERG: IMBISS

Konnopke's Imbiss

Seit 1930 ein Begriff, seit der Wende berühmt (Abb. oben): Max Konnopke verkaufte Kartoffelpuffer, Fischfilets und Würstchen, die von morgens halb fünf bis abends halb sieben in zwei Schichten über den Tresen gereicht wurden. Enkelin Waltraud Ziervogel brät in dritter Generation, vor allem Currywurst. »Mit oder ohne?«, wird man gefragt. »Ohne« (Darm) ist der Verkaufsschlager. Hungrige Frühaufsteher bekommen auch ein Bauernomelett.

✛ 225, nördl. E5 ✉ Schönhauser Allee 44a/Unter der Hochbahn
⏱ Mo–Fr 10–20, Sa 12–20 Uhr

PRENZLAUER BERG: CAFÉS

Nothaft

Kleines Frühstückscafé, das bekannt ist für seinen ausgesprochen guten Kaffee. Ein auffälliger pinkfarbener Schirm vor dem Café weist den Weg. Selbst gebackener Kuchen, Muffins, Smoothies kann man drinnen oder draußen genießen.

✛ 225 nördl. E5 ✉ Schönhauser Allee 43a
⊕ www.nothaftcafes.com ⏱ Mo–Fr 8–18, Sa/So ab 9 Uhr

Pasternak

Wer die kyrillischen Buchstaben entziffert hat, ahnt es schon: Hier gibt es typisch russische Gerichte: Kaviar, Quarkpfannkuchen und Soljanka stehen auf der Karte. Russisch geprägt ist auch das Frühstück sowie der Brunch jeden Sonntag ab 9 Uhr. Bestellen Sie doch mal »Doktor Schiwago«.

✛ 225 F5 ✉ Knaackstr. 22/24
☎ 030 4 41 33 99 ⊕ www.restaurant-pasternak.de ⏱ tägl. 9–1 Uhr

Zeit für Brot

Der jüngste Neuzugang in der hohen Cafédichte an der Ecke Schönhauser/Eberswalder ist dennoch etwas Besonderes: Hier kann man den Bäckern bei der Arbeit zusehen, alles ist bio und frisch. Unschlagbar sind die Brownies und Zimtschnecken.

✛ 225 nördl. E5 ✉ Eberswalder Str. 26
☎ 030 89 54 56 00 ⊕ www.zeitfuerbrot.com
⏱ Mo–Fr 7–20, Sa/So ab 8 Uhr

FRIEDRICHSHAIN: RESTAURANTS

A Mano €€

Ein Hauch Paris und eine Prise Moskau umwehen den Strausberger Platz, an dem das A Mano abseits der In-Locations exquisite italienische Küche serviert. Egal ob draußen am Platz oder innen unter Kronleuchtern: Das Ambiente ist hier eleganter als beim typischen Italiener um die Ecke.

✛ 230, A5 ✉ Strausberger Platz 3
☎ 030 95 59 82 43
⊕ www.amano-ristorante.de
⏱ So, Mo 9–24, Di, Mi 9–1, Do–Sa 9–2 Uhr

Papaya €

Thai-Küche mit gutem Ruf. Frische Kräuter und Gemüse dominieren bei der Zubereitung der Speisen, was der Gast in der Schauküche beobachten kann. Verarbeitet wird Biofleisch von Bioland.

✛ 230, östl. C4 ✉ Krossener Str. 11
☎ 030 29 77 12 31 ⊕ www.papaya-restaurants.de ⏱ tägl. 12–23 Uhr

Schneeweiß €€

Alpenländische Küche mit Wiener Schnitzel, Spätzle und Kaiserschmarrn. Die ganz in Weiß gehaltene Einrichtung lässt Gemüse und goldgelbe Kartoffeln gut zur Geltung kommen. Die Weinkarte legt einen Schwerpunkt auf deutsche und österreichische Weine.

✠ 230, östl. C4 ✉ Simplonstr. 16 ☎ 030 29 04 97 04 ⊕ www.schneeweiss -berlin.de ◑ Mo–Fr 18–1, Sa–So 10–1 Uhr

Vöner €

Im beliebten, kollektiv geführten Vöner gibt's vegane Döner und Burger sowie Bio-Pommes mit hausgemachter Knoblauchsoße.

✠ 230, östl. C4 ✉ Boxhagener Str. 56 ☎ 030 99 26 54 23 ⊕ www.voener.de ◑ tägl. 12–23

FRIEDRICHSHAIN: IMBISS

Curry 66

Hier gibt es Currywürste mit Soßen in verschiedenen Schärfegraden – ab Schärfegrad 5 brennt es nur noch! Im Angebot sind auch Burger und hausgemachter Kartoffelsalat.

✠ 230, östl. C4 ✉ Grünbergerstr. 66 ☎ 016 38 34 46 65 ⊕ https://curry66.eatbu. com ◑ tgl. 11–2 Uhr

Nil Imbiss

Ob Halloumi, sudanesische Falafel oder Köfte – das Essen aus zentralafrikanischer Küche schmeckt großartig. Der Großteil der Gerichte ist übrigens vegetarisch oder gar vegan.

✠ 230, östl. C4 ✉ Grünbergerstr. 52 ☎ 030 29 04 77 13 ⊕ www.nil-food.de ◑ tägl. 11–24 Uhr

FRIEDRICHSHAIN: CAFÉS

Café Übereck

Eines der ältesten Kiezcafés. Hier trifft man sich zum Frühstück oder zum Arbeitsessen. Täglich wechselnder Mittagstisch. Sonn- und feiertags gibt es von 10 bis 16 Uhr Frühstücksbuffet, abends werden Cocktails serviert.

✠ 230, östl. C4 ✉ Lenbachstr. 8 ☎ 030 2 91 27 92 ⊕ www.uebereck-berlin.de ◑ tägl. 9.30–2 Uhr

Wohin zum ... Einkaufen?

Kommen Sie nach 12 Uhr oder noch besser nach 14 und vor 19 Uhr. Vielleicht hängt ein Schild an der Tür »Bin gleich wieder da«. Versuchen Sie, die Tür zu öffnen, manche Schilder hängen vermutlich immer dort.

PRENZLAUER BERG

Thatchers (Kastanienallee 21) führt avantgardistische Damenmode. Im gemütlichen Vintage-Interieur von Zartbitter (Kastanienallee 1) kann man in Ruhe unter zahlreichen Modelabels stöbern. Dudes Factory (Kastanienallee 87) hat sich auf hippe Großstadtmode spezialisiert. Schräg gegenüber findet man bei Paprcuts (Kastanienallee 27) fair produzierte Accessoires wie Portemonnaies, Schminktaschen oder Federmappen. JAAP (Stargarder Str. 68) ist bekannt für seine elegante Abend- und Brautmode nach Maß. Das Ladendesign mit Birkenstämmen und Schaukel ist preisverdächtig. Tausche Taschen (Raumerstr. 8) fertigt Tragbares für verschiedene Zwecke. Clubwear ersteht man bei Eisdieler (Kastanienallee 12). In der Zwölfer Siebdruckwerkstatt (Oderberger Str. 56) entstehen kunstvoll bedruckte T-Shirts aus Fair-Trade-Biobaumwolle, jedes Stück ist ein Unikat. Ausschließlich amerikanische Comics verkauft Black Dog (Rodenbergstr. 9). Goldhahn & Sampson am Helmholtzplatz (Dunkerstr. 9), ein Delikatessengeschäft, veranstaltet abends Kochkurse. Näheres unter www.goldhahnundsampson. de. Ausgewählte Second-Hand-Mode bekannter Labels verkaufen Frauen und Kinder zuerst (Kollwitzstr. 92) und Fast Neu (Raumerstr. 35). Fair-Trade-Produkte aus Kunsthandwerk, Schmuck und Alltagsbedarf führt der Weltladen ZeichenDerZeit (Wörther Str. 28).

FRIEDRICHSHAIN

Mode aus Berlin kann man bei Prachtmädchen (Wühlischstr. 28) erstehen – witzig: die Katzenkollektion von Emily the Strange.

Nebenan lädt Stiefelknecht (Wühlischstr. 27) zum Schuhkauf ein.

Modedesignerin Cläre Caspar präsentiert ihre Kollektionen entlang der Linie »casual-countenance-composure« in ihrem Atelier Blaucraut (Gärtnerstr. 7). Stundenlang stöbern kann man bei Schwesterherz (Gärtnerstr. 28) mit seinem Sortiment aus Geschenken, Dekorationen und Papierwaren. Bei Wollen Berlin (Gärtnerstr. 32) dreht sich alles um Stoffe, Wolle, Garne und Schnitte.

Neue und bekannte Berliner Modelabels wie mio animo, nikkes und das hauseigene fux stehen im Mittelpunkt bei Heimspiel (Niederbarnimstr. 18), aber auch Skandinavisches wie Modström findet sich immer wieder mal auf den Kleiderständern.Tee ist ja zur Zeit in aller Munde, weshalb sich ein Besuch in der Bohea Teehandlung (Niederbarnimstr. 3) immer wieder lohnt. Über 300 gelbe, grüne, schwarze und weiße Sorten aus der ganzen Welt gibt es hier im Angebot. Unentschlossenen bzw. unerfahrenen Kunden hilft die freundliche und kompetente Beratung weiter. Slogan der Teehandlung: »Tee: die geilste legale Droge der Welt«.

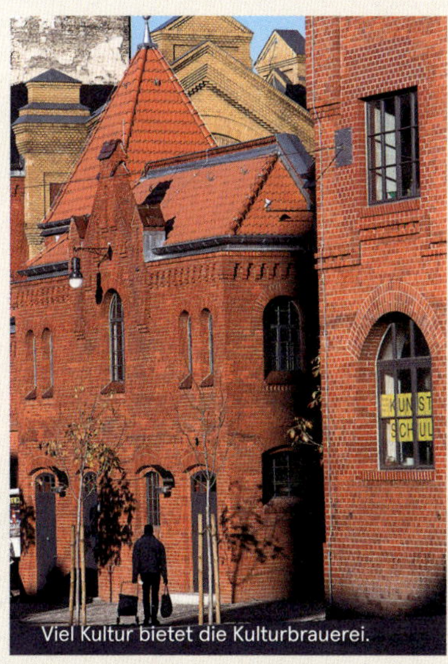
Viel Kultur bietet die Kulturbrauerei.

Wohin zum ... Ausgehen?

PRENZLAUER BERG

August Fengler (Lychener Str. 11, www.augustfengler.de, tägl. ab 19 Uhr) heißt eine Kiezkneipe mit Musik von New Wave bis Soul. Mehrere Floors und Lounges sind Teil des Soda Clubs (Knaackstr. 97/Sredzkistr. 1, www.soda-berlin.de), in dem alle Sounds zwischen Disco, House und Salsa gespielt werden. Montags kommt die Wave-Gothic-Szene ins Duncker (Dunckerstr. 64, Tel. 030 4 45 95 09, www.dunckerclub.de, ab 23 Uhr oder später), dienstags ist Hippie-Shake. Als frannz (Schönhauser Allee 36, Tel. 030 7 26 27 93 60, http://frannz.com) firmiert der alte »Franz Klub« in der Kulturbrauerei. »Serious Drinking« hat sich die Bar Immertreu (Christburgerstr. 6, Tel. 0157 85 92 12 21, www.bar-immertreu.de, Mo–Sa ab 20 Uhr) auf die Fahnen geschrieben. Es darf geraucht werden – soviel Ungesundes ist selten geworden im Prenzlauer Berg. Ledersessel, rote Vorhänge und gedimmte Lampen sorgen für die passende Atmosphäre. Samstagabends findet in der Alten Kantine der Kulturbrauerei ein Treffen verschiedener Lesebühnen statt: das Kantinenlesen (www.kantinenlesen.de).

FRIEDRICHSHAIN

Im Berghain (Am Wriezener Bahnhof, Tel. 030 29 36 02 10, www.berghain.de, Fr/Sa ab 24 Uhr) werden Techno-Fans glücklich. Die Chapel Bar (Sonntagstr. 30, www.chapelberlin.com, tägl. ab 18 Uhr) bereitet nicht nur Cocktail-Klassiker zu. RAW (Revaler Str. 99, Tel. 030 2 92 46 95, Di, Do ab 20, Mi, Fr bis So ab 22 Uhr) bietet Lesungen und Partys zu wechselnden Themen. Das Cassiopeia (Revaler Str. 99, www.cassiopeia-berlin.de, Tel. 030 47 38 59 49) ist ein wichtiger Ort der Berliner Subkultur. Coole Cocktails serviert das CSA (Karl-Marx-Allee 96, Tel. 030 29 04 47 41, www.csa-bar.de, Mo–Sa ab 19 Uhr). Besten Techno gibt es im Suicide Circle (Revaler Str. 99, Eingang über Warschauer Str., www.suicide-berlin.com, Mi–Sa ab 24 Uhr).

Nicht nur Berlin, auch Potsdam hat ein Brandenburger Tor.

Ausflug

Zu einer Berlin-Reise gehört ein Abstecher ins nahe gelegene Potsdam mit jeder Menge Glanz und Gloria dazu.

Seite 196–201

Potsdam

Warum?	Hier erlebt man Preußens vergangene große Zeiten.
Was?	Sommerschloss Sanssouci, das preußische Versailles, umgeben von einem herrlichen Landschaftspark
Wie lange?	Mindestens einen Tag
Wann?	Zu jeder Zeit
Was noch?	Auch die Stadt Potsdam selbst lohnt einen Besuch, das Museum Barberini zeigt hochkarätige Kunst.
Was nehme ich mit?	Einblicke in unterschiedliche Kunstepochen – von barock/klassizistisch bis modern/zeitgenössisch

Nur eine halbe S-Bahn-Stunde trennt Berlin von Potsdam. Kaum ein Berlin-Besucher lässt sich das nahe gelegene Idyll an der Havel, die sich hier zu Kanälen und Seen ausweitet, entgehen. Auf Schritt und Tritt tauchen Sie ein in Preußens vergangene Glorie.

Die mehr als 180 000 Einwohner zählende Stadt, Hauptstadt des Bundeslands Brandenburg, war Sommerresidenz der preußischen Könige und deutschen Kaiser und ist insbesondere mit Friedrich dem Großen verbunden. Potsdam verdankt seinem Kranz von Schlössern, Palais und Gärten die Aufnahme in die UNESCO-Liste des Weltkulturerbes. Zwar hat das Bombardement vom April 1945 den Stadtkern schwer beschädigt, auch rissen die Stadtplaner der DDR viele Ruinen ab, doch in den letzten Jahrzehnten wurden enorme Summen in die Wiederherstellung des historischen Stadtbildes investiert. Der Hauptanziehungspunkt bleibt jedoch Potsdams einzigartiges Ensemble aus großen Parks und Schlössern geblieben, das die bedeutendsten Landschaftsarchitekten, Baumeister, Maler und Bildhauer ihrer Zeit schufen.

Potsdams Herz schlägt wieder
Der Alte Markt war das Zentrum von Potsdam. Hier ließ der Große Kurfürst 1664– 1670 das Stadtschloss errichten, das zwischen 1744 und 1753 nach Plänen von Georg Wenzeslaus von Knobelsdorff umgestaltet wurde. Beim Bombenangriff im April 1945 brannte es völlig aus und wurde 1959/1960 ab-

gerissen. Der 2014 eröffnete Neubau
– Sitz des brandenburgischen Land-
tags – gleicht äußerlich fast jenem
Schloss aus der Zeit Friedrichs des
Großen; innen ist es dagegen ein mo-
derner schlichter Zweckbau.

Die <u>Nikolaikirche</u> gegenüber
geht zurück auf eine Saalbaukirche
von 1721, die 1795 abbrannte. 1830
entschied man sich für den von Karl
Friedrich Schinkel (1781–1841) vorge-
schlagenen Kuppelbau; die 78 m
hohe Kuppel wurde 1849 errichtet.
Im 1753–1755 erbauten klassizistischen <u>Alten Rathaus</u> präsentiert das
<u>Potsdam Museum</u> frühe Neuzeit
und Zeitgeschichte, Tradition und
Moderne, alte und zeitgenössische
Kunst. Gegenüber dem Rathaus hat
im <u>Palais Barberini</u> seit 2017 das gleichnamige Museum für
Kunst seinen Sitz (Abb. S. 201). Gezeigt werden Werke von
Alten Meistern bis heute sowie Werke aus der Kunstsamm-
lung Hasso Plattners: u.a. Impressionismus, Kunst der DDR.
Pro Jahr gibt es mindestens drei Wechselausstellungen.

Gegenüber vom Alten Markt sieht man den lang ge-
streckten <u>Marstall</u>. 1685 als Orangerie gebaut, ist er der einzige original erhaltene Rest des Schlosskomplexes. Das
<u>Filmmuseum</u> im Marstall präsentiert mehr als hundert
Jahre Babelsberger Filmgeschichte.

Geht man vom Marstall die Friedrich-Ebert-Straße ent-
lang und biegt nach ca. 500 m rechts in die Gutenbergstraße
ein, gelangt man zum Bassinplatz, auf dem im Schatten der
Peter-und-Paul-Kirche (1870) täglich Markt abgehalten wird.
An Roms Pantheon erinnert die Französische Kirche in der
Südostecke.

Holland in Preußen

Gleich beim Bassinplatz beginnt das bezaubernde Holländische Viertel. Von 1732 bis 1742 entstanden für holländische
Einwanderer über 130 vor allem fünfstöckige Traufen- und

Blick auf das Fortunaportal des Stadt-schlosses und Nikolaikirche im Hintergrund

dreiachsige Backstein-Giebelhäuser. In den hübschen Häusern sind heute allerlei Läden, Kneipen und Cafés untergebracht. Das Jan-Bouman-Haus in der Mittelstraße informiert über die Geschichte des Viertels.

Sanssouci: ein Gesamtkunstwerk

Die Geburtsstunde des Ensembles der Schlösser und Gärten von Sanssouci (»Ohne Sorge«) schlug 1744, als Friedrich II. den nordwestlich vor der Stadt gelegenen »Wüsten Berg« zu einem Weinberg umgestalten ließ.

Über sechs Weinbergterrassen erhebt sich das 97 m lange und nur 12 m hohe Schloss Sanssouci, das von Friedrich selbst entworfen und von Georg Wenzeslaus von Knobelsdorff 1745–47 verwirklicht wurde. Die zwölf Räume sind kunstvoll mit vergoldeten Schnitzereien, Reliefs und Gemälden, Spiegeln und Intarsienböden ausgestattet.

Neben dem Schloss entstand die Bildergalerie (1755 bis 63), mit Historienbildern aus Renaissance und Barock geradezu tapeziert. Das Orangerieschloss (1851–64) erinnert an italienische Renaissancevillen.

Weitere Schmuckstücke sind das Drachenhaus (1770 bis 1772) mit einem Café-Restaurant und das Chinesische Teehaus (1754–56) mit einer Porzellanausstellung. Die Friedens-

kirche (1845-54) ist eine Säulenbasilika mit Campanile und Kreuzgang.

In der Publikumsgunst rangiert das 240 m lange, dreiflügelige, prunkvoll ausfestattete Neue Palais (1763 bis 1769) an zweiter Stelle hinter Schloss Sanssouci. Mit ihm wollte Friedrich nach dem Siebenjährigen Krieg preußische Macht demonstrieren.

Die preußischen Schlösser liegen eingebettet in den prächtigen Park Sanssouci mit Elementen aus 250 Jahren Gartenbaukunst – angefangen bei den ersten Plänen, angefertigt von Friedrich dem Großen höchstpersönlich, bis hin zu den Erweiterungen unter Friedrich Wilhelm IV.

Neuer Anziehungspunkt in Potsdam ist das Museum Barberini.

Potsdam Museum
 Am Alten Markt 9
☎ 0331 2 89 68 68
⊕ www.potsdam-museum.de
● Di–So 12–18 Uhr
✦ 5 €

Museum Barberini
 Alter Markt/ Humboldtstr. 5-6
☎ 0331 2 36 01 44 99
⊕ www.museum-barberini.com
● Mi–Mo 10–19, 1. Do.

im Monat bis 21 Uhr
✦ 16 €

Filmmuseum
Breite Straße 1A
☎ 0331 2 71 81 12
⊕ www.filmmuseum-potsdam.de ● Di–So 10–18 Uhr ✦ 5 €

Jan-Bouman-Haus
Mittelstr. 8
☎ 0331 2 80 37 73
⊕ www.jan-bouman-haus.de ● Mo–Fr 13–18,

Sa/So ab 11.00 Uhr ✦ 3 €

Schloss Sanssouci
☎ 0331 9 69 42 00 ⊕ www.spsg.de ● April–Okt. Di–So 10–17.30, Nov.–März. 10–16.30 Uhr
✦ 14 € (19 € für alle Schlösser in Potsdam; die einzelnen Schlösser haben unterschiedliche Öffnungszeiten)
🚉 Potsdam Hbf.
🚌 695

Das Schloss Köpenick liegt idyllisch
auf einer Insel.

Spaziergänge & Touren

In Köpenick fühlen Sie
sich wie auf dem Land,
und auf dem Mauerweg
erkunden Sie den alten
Grenzstreifen.

Seite 202–209

Durch Köpenick

Was?	Spaziergang
Start	Rathaus Köpenick ☒ Köpenick, Tram 62, 68
Ziel?	Flussbadeanstalt Gartenstraße
Länge	2 km
Dauer	1,5 Stunden

Ein Diebstahl und ein »Husarenstück« machten Köpenick schon vor 100 Jahren berühmt. Schön ist es auch, denn Gewässer, Hügelketten, Wälder und Heidelandschaften gehören zum südöstlichsten Berliner Bezirk. Ein Spaziergang durch die Altstadt ist wie ein Besuch auf dem Land.

1–2

Die Welt lachte 1906 über Köpenick, das durch den »Hauptmann von Köpenick« bekannt wurde, einen uniformierten Schuster, der mit einigen Soldaten den Bürgermeister verhaftete und ihn samt Ehefrau von zwei Soldaten nach Berlin »expedieren« ließ. Dann bemächtigte er sich der Stadtkasse und verschwand selbst auch Richtung Hauptstadt. So steht es in den Personalakten des Polizeipräsidiums, und so hat Carl Zuckmayer es in seinem bekannten Theaterstück festgehalten. Das wurde 1931 uraufgeführt, und wenn es heute auf dem Spielplan steht, drängeln sich die Berliner. Das Backstein-Rathaus war damals ein Jahr alt und steht heute noch. Eine Dauerausstellung dokumentiert das »Husarenstück«. Der falsche Hauptmann steht vor dem Rathaus, in Bronze.

Der »Hauptmann« vor dem Köpenicker Rathaus

2–3

Köpenicks idyllische Altstadtinsel leidet unter dem Verkehr, der sie umtost. Am Alten Markt 4 ist zu lesen, dass Henriette Lustig hier lebte, die Wäscherin, der in der Grünanlage vor dem Schloss, am Frauentog, ein Denkmal

Berlins letzte Flussbadeanstalt

mit Rubbelbrett ge-
setzt worden ist. Am
Katzengraben stehen
sanierte Kolonisten-
häuser, Nr. 6 von 1683:
Nr. 11 wurde 1869 schon
einmal umgebaut.

An der Straße Frei-
heit hatte der Kurfürst
Ende des 17. Jahrhun-
derts Land aufschütten
und Häuser für 70 Hu-
genotten bauen lassen.
Weil sie von Steuern be-
freit waren, nannte
man die Straße Frei-
heit. Wenn der Bus zur
DDR-Zeit aus dem
Neubauviertel in die
Altstadt fuhr, wurde
die Haltestelle wie
üblich ausgerufen,
und dann kam es auch

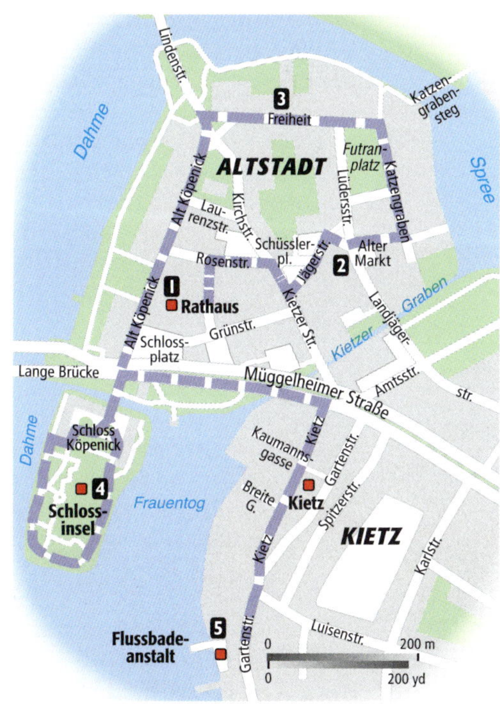

vor, dass ein Fahrer rief: »Freiheit für alle« – kleine Pause –, »die aussteigen wollen.« Das war tollkühn, und nicht alle schmunzelten.

3–4

Der Straße Alt-Köpenick gegenüber liegt der Zugang zur Schlossinsel. Früher stand hier eine slawische Rundwallanlage und im 12. Jahrhundert eine Burg. Das Barockschloss hatte Kurfürst Friedrich Wilhelm für seinen Sohn Friedrich III. in Auftrag gegeben. Doch der ging nach dem Tod des Vaters in die Residenzstadt Berlin und das Schloss blieb unvollendet. Heute sieht man nur den rechten Seitenflügel des geplanten Gebäudes. Dort ist eine Dependance des Kunstgewerbemuseums mit einer wertvollen Sammlung aus der Zeit des Rokoko, Barock und der Renaissance untergebracht.

4–5

Am Frauentog, einer Dahme-Bucht, vorbei führt der Weg zum Kietz, einer schon 1209 erwähnten Fischersiedlung mit grobem Pflaster und kleinen Häusern, deren Türen und Traufen teils mit Zunftzeichen geschmückt sind. Die Häuser sind hübsch zurechtgemacht. In der Gartenstraße gibt es seit 1877 eine Flussbadeanstalt. Wer will, kann sich in der Dahme abkühlen oder ein Paddelboot mieten.

KLEINE PAUSE

Genießen Sie im **Krokodil**, dem Restaurant der Flussbadeanstalt Gartenstraße (Tel. 030 65 88 00 94, Mo–Fr 16–23, Sa 15–23, So 12–23 Uhr), den Blick auf die Schlossinsel.

SPAZIERGÄNGE & TOUREN

Über den Mauerweg

Was?	Fahrradtour
Start	Potsdamer Platz ⊕ Potsdamer Platz
Ziel?	Oberbaumbrücke ⊕ Warschauer Straße
Länge	7 km (Fahrradverleih)
Dauer	1,5 Stunden

160 km ging es um Westberlin an der Wand lang. Die Mauer ist weg, und selbst Berliner wissen oft nicht mehr, wo sie war. Mehr als 30 Jahre nach Abriss des Bollwerks, das die Welt in Ost und West teilte, ist der Grenzstreifen aber stellenweise noch zu erkennen: Im Zentrum sind Teile der 43,1 innerstädtischen Mauerkilometer als gepflasterter Streifen im Asphalt, am Stadtrand ist die Mauer teilweise als Schneise im Grün zu sehen. Diese Tour folgt dem interessantesten Teilstück des markierten Mauerwegs.

1–2

Die Strecke beginnt am Potsdamer Platz. Vor dem Ritz-Carlton-Hotel sind mehrere Mauersegmente erhalten. Eine doppelte Kopfsteinpflasterreihe markiert an der Ecke Stresemann-/Köthener Straße den Mauerverlauf. Der Radweg verläuft auf der westlichen Seite der Stresemannstraße, die im Grenzgebiet lag. Auf der östlichen Straßenseite stand die sogenannte Hinterlandmauer. Drei ihrer Originalelemente, die der Berliner Senat Kofi Annan, dem ehemaligen Generalsekretär der Vereinten Nationen, schenkte, sind vor dem UN-Gebäude in New York aufgestellt. In der Erna-Berger-Straße ließ man noch einen Grenzwachturm stehen.

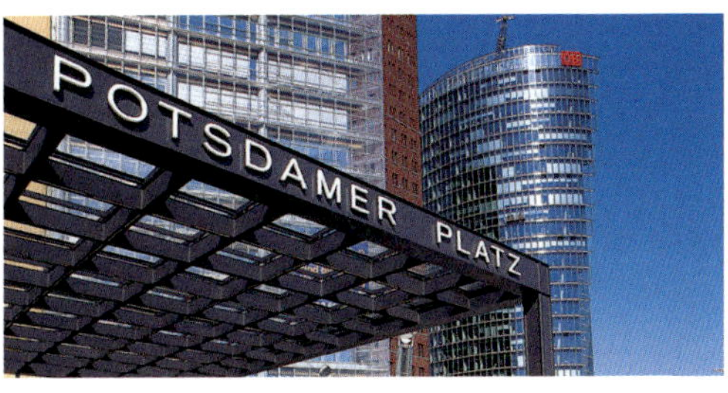

Hier startet der Mauerweg.

2–3

Die Mauer führte in die Niederkirchnerstraße, am Martin-Gropius-Bau vorbei. Genau gegenüber vom Ausstel-

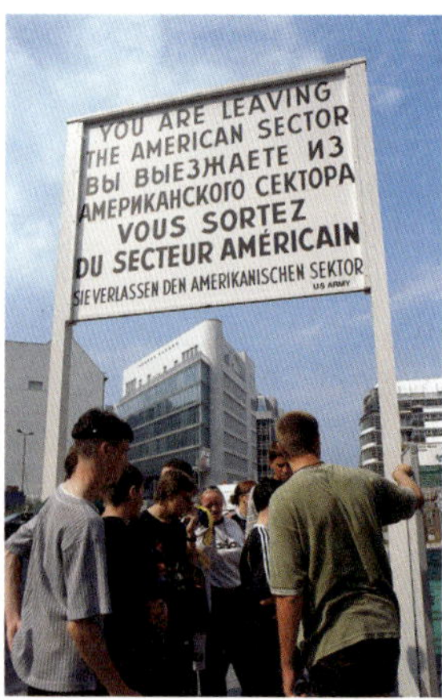

lungsgebäude, auf der anderen Mauerseite im <u>Preußischen Landtag</u>, der 1899–1934 Sitz des preußischen Parlaments war, saß die erste DDR-Regierung von Otto Grotewohl. Später hatte die Staatssicherheit (Stasi) Abhöreinrichtungen für den Funkverkehr in Westberlin auf dem Dach installiert.

3–4

Direkt neben dem Martin-Gropius-Bau verläuft ein 200 m langes Reststück der <u>Berliner Mauer</u>. Unmittelbar dahinter, auf dem ehemaligen Prinz-Albrecht-Gelände, hatten in der Nazizeit SS, Gestapo und Reichssicher-

Gestern Warnung, heute Erinnerung an die Grenze in der Stadt

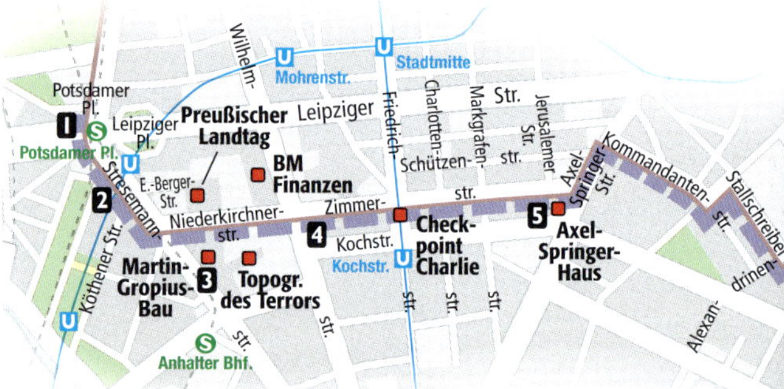

heitshauptamt ihren Sitz. Heute informiert die Ausstellung »Topographie des Terrors« über diese Zeit. An der Kreuzung Wilhelm-/Zimmerstraße weist eine Tafel auf das einstige Reichsluftfahrtministerium hin (1935–36), in dem 1949 die Verfassung der DDR verkündet wurde und heute das <u>Finanzministerium</u> untergebracht ist.

4–5

In der Zimmerstraße ist der Grenzverlauf gepflastert. An der Ecke Friedrichstraße war der »Grenzübergang für Ausländer«, <u>Checkpoint Charlie</u>. Vor dem Haus Zimmerstraße 26 erinnert ein Mahnmal an Peter Fechter, der im August 1962 auf der Flucht erschossen wurde.

5–6

Der Verleger Axel Springer hatte sein Verlagshaus 1966 als Zeichen seines Glaubens an die Wiedervereinigung direkt an die Mauer in Kreuzberg gestellt. Die Mauerpflasterung biegt in die Kommandantenstraße und wird am Ende der Alexandrinenstraße weitergeführt. An der Kreuzung Prinzenstraße lag der Grenzübergang Heinrich-Heine-Straße.

6–7

Die Pflasterreihe führt zur Kreuzung Waldemar-/Luckauer Straße. Die Mauer verlief am Bethaniendamm hinter dem

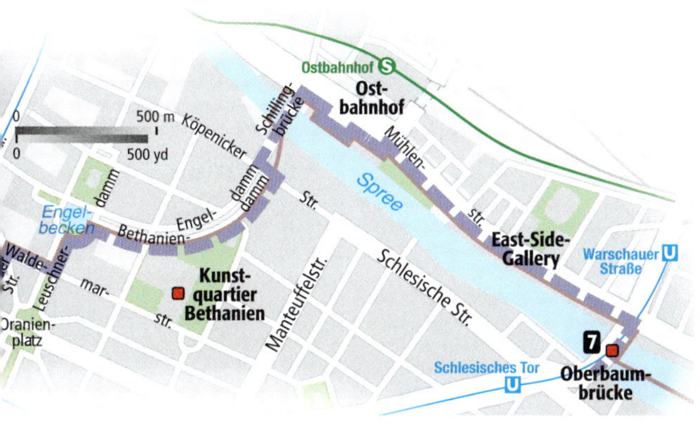

Heute leicht passierbar: der Verlauf der ehemaligen Mauer

Kunstquartier Bethanien. Auf der Mühlenstraße kommen Sie am Ostbahnhof vorbei zur East Side Gallery.

KLEINE PAUSE

Unweit des Checkpoint Charlie hat der Verlag der tageszeitung seinen Sitz – in der **TAZ-Kantine** (Friedrichstr. 21, Tel. 030 25 90 21 88, Mo–Fr 8–20 Uhr) kann man auf einen Snack oder ein biologisches Mittagsmenü (12–15 Uhr) einkehren.

Vom Verkehr umzingelt:
die Siegessäule auf dem Großen Stern

Praktische
Informationen

Was vor der Reise wich-
tig ist, wie Sie vor Ort gut
zurechtkommen und viele
Infos mehr erfahren Sie hier.

Seite 210–222

VOR DER REISE

Auskunft
Internet
www.berlin.de: Sehr umfassendes offizielles Stadtportal mit Infos nicht nur zu Sehenswürdigkeiten, sondern auch aus Wirtschaft und Verwaltung
www.visitberlin.de: Website von Visit Berlin mit Sehenswürdigkeiten, Unterkünften, Veranstaltungen, Buchungsmöglichkeiten

Tourist-Infos
Visit Berlin, Am Karlsbad 11, 10785 Berlin, Tel. 030 25 00 25
Die Berlin Tourist-Info hat zahlreiche Filialen: am Brandenburger Tor (April–Okt. tägl. 9.30–19, Nov.–März bis 18 Uhr), am Alexanderplatz (Mo–Sa 7–21, So 8–18 Uhr), am Hauptbahnhof (tägl. 8–21 Uhr), am Flughafen BER (tägl. 8–22 Uhr) und im Europa-Center (Mo–Sa 10–20 Uhr).

Botschaften
Österreich: Stauffenbergstr. 1, 10785 Berlin, Tel. 030 20 28 70, www.bmeia.gv.at/oeb-berlin
Schweiz: Otto-von-Bismarck-Allee 4a, 10557 Berlin, Tel. 030 3 90 40 00, www.eda.admin.ch/berlin

Ermäßigungen
In zahlreichen Museen und sonstigen Sehenswürdigkeiten erhalten Senioren, Kinder und Jugendliche, Auszubildende, Studierende und Sozialhilfeempfänger eine Ermäßigung.
Mit der **Berlin Welcome Card** (www.berlin-welcomecard.de) und der **City Tour Card** (www.citytourcard.com/de) erhält man über einen Zeitraum zwischen 2 und 6 Tagen unbegrenzte Fahrten mit den öffentlichen Verkehrsmitteln sowie Ermäßigungen für zahlreiche Sehenswürdigkeiten wie Museen, Theater und weitere Einrichtungen. Sie ist erhältlich in Tourist-Infos, Vorverkaufsstellen und zahlreichen Hotels. Der **Museumspass Berlin** umfasst an drei aufeinander folgenden Tagen den Eintritt in die Dauerausstellungen von über 30 Museen (zu kaufen in den Museen oder Tourist-Infos).

Feiertage
1. Januar: Neujahr
8. März: Internationaler Frauentag
März/April: Karfreitag, Ostern
1. Mai: Tag der Arbeit
Mai/Juni: Christi Himmelfahrt, Pfingsten
3. Oktober: Tag der deutschen Einheit
24. Dezember: Heiligabend
25., 26. Dezember: Weihnachten
31. Dezember: Silvester

Geld
Sperrnummern: Unter Tel. 116 116 kann man für Deutschland elektronische Berechtigungen wie Bank- und Kreditkarten, Handykarten und die Identitätsfunktion des neuen Personalausweises bei Verlust sperren lassen. Für Österreich gilt die Telefonnummer: 0043 1 204 88 00. Die wichtigsten Notfallnummern in der Schweiz sind Swisscard: 0041 44 6 59 69 00; UBS Card Center: 0041 8 48 88 86 01; VISECA: 0041 58 9 58 83 83; Postfinance: 0041 44 8 28 32 81.
Trinkgeld: Meist werden Restaurant- und Getränkerechnungen aufgerundet. Mit 10 % macht man nichts falsch. Ein Hotelportier erhält 1–2 € pro Koffer, ein Zimmermädchen 1–2 € pro Tag, Stadtführer nach Ermessen, Toilettenservice kostet i.d.R. 50 Cent.

Gesundheit
Den Ärztlichen Bereitschaftsdienst erreicht man unter Tel. 030 11 61 17, den Zahnärztlichen Bereitschaftsdienst unter Tel. 030 89 00 43 33, Apotheken mit Bereitschaftsdienst findet man bei der Apothekerkammer unter www.akberlin.de.

In Kontakt bleiben
Post: Postämter gibt es in allen Bezirken. Postfilialen sind in Schreibwaren- und Zeitschriftenläden sowie Supermärkten eingerichtet. Direkt neben dem U-Bahnhof Friedrichstraße findet man eine Post, die bis 22 Uhr und an Sonn- und Feiertagen geöffnet hat.
Telefon: Es gibt nur noch wenige öffentliche Telefone. Fast alle sind nur mit Telefonkarten zu bedienen.
WLAN und Internet: Public Wifi und Free Wifi Spots sind unter www.publicwifi.de

aufgeführt. Hier sind mehr als 5000 öffentliche WLAN-Hotspots in Berlin und Potsdam zu finden, über die man kostenlos und ohne Registrierung surfen kann. Auch die meisten Hotels und Pensionen sowie viele Restaurants und Cafés bieten einen kostenlosen Internetzugang.

Notrufe

Polizei, Feuerwehr und Notarzt sind unter 112 von jedem Telefon aus erreichbar.

Reisezeit

Die schönste Reisezeit ist von Mai bis September. Berlin ist eine Sommerstadt, sie bekommt in der warmen Jahreszeit südliches Flair und die Fülle von Veranstaltungen ist groß. Die warmen, sonnigen Tage reichen manchmal bis tief in den Oktober. Auch im Herbst und Winter hat die Stadt mit ihrem immensen Kulturangebot Konjunktur. Im Winter kann es für längere Zeit kalt und grau werden bei Temperaturen um Null Grad – eine ideale Zeit, um in Ruhe die Museen zu genießen. In der Vorweihnachtszeit bilden die vielen Weihnachtsmärkte einen Anziehungspunkt, und auch um den Jahreswechsel erfreut sich Berlin eines starken Besucherstroms. Außerdem sind die Osterfeiertage eine beliebte Reisezeit.

Sicherheit

Berlin ist eine relativ sichere Stadt. Die Kleinkriminalität beschränkt sich auf sehr belebte Orte wie den Alexander- und Breitscheidplatz, auf Märkte oder die Buslinie 100, die manchmal von Taschendieben frequentiert werden. Bei nächtlichen S-Bahn-Fahrten in leeren Zügen nach Osten kommt es gelegentlich zu rassistischen Pöbeleien. Meiden sollten Sie nachts Parkanlagen wie die Hasenheide oder den Görlitzer Park, in denen Dealer unterwegs sind. Fahrräder sollte man sicher anschließen – die Zahl der gestohlenen Räder ist hoch.

Zollbestimmungen

Innerhalb der EU ist der Warenverkehr für private Zwecke innerhalb der Richtmengen weitgehend zollfrei (z.B. für Reisende über 17 J. 800 Zigaretten, 10 l Spirituosen, 90 l Wein). Zollfrei bei der Wiedereinreise in die Schweiz sind z.B. 250 Zigaretten, 5 l Wein, 1 l Spirituosen sowie Souvenirs bis zu 300 CHF (weitere Infos unter www.zoll.de und www. ezv.admin.ch).

ANREISE

Berlin ist aus allen Richtungen bequem zu erreichen, der innerstädtische Verkehr ist außerhalb der Rush Hour relativ entspannt.

Flugzeug

Berlin ist von vielen deutschen und europäischen Städten aus per Direktflug erreichbar. Ende 2020 wurde rund 20 km südöstlich der Innenstadt – mit achtjähriger Verzögerung – der **Flughafen Berlin Brandenburg »Willy Brandt« (BER)** eröffnet – gleichzeitig wurden die beiden Flughäfen in Schönefeld und Tegel geschlossen. Insgesamt ist der neue Airport 1470 Hektar groß. Das neue Terminalgebäude T1 aus der Feder des Architekturbüros Gerkan, Marg und Partner befindet sich zwischen zwei parallel angelegten Start- und Landebahnen. Bei der Ankunft findet man ein breites Angebot mit rund 120 Shops und Lokalen vor – das Herzstück bildet ein 9000 Quadratmeter großer Marktplatz im Zentrum des Hauptterminals.

Verbindungen: Der BER verfügt über einen **Bahnhof** mit drei Bahnsteigen direkt unter dem Terminal in Ebene U2. Von hier aus erreicht man mit dem **Airport Express** und Regionalbahnen insgesamt viermal pro Stunde den Berliner Hauptbahnhof. Die Fahrtzeit beträgt 30 Minuten. Zusätzlich verbinden die S-Bahn-Linien S45 und S9 den BER jeweils alle 20 Minuten mit dem Stadtzentrum. Die Bahnstation heißt »Flughafen BER – Terminal 1-2«. Der einstige Bahnhof Berlin-Schönefeld Flughafen heißt jetzt „Flughafen BER – Terminal 5". Zwischen beiden Stationen fahren die S-Bahnen im Zehn-Minuten-Takt, Busse im Fünf-Minuten-Takt. Folgende Züge verbinden den BER mit der Innenstadt: FEX (Hauptbahnhof und Ostkreuz, alle 30 Minuten), RE7 (Dessau-Berlin-Stadtbahn-BER T1-Wünsdorf-Waldstadt, stündlich), RB14 (Nauen-Berlin-Stadtbahn-BER T1, stündlich), RB22 (Potsdam-BER T1-

Königs Wusterhausen, stündlich), S9
(Spandau–Stadtbahn–BER T5–BER T1, alle
20 Minuten), S45 (Südkreuz–BER T5–BER T1,
alle 20 Minuten). Mit dem **Taxi** gelangt man
je nach Tageszeit in ca. 40 bis 60 Minuten in
die Innenstadt.

Über einen eigenen **Autobahnanschluss** der
A113 (Abfahrt Nr. 8, »Flughafen Berlin Brandenburg«) besteht eine direkte Anbindung
vom BER T1-T2 an die Berliner Innenstadt
sowie über den Berliner Ring A10 in das weitere Einzugsgebiet. Das BER T5 ist weiterhin
über die Anschlussstelle Nr. 7, »Schönefeld–Süd«, und die B96a zu erreichen. Am
BER stehen Passagieren und Besuchern
mehr als 10 000 Parkplätze zur Verfügung –
sie können vorab unter https://ber.ber-
lin-airport.de gebucht werden.
Zentrale Fluginfo: Tel. 030 6 09 16 09 10,
www.berlin-airport.de

Bahn

Berlin ist aus allen Richtungen mit IC, ICE
und EuroCity erreichbar. Die Fahrtzeit von
Frankfurt und München beträgt viereinhalb
bis fünf Stunden. Der wichtigste Knoten-
punkt ist der Hauptbahnhof, der größte
Bahnhof Europas. Je nach Fahrtziel halten
Fernzüge aber auch am Ostbahnhof und
dem Bahnhof Spandau, am Gesundbrunnen
(Wedding), Südkreuz (Tempelhof), Ostkreuz
(Friedrichshain) und am Bahnhof Zoologischer Garten. Fahrplan- und Tarifauskunft
bekommen Sie unter Tel. 0180 6 99 66 33
(0,20 € pro Anruf aus dem dt. Festnetz, max.
0,60 € vom Handy) oder www.bahn.de.

Auto

Autobahnen führen von Hamburg und
Rostock (A 24), Hannover (A 2), von München
über Leipzig (A 9), von Dresden (A 13),
Frankfurt/Oder (A 12) und Stettin (A 11) nach
Berlin. Vom Berliner Ring A 10 führen
Zubringer in die einzelnen Bezirke und auf
die Stadtautobahn A 100.

Bus

Die meisten Überlandbusse kommen am
Zentralen Omnibusbahnhof (ZOB, Masuren-
allee 4–6) in der Nähe des Messegeländes
an. Marktführer ist Flixbus (www.flixbus.de),

Roadjet (www.roadjet.de) bietet Premi-
um-Busreisen. Auskunft: Tel. 030 30 10 01
75 oder www.zob.berlin.

UNTERWEGS IN BERLIN

Öffentlicher Nahverkehr
Verkehrsmittel: Berlin hat ein ausgezeich-
netes System mit U-, S-Bahn, Bus- und
Straßenbahnlinien. Es gibt 173 U-Bahnhöfe,
zehn U-Bahn-Linien fahren zwischen 4 Uhr
morgens und 1 Uhr nachts. In den Nächten zu Samstag, Sonntag und Feiertagen
besteht ein 24-Stunden-Betrieb. Strecken,
die nicht von der U-Bahn versorgt werden,
übernehmen Nachtbusse. Eine Ringlinie
läuft in beide Richtungen um die Innenstadt.
Besonders schnelle MetroBus- und Metro
Tram-Linien ergänzen die U- und S-Bahn.
Fahrkarten: Es gibt drei Tarifzonen: A für
den Bereich innerhalb des S-Bahn-Rings,
B endet am Stadtrand, und C erfasst das
Umland. Mit dem Fahrschein AB kann man in
ganz Berlin herumfahren. Einzelfahrscheine
sind zwei Stunden lang gültig, aber nicht für
Hin- und Rückfahrt. Für drei Stationen mit
der U-Bahn oder S-Bahn und bis zu sechs
Stationen mit Bus oder Tram (ohne Umsteigen) genügt eine Kurzstreckenkarte. Man
kauft sie an den Automaten in den Bahnsta-
tionen und in der Straßenbahn sowie beim
Busfahrer – und überall, wo »BVG-Karten«
angeboten werden. Für Fahrräder braucht
man einen Fahrschein des Fahrradtarifs;
für größere Hunde gilt der ermäßigte Tarif.
Zeitkarten gibt es von einem bis zu sieben
Tagen. Gültig ist eine Fahrkarte nur, wenn
sie an den roten Stempelsäulen auf dem
Bahnsteig entwertet worden ist. Schwarz-
fahren kostet 60 €.

Sightseeing
Stadtrundfahrten: Zahlreiche Firmen
bieten Stadtrundfahrten an. Sie starten
am Kurfürstendamm (z. B. Ecke Fasanenstraße, gegenüber dem Breitscheidplatz
und gegenüber dem Europa-Center) oder
Unter den Linden (Ecke Friedrichstraße) und
dauern 1,5 bis 3 Stunden. Die Rundfahrten
werden live, manchmal zweisprachig, kom-
mentiert. Häufig kann man den Kommentar

über Kopfhörer in mehreren Sprachen hören. Anbieter sind z.B. Faszination Stadtrundfahrt (www.faszination-stadtrundfahrt.com), Berlin Tour and Guide (www.berlin-tour-and-guide.de), Berlin City-Tour (www.berlin-city-tour.de).

Touren zu Fuß: Unterhaltsam und spannend zugleich sind auch Rundgänge zu Fuß, die zu den unterschiedlichsten Themen angeboten werden, durch die historische Stadt, zu Ministerien oder Botschaften, über berühmte Friedhöfe, durch einzelne Bezirke oder auf Dichterspuren. Einer der vielseitigsten Anbieter ist StattReisen (www.stattreisen berlin.de).

Auto

Der Parkplatzmangel in Berlin ist groß. Es gibt in den Zentren keine kostenlose Parkplätze; 15 Min. kosten zwischen 0,25 und 0,75 €. Während man spät abends und sonntags in vielen Gegenden gratis parken kann, sind Parkplätze in der Innenstadt tägl. 24 Stunden kostenpflichtig. Innerhalb des S-Bahn-Rings benötigt man die grüne Umweltplakette; einige Straßen sind für Dieselfahrzeuge gesperrt.

Taxi

Taxis stehen an Flughäfen, Bahnhöfen, Einkaufszentren und vor Hotels, können aber auch herangewunken werden. Der Grundpreis beträgt 3,90 Euro, die ersten 7 km kosten 2,30 € pro km, jeder weitere 1,65 €. Der Kurzstreckentarif von 6 € für max. 2 km wird nur angewendet, wenn man das Taxi heranwinkt. Die großen Berliner Taxizentralen sind zu erreichen unter Tel. 030 20 20 20 (Taxi Berlin), 030 21 01 01 (Würfelfunk) und 030 44 33 22 (TaxiFunk Berlin).

Fahrrad

Fahrradverleih: In Kooperation mit der Deutschen Bahn stehen 3500 Lidl-Bikes über die ganze Innenstadt verteilt. Nach einmaliger Anmeldung, z.B. unter www.callabike.de, können die Räder per Handy (Nummer am Fahrrad) gemietet und wieder zurückgegeben werden. Die Abrechnung erfolgt bargeldlos. Fahrradverleihe gibt es auch in jedem zentralen Stadtbezirk, u.a.

Eine Besonderheit ist die Buslinie 100 – mit der Gelegenheit zu einer Stadtrundfahrt für eine einfache BVG-Fahrkarte. In etwa 25 Minuten fährt der gelbe Doppeldecker an allen wichtigen Sehenswürdigkeiten vorbei: Auf der Route vom Alexanderplatz entlang Unter den Linden, am Reichstag und Schloss Bellevue vorbei zum Bahnhof Zoologischer Garten werden Architektur, Politik und Zeitgeschichte lebendig. Mit der Linie 200 fährt ein ebenso beliebter Bus vom Bahnhof Zoo über den Potsdamer Platz zum östlichen Prenzlauer Berg.

bei der Fahrradstation in Mitte, Auguststr. 29a, Tel. 030 23 45 82 50, Dorotheenstr. 30, Tel. 030 28 38 48 48, in Kreuzberg Bergmannstr. 9, Tel. 030 2 15 15 66, in Charlottenburg, Goethestr. 46, Tel. 030 93 95 27 57, www.fahrradladen-berlin.info

Velotaxis: In der Innenstadt rollen High-tech-Dreiräder als Velotaxis. Man winkt sie heran oder bestellt sie unter Tel. 0163 3 07 72 97 bestellen.

Helikopter

Berlin aus der Luft: Air Service Berlin, Tel. 030 53 21 53 21, www.air-service-berlin.de

Schiff

Fast 200 km Wasserwege werden von großen und kleinen Reedereien für Rund- und Ausflugsfahrten genutzt. Die riesige Fülle der Angebote reicht von Fahrten durch das historische Berlin über City-Rundfahrten, Sieben-Seen-Rundfahrt, Fahrten nach Köpenick und Potsdam bis zu Schleusen in Brandenburg und Nachtfahrten. Die größten Reedereien sind die Stern und Kreisschiffahrt mit Verkaufsbüro im Hafen Treptow (Tel. 030 5 36 36 00, www.SternundKreis.de) und die Reederei Riedel (Tel. 030 62 93 14 70, www.reederei-riedel.de). Informationsbroschüren gibt es bei den Touristeninfomationen.

Hotelbetriebe: Knapp 800 Herbergen garantieren eine große und gute Auswahl. Aber immer noch wächst das Angebot, vor allem in der Luxuspreisklasse und bei günstigen Hostels für Rucksackreisende. Es gibt Designer-, Frauen- und Gartenhotels.

Fast alle Hotels in Berlin-Mitte sind in den vergangenen 15 Jahren entstanden oder zumindest modernisiert worden. Die meisten Backpacker-Hostels liegen in den Szenebezirken Kreuzberg, Friedrichshain und Prenzlauer Berg.

Hotels um den Kurfürstendamm herum offenbaren teilweise Traditionen der Vergangenheit, in der sich Stars und Sternchen nicht nur zu den Filmfestspielen in recht pompöse Suiten logierten. Etagenpensionen mit fürsorglichen Pensionsmüttern sind ebenso wenig verschwunden wie Plüschsofas.

Berlin wirbt im In- und Ausland mit seiner großen schwul-lesbischen Szene und deren Festen und hat sogar eine spezielle LGBT-Hotelkollektion, die Pink Pillow Berlin Collection, ins Leben gerufen.

Rund 300 Partnerhotels von Visit Berlin können Sie telefonisch unter Tel. 030 25 00 23 23 buchen oder auf www.visitberlin.de. Von der Webseite kann man außerdem ein Hotelverzeichnis runterladen. Alle anderen Hotels können Sie ebenfalls selbst im Internet buchen.

Ferienwohnungen: Gästezimmer und Wohnungen, mit und ohne Familienanschluss, werden auch privat angeboten. Die Agentur »Gast in Berlin« vermittelt Ferienwohnungen und Privatzimmer (Mörchinger Straße 43c, 14169 Berlin, Tel. 030 81 05 90 18, www.gast-in-berlin.de). Sehr populär sind die Angebote von Airbnb – allerdings umstritten, da sie dem überlasteten Mietwohnungsmarkt viele Wohnungen entziehen (www.airbnb.de).

Hotelpreise: Die Hotelpreise in Berlin sind – verglichen mit denen in anderen europäischen Hauptstädten – günstig. Wenn man von Großveranstaltungen wie Messen etc. absieht, ist die Chance außerdem gut, besondere Konditionen auszuhandeln.

Übernachtungspreise

Für ein Doppelzimmer pro Nacht mit Frühstück

€	unter 70 €
€€	70–120 €
€€€	120–180 €
€€€€	über 180 €

Hotelempfehlungen

acksel Haus Berlin €€€/€€€€

Ein sehr schönes, privat geführtes kleines Hotel in bester Prenzlberg-Lage. Nur ein paar Gehminuten trennen es vom Wasserturm mit seinen Cafés und Restaurants und vom Kollwitzplatz. Die Zimmer (meist in Apartmentausstattung) sind individuell gestaltet: Im Afrika-Zimmer schläft man von Tiermotiven umgeben, das Zimmer »Movie« teilt man mit Leinwandgrößen in Bilderrahmen. Im Sommer lädt der begrünte hübsche Innenhof zum Ausruhen auf dem Diwan ein.

225 F4 ✉ Belforter Str. 21 ☎ 030 44 33 76 33 ⊕ www.ackselhaus.de 🚊 Senefelder Platz

Adlon Kempinski €€€€

Albert Einstein, Charlie Chaplin und Thomas Mann waren im alten legendären Adlon zu Gast. Im wieder aufgebauten neuen sorgte Michael Jackson für Furore. Die Üppigkeit goldener Zeiten herrscht hier unverändert, livrierte Butler tragen die Koffer, die Zimmer und Suiten strahlen in güldenem Prunk und zeitgemäßem Luxus. Aus der Suite blickt man aufs Brandenburger Tor.

224 B2 ✉ Unter den Linden 77 ☎ 030 2 26 10 ⊕ www.kempinski.com 🚊 Brandenburger Tor

Alexander Plaza €€/€€€

Die Zimmer des in Mitte gelegenen Stadthotels sind schallisoliert und in angenehm warmen Rot- und Brauntönen gehalten. Von der Stadtbesichtigung kann man sich in der hauseigenen Sauna erholen oder sich im Fitnessraum für den Abend stählen.

225 D3 ✉ Rosenstr. 1 ☎ 030 24 00 10 ⊕ www.hotel-alexander-plaza.de 🚊 Hackescher Markt

Arcotel John F €€/€€€

Zwischen Auswärtigem Amt und Friedrichswerderscher Kirche erinnert das Themenhotel in Einrichtung und Ausstattung an eine Politikerlegende. Amerikanischer Pomp paart sich mit elegantem Design.
✛ 225 D1 ✉ Werderscher Markt 11
☎ 030 40 50 460 ⊕ www.arcotel.com
🚇 Hausvogteiplatz

Arte Luise Kunsthotel €€/€€€

Ob einfaches Mansardenzimmer mit Etagendusche oder Suite mit Wannenbad – hinter jeder Tür findet man eine andere Welt oder: Jedes Zimmer ist ein Kunstwerk. Man kann sich u.a. für die Variante »Spitzweg« entscheiden und ruhen wie Der arme Poet.
✛ 224 B3 ✉ Luisenstr. 19
☎ 030 28 44 80 ⊕ www.luise-berlin.com
🚇 Oranienburger Str.

Casa Camper €€€/€€€€

Dieses Design-Hotel ist so eigenwillig wie die Schuhmode der Gruppe und nur wenige Schritte vom Hackeschen Markt entfernt. Die Zimmer sind kreativ und mit viel Sinn fürs Detail ausgestattet. Etwas Besonderes ist die Lounge im obersten Stock, wo man sich rund um die Uhr mit gratis Snacks und Getränken versorgen kann.
✛ 224 D3 ✉ Weinmeisterstr. 1
☎ 030 20 00 34 10
⊕ www.casacamper.com
🚇 Weinmeisterstr.

Die Fabrik €

Eine ehemalige Fabrik aus dem späten 19. Jh. ist auf fünf Etagen zu einem einfachen, aber charmanten Hotel geworden. Je nach Kassenlage können Gäste in günstigen Schlafsälen nächtigen oder im Doppelzimmer. Frühstück und alle weiteren Mahlzeiten in Kreuzberg-Atmosphäre gibt es im angeschlossenen Fabrik-Café.
✛ 230 C2 ✉ Schlesische Str. 18
☎ 030 6 11 71 16 ⊕ www.diefabrik.com
🚇 Schlesisches Tor

Ellington €€

Ein Haus mit Vergangenheit in Ku'dammnähe: Hier spielten einst Louis Armstrong, Ella Fitzgerald und Duke Ellington in der legendären »Badewanne«. In den 70er-Jahren feierten Bowie & Co im nicht minder bekannten »Dschungel«.
✛ 226 C3 ✉ Nürnberger Str. 50–55
☎ 030 68 31 50 ⊕ www.ellington-hotel.com
🚇 Wittenbergplatz

Flower's Boardinghouse Mitte €€

Die großzügig ausgestatteten Apartments in unmittelbarer Nähe des Hackeschen Marktes, sind eine echte Alternative zum Hotel für alle, die sich in Berlin »wie zu Hause« fühlen möchten. Morgens gibt es Tee, Kaffee, Croissants und frische Brötchen gratis zum Mitnehmen an der Rezeption.
✛ 225 E4 ✉ Mulackstr. 1
☎ 030 2 88 82 70 ⊕ www.flowersberlin.com
🚇 Weinmeisterstr.

Garden Boutique Hotel €€/€€€

Liebevoll restaurierte Remisen-Apartments rund um einen Hofgarten. Statt Verkehrslärm hört man hier Wasserplätschern zum Frühstück und Froschquaken am Abend.
✛ 224 C4 ✉ Invalidenstr. 122
☎ 030 28 44 55 77 ⊕ www.gardenhotel berlin.de 🚇 Naturkundemuseum

Grand Hyatt Berlin €€€€

Im Luxushotel sind moderne Kunst, zeitgenössisches Design und edle Materialien Konzept. Grandios ist der Club Olympus Spa & Fitness in der siebten Etage: Man schwimmt im Pool, Berlin vor Augen. Gleich zwei Restaurants sorgen für gehobene Gaumenfreuden. Auf einen Absacker geht es dann in die schicke Vox Bar.
✛ 228 A4 ✉ Marlene-Dietrich-Platz 2
☎ 030 25 53 12 34 ⊕ www.berlin.grand. hyatt.com 🚇 Potsdamer Platz

Hecker's Hotel €€/€€€

Die Doppelzimmer sind mit begehbarem Kleiderschrank, Kitchenette und Marmorbad ausgestattet. Themensuiten sind im Kolonial-, Bauhaus- oder Toskanastil gehalten.
✛ 226 B3 ✉ Grolmannstr. 35
☎ 030 8 89 00 ⊕ www.heckers-hotel.com
🚇 Savignyplatz

Hotel de Rome €€€€

Luxusreisende erwartet in den Räumen der ehemaligen Dresdner Bank nicht nur Ein- und Auspackservice, La Banca Bar und ein gutes italienisches Restaurant. In den einstigen Tresorräumen befindet sich heute ein stilvolles Schwimmbad.

✈ 224 C2 ✉ Behrenstr. 37
☎ 030 4 60 60 90
🌐 www.roccofortehotels.com
🚇 Französische Str.

Hotel Stadtbad Oderberger €€/€€€

Nur wenige Schritte von der Kulturbrauerei entfernt liegt eines der originellsten Hotels der Stadt, das ein historisches Stadtbad von 1898 in seine Architektur integriert. Zimmer und Suiten mit Eichenparkett und stilvollen Möbeln sorgen für Wohlfühlatmosphäre.

✈ 225 E5 ✉ Oderberger Str. 57
☎ 030 7 80 08 97 60
🌐 www.hotel-oderberger.berlin
🚇 Eberswalder Str.

Lette'm sleep €

Backpacker-Hostel mitten im Prenzlauer Berg. In mit hellem Holz möblierten Zimmern haben bis zu zehn Personen Platz; Bäder und Toiletten sind auf dem Flur; es gibt auch Zweibettzimmer.

✈ 225, nördl. F5 ✉ Lettestr. 7
☎ 030 44 73 36 23 🌐 http://lettemsleep hostel.berlin 🚇 Eberswalder Str.

Novum Hotel Gates €/€€

Das 3-Sterne-Businesshotel befindet sich in einem teils denkmalgeschützten Haus aus dem 19. Jh., durch dessen schönes Treppenhaus früher Stars wie Claudia Cardinale und Marlon Brando stiegen.

✈ 226 B4 ✉ Knesebeckstr. 8-9
☎ 030 31 10 60 🌐 www.novum-hotels.de
🚇 Ernst-Reuter-Platz

Pullman Schweizerhof €€€/€€€€

Vom modernen Businesshotel am Bahnhof Zoo blickt man auf den Zoo oder in den grünen Innenhof. Alle Zimmer sind stilvoll gestaltet, Businesszimmer bieten reichlich Arbeitsplatz. Im großzügigen Hotel-Pool lässt sich die Hektik der Metropole vergessen.

✈ 227 A3 ✉ Budapester Str. 25
☎ 030 2 69 60 🌐 www.pullmanhotels.com/ berlin 🚇 Zoologischer Garten

Radisson Blu Hotel €€€

Zimmer mit Meerblick? Fast! Im Atrium des Hotels ragt ein 25 m hohes Rundaquarium mit tropischen Fischen empor.

✈ 225 D2 ✉ Karl-Liebknecht-Str. 3
☎ 030 23 82 80 🌐 www.radissonblu.de
🚇 Alexanderplatz

ESSEN & TRINKEN

Buletten, Eisbein mit Erbspüree, Leber mit Apfelringen und Zwiebeln? Berlins traditionelle Küche wird in der Gastronomie nur noch selten angeboten. Die moderne Küche heißt Crossover und ist mindestens asiatisch beeinflusst. Sie erobert nicht nur die traditionellen Imbisse, sondern auch die Sterne-Restaurants, von denen es 24 gibt.

Berlin ist Deutschlands Gourmet-Hauptstadt schlechthin. 25 Berliner Restaurants wurden 2020 vom Restaurantführer Michelin ausgezeichnet, davon 18 mit einem Stern, fünf mit zwei Sternen und eines mit drei Sternen. Mit Präzision, Purismus und Fantasie kreieren Spitzenköche wie Marco Müller, Tim Raue und Sebastian Frank kulinarische Kunstwerke und servieren sie im durchgestylten Ambiente, begleitet von ausgesuchten Weinen.

Typisch für Berlin ist heute, dass man italienisch, türkisch, griechisch, spanisch, französisch, mexikanisch und brasilianisch, afrikanisch, australisch und amerikanisch, chinesisch, vietnamesisch und japanisch essen kann. Auch vegetarisch und vegan wird in Berlin viel gekocht, mittlerweile auch auf Gourmet-Niveau. Und sogar das erste Paleo-Restaurant Deutschlands findet sich hier: Dort isst man wie einst die Steinzeitmenschen.

Alte Berliner Rezepte sind seit einiger Zeit besonders in Szene-Restaurants groß in Mode. Junge Köche geben ihnen neuen Pfiff und verarbeiten bevorzugt Bio-Gemüse sowie Fisch und Fleisch aus der Region. Sobald die Sonne scheint, stellen Berliner Wirte ihre Tische vor die Tür oder in den

Garten. In der Stadt lässt es sich herrlich im Freien sitzen. Viele Restaurants in der Innenstadt sind den ganzen Tag über geöffnet, andere erst abends ab 18 Uhr. Ausflugslokale mit schöner Aussicht liegen an der Havel (Moorlake, Blockhaus Nikolskoe) und an der Spree (Klipper in Treptow).

Legendär ist Berlins Imbisskultur. Die Currywurst, 1949 in Erinnerung an amerikanische Spareribs mit Ketchup »erfunden«, hat kalte Buletten wie warme Bockwürste schnell und nachhaltig vom angestammten ersten Platz verwiesen. Wer in Berlin eine Currywurst bestellt, muss die Frage: »Mit oder ohne?« beantworten. Also mit oder ohne Pelle beziehungsweise knackig oder labbrig. Sogar zur Berühmtheit hat es ein Currywurststand gebracht: Konnopke in Prenzlauer Berg. Kreuzberger bevorzugen ihre Wurst bei Curry 36 am Mehringdamm; wer Bio-Wurst möchte, geht zum Bioland-Imbiss Wittys am Wittenbergplatz.

Noch beliebter als die Currywurst ist mittlerweile der Döner: ein Stück Fladenbrot, etwas geschnetzeltes Fleisch, Salat, Zwiebeln, Kohl und vielleicht noch ein Schuss Knoblauchsoße, fertig ist die schnelle Mahlzeit. Inzwischen gibt es auch eine vegetarische Variante. Belegte Bagels, exotische Suppen und asiatische Imbisse holen auf. Etwas Besonderes ist sicher, dass man in den Berliner Cafés fast immer bis 16 Uhr frühstücken kann, manchmal auch noch länger. Viele bieten sonntags Buffets an, bei denen man zum festen Preis essen kann, so lange man mag.

Und was trinkt man nach Sonnenuntergang? Meist Bier. Die Berliner-Kindl-Schultheiss-Brauerei ist die einzig verbliebene Großbrauerei, doch mittlerweile gibt es auch viele neue Mikrobrauereien. Die Berliner Weiße, ein Weizenbier, wird mit heute Schuss - grün mit Waldmeister- oder rot mit Himbeersirup - aus großen Schalen und mit Strohhalm getrunken. Puristen mögen mit den Augen rollen (erst recht, wenn das Getränk fertig gemixt aus der Flassche kommt), doch dank geringem Alkoholgehalt ist die Weiße ein erfrischendes Sommergetränk – gleichwohl wurde sie inzwischen vom bayerischen Weißbier in der Popularität überholt.

Essenspreise

AUSGEHEN

Um 3000 Veranstaltungen jeden Tag machen die Auswahl schwer. Ohne spezielle Programmtipps kommen daher auch Berliner nicht aus.

Drei große Opernhäuser, etwa 50 Theater und viele Kleinkunstbühnen, mehr als ein Dutzend Kabaretts, eine zunehmende Zahl von Literatursalons und Lesebühnen, hunderte von Bars und Diskotheken und im Sommer unzählige Freiluftveranstaltungen und Kinos unter freiem Himmel fordern von Ausgehfreudigen Entscheidungsstärke. Es gibt zahlreiche Comedy-Clubs – Kookaburra im Prenzlauer Berg (Schönhauser Allee 184) gehört zu den Pionieren.

Theater
Berlins umstrittenste Bühne ist die Volksbühne am Rosa-Luxemburg-Platz. Das Publikum erlebt hier spektakuläre Aufführungen, Gesellschaftskritik und junge Gastregisseure. Am Berliner Ensemble (Bertolt-Brecht-Platz 1) hat Oliver Reese 2017 die Intendanz von Claus Peymann übernommen, der das Haus 18 Jahre lang in der gesellschaftskritischen Tradition von Theatergründer Bertolt Brecht führte. Für die hohe Qualität eines Regietheaters wird das Deutsche Theater (Schumannstr. 13) gelobt, und die Schaubühne am Lehniner Platz (Kurfürstendamm 153) macht mit modernen, oft politisch und sozial engagierten Aufführungen von sich reden. Nicht zu vergessen sind die unzähligen Off-Bühnen, Puppentheater und Kindertheater, von denen das Grips (für Menschen ab sechs Jahren) in Tiergarten (Altonaer Str. 22) das berühmteste ist.

Musik
Musikfreunde gehen in Clubs und Bars. Feste Adressen für Unterhaltung sind außerdem die Arena in der Treptower Eichenstraße,

die Columbiahalle am Columbiadamm (Tempelhof), das Tempodrom (Möckernbrücke 10) und das Lido (Cuvrystr. 7) in Kreuzberg. Jazzfreunde finden eine seit Jahren stabile Szene im Westen der Stadt. Modern Jazz, Swing oder Blues kann man fast jeden Abend im Charlottenburger A-Trane (Bleibtreustr. 1) hören.

Klassiker für Livekonzerte und spontane Sessions ist ebenfalls in Charlottenburg das Quasimodo unter dem Delphi-Kino (Kantstr. 12a). In Kreuzberg wird in der Junction Bar (Gneisenaustr. 18) an allen Wochentagen musiziert und im Yorckschlösschen (Yorckstr. 15) von Mittwoch bis Sonntag. Wer in kurzer Zeit umfassende Eindrücke vom Berliner Szeneleben mitnehmen möchte, wählt zum Ausgehen die Orte mit der größten Thekendichte: die Torstraße in Mitte, die Simon-Dach-Straße in Friedrichshain, die Oranienstraße in Kreuzberg oder die Weserstraße in Neukölln.

Schwule und Lesben

Berlin rühmt sich einer offenen und großen Schwulen- und Lesbenszene. Sie prägt das Gesicht Schönebergs, wo es um Fugger-, Eisenacher und Motzstraße viele Bars und Cafés und auch regenbogengeschmückte Pommesbuden gibt. In den 1920er-Jahren war Schöneberg der bekannte Treffpunkt von Schwulen und Lesben. Szenetreffs findet man auch in Prenzlauer Berg in der Gleim- und Greifenhagener Straße und in Kreuzberg in der Oranienstraße und am Mehringdamm.

Parks

Ausgehen in Berlin muss nicht abends beginnen, rund 13 % der Stadtfläche sind öffentliche Grünanlagen, die vor allem im Sommer ausgiebig genutzt werden. Zentral liegt der winzige Monbijoupark am Hackeschen Markt. Hier lassen sich Angestellte in der Mittagspause, Mütter mit Kindern und erschöpfte Touristen im Gras nieder. Es gibt einen kleinen Sportplatz und eine Strandbar am Spreeufer. Hauspark der Studenten und jungen Bewohner von Prenzlauer Berg und Friedrichshain ist der Volkspark Friedrichshain (U-Bahn: Strausberger Platz). Das Restaurant Schönbrunn und der Biergarten locken bis in die Nacht. Und wenn die Picknickgäste, die den Viktoriapark in Kreuzberg tagsüber bevölkern, längst im Bett sind, hört man noch Bongo-Trommeln mit Nachtigallen um die Wette musizieren. Dann beginnt die Nacht im Golgatha jedoch noch lange nicht.

Veranstaltungsüberblick

Die Programmzeitschrift »tip« erscheint 14-tägig. Für jeden Tag sind Kinoprogramme, Theater-, Musikveranstaltungen, Lesungen, Vorträge und Partys auf-geführt. Es gibt Tagestipps, Adressen, Informationen zu Führungen, Märkten, Kinderveranstaltungen, Kunstausstellungen und vieles mehr. Eine Veranstaltungsauswahl findet man auch in den Tageszeitungen.

Vorverkauf

Theaterkassen gibt es beispielsweise bei Galeria Kaufhof am Alexanderplatz, im Gesundbrunnencenter sowie im S-Bahnhof Alexanderplatz und S-Bahnhof Friedrichstraße. Man kann bei den meisten Veranstaltungsorten anrufen und Karten reservieren, die eine halbe Stunde vor Veranstaltungsbeginn abgeholt sein müssen. Tickets ohne Vorverkaufsgebühr bekommt man bei den Berlin TouristInfos. Bei Hekticket (www.hekticket.de) gibt es nach 14 Uhr verbilligte Karten für Veranstaltungen am selben Tag. Der Ticketverkauf für Theater, Konzerte und Kabaretts findet sich im Bikini-Haus am Hardenbergplatz 1 und in der Alexanderstr. 1 (Hekticket-Büro im ADAC-Haus gegenüber Park Inn Hotel Berlin Alexanderplatz).

EINKAUFEN

Einkaufen gehört zu den Vergnügungen der meisten Berlin-Besucher. Neben den klassischen Geschäftsstraßen Kurfürstendamm und Friedrichstraße locken kleine Läden mit ausgefallenen Angeboten.

Öffnungszeiten

Die meisten Geschäfte sind Mo-Sa von 10–20 Uhr geöffnet. Läden, die touristischen

Bedarf führen, dürfen auch sonntags öffnen. Abseits der Einkaufsstraßen werden Geschäfte auch erst um 11 oder 12 Uhr geöffnet oder schon um 19 Uhr geschlossen. Die Öffnungszeiten der Banken unterscheiden sich je nach Filiale, sie öffnen zwischen 8 und 10 Uhr und schließen zwischen 16 und 20 Uhr. Viele Supermärkte bieten Öffnungszeiten bis 22 oder sogar 24 Uhr. Eine Besonderheit in Berlin sind die Spätkäufe, kurz »Späti« genannt, kleine Geschäfte, die oft erst abends aufmachen und bis zum frühen Morgen Bier, Wein und Basisartikel verkaufen. In Berlin gibt es acht verkaufsoffene Sonntage, an denen Geschäfte von 13 bis 20 Uhr geöffnet sein dürfen. Die meisten finden während wichtiger Messen, Feste oder anderer Großveranstaltungen statt.

Souvenirs

Fast jeder Berlin-Besucher nimmt ein Andenken mit nach Hause. Schließlich warten Bären auf neue Besitzer. Brandenburger Tore als Aschenbecher, Bierkrüge mit Wappen, T-Shirts und Ost-Ampelmännchen werden in großen Mengen verkauft, und die Produzenten angeblich echter Mauerstücke haben immer noch gut zu tun. Origineller sind Mitbringsel Berliner Designer, die man z.B. in der Bergmannstr. in Kreuzberg oder in der Kastanienallee im Prenzlauer Berg findet. Edles Porzellan aus einst königlicher Manufaktur (KPM), erhältlich im Flagship-Store in der Wegelystr. 1 (Tiergarten) und weiteren Geschäften, gehört zu den wertbeständigeren Souvenirs.

Mode und Design

Modisches von Designern aus aller Welt wird am Ku'damm und in der Friedrichstraße verkauft. In der Kastanienallee im Prenzlauer Berg, in der Schlüterstraße in Charlottenburg, in der Alten und der Neuen Schönhauser Straße in Mitte findet man viele kleine Modeläden und witzige Berliner Labels. Neue Formen für Praktisches in Küche und Bad schaffen Designer, deren Läden am Winterfeldtplatz und in der Goltzstraße in Schöneberg, in der Bergmannstraße in Kreuzberg und in der Kastanienallee in Prenzlauer Berg liegen.

Kunst

Kunst finden Interessierte in weit mehr als 400 Galerien. Maler, Bildhauer, Fotografen und Objektkünstler aus aller Welt sind zu entdecken. Die meisten zeigen ihre Arbeiten um August-, Oranien-, Linien- und Torstraße. Auch in Kreuzberg zwischen Checkpoint Charlie und dem Jüdischen Museum sowie entlang der Potsdamer Straße haben sich Kunstquartiere etabliert. Im Westteil der Stadt findet man nördlich des Kurfüstendamms zwischen Giesebrecht- und Uhlandstraße besonders viele Galerien.

Märkte

Mehr als 100 Märkte werden jede Woche in Berlin abgehalten, meist kleine und große Wochenmärkte. Fast jeder Bezirk hat zudem seinen Trödel- oder Flohmarkt, der meist am Sonntag stattfindet. Berlins größter und ältester Flohmarkt läuft jedes Wochenende entlang der Straße des 17. Juni (Sa/So 10–17 Uhr). An den Trödelmarkt schließt sich ein Kunst- und Kunsthandwerkermarkt an. Das Pendant im Osten ist der Flohmarkt am Mauerpark (So 9–17 Uhr), außerdem gibt es einen am Arkonaplatz (So 10–16 Uhr) und am Boxhagener Platz (So 10–18 Uhr). Die Museumsinsel dient als Kulisse für den Antik- und Buchmarkt am Bode-Museum Kupfergraben (Sa/So 10–17 Uhr). Auch am Ostbahnhof gibt es einen Antikmarkt (So 9–17 Uhr). Eine der schönsten Markthallen befindet sich in Kreuzberg am Marheinekeplatz. Sehr hip im gleichen Stadtteil ist auch die Halle Neun mit eigener Gastronomie und Streetfood-Thursday. Die größten und beliebtesten Wochenmärkte finden am Maybachufer, am Winterfeldtplatz in Schöneberg (Mi und Sa vormittags) und am Kollwitzplatz im Prenzlauer Berg (Do nachmittags und Sa bis 16 Uhr) statt.

VERANSTALTUNGSKALENDER

JANUAR

Berliner Neujahrslauf: Die Vier-Kilometer-Tour startet am Brandenburger Tor.
Internationale Grüne Woche: Bei der Messe für Landwirtschaft und Ernährung kann man internationale Häppchen probieren.

Fashion Week: Messen, Modeschauen und viele Events locken Modefans in die Stadt.
Sechs-Tage-Rennen: Das traditionelle (gut besuchte) Berliner Radrennen wird auch Sixdays genannt.

FEBRUAR
Internationale Filmfestspiele: Die Festspielkinos zeigen Filme aus aller Welt.

MÄRZ
Festtage: In der Staatsoper Unter den Linden ist große Oper zu genießen.
Internationale Tourismusbörse: Die weltgrößte Reisemesse lockt von Halle zu Halle.
MaerzMusik: Festival für zeitgenössische Musik.

APRIL
Gallery Weekend: Rund 50 hochkarätige Galerien zeigen Besuchern die Kunstszene.

MAI
MyFest: Buntes Straßenfest in Kreuzberg am 1. Mai mit Musik, Comedians und Kulinarik.
Theatertreffen: Auf vielen Bühnen zeigen ausgewählte Gäste ihre Produktionen.
Karneval der Kulturen: Es gibt Tanz, Musik, Kunst, Kultur aus der ganzen Welt.
Pyronale: Sechs internationale Mannschaften zeigen Feuerwerkskunst vor der Kulisse des Olympiastadions.

JUNI
Fête de la Musique: Auf hunderten Bühnen wird umsonst und draußen musiziert.
Berlin Biennale: Alle zwei Jahre stattfindendes Forum für zeitgenössische Kunst.

JULI
Christopher Street Day: Regenbogenfahnen flattern bei der Parade, vor allem in Schöneberg rund um den Nollendorfplatz.
Classic Open Air: Auch der Gendarmenmarkt wird zum Konzertsaal.

Deutsch-Amerikanisches Volksfest: Die Alliierten wurden 1994 verabschiedet, aber das alte Berlin feiert weiterhin.

AUGUST
ISTAF: Die weltbesten Leichtathleten treffen sich im Olympiastadion.
Lange Nacht der Museen: Mehr als 100 Museen locken bis spät in die Nacht mit Konzerten, Lesungen, Theater, Ausstellungen.
Tag der offenen Ministerien: Einmal hinter die Kulissen der Bundesregierung blicken.

SEPTEMBER
Berlin Art Week: Hunderte Galerien zeigen zeitgenössische Kunst
Pop-Kultur: An vielen Orten finden Festivals, Konzerte und Club-Nächte statt.
Internationale Funkausstellung: Zu sehen ist die Technik der Zukunft.
Bread & Butter: Modemesse mit rund 50 internationalen Labels und Musik-Events.
Berlin-Marathon: Die Zahl der Läufer wächst von Jahr zu Jahr.
Festival of Lights: Event mit Licht-Shows.
Internationales Literaturfestival: Prosa und Lyrik von rund 200 Autoren aus aller Welt.

OKTOBER
Deutschland-Fest: Der 3. Oktober wird als Tag der deutschen Einheit gefeiert.

NOVEMBER
Jazzfest: Seit 1964 treffen sich Jazzgrößen bei dem traditionsreichen Musikfestival.
Boot & Fun Berlin: Niemals wird so deutlich wie hier, dass Berlin am Wasser liegt.

DEZEMBER
Weihnachtsmärkte: Die schönsten Märkte finden in der Sophienstraße, auf dem Gendarmenmarkt und um den Richardplatz statt.
Silvesterparty: Jedes Jahr findet ein großes Fest rund um das Brandenburger Tor statt.

Cityatlas

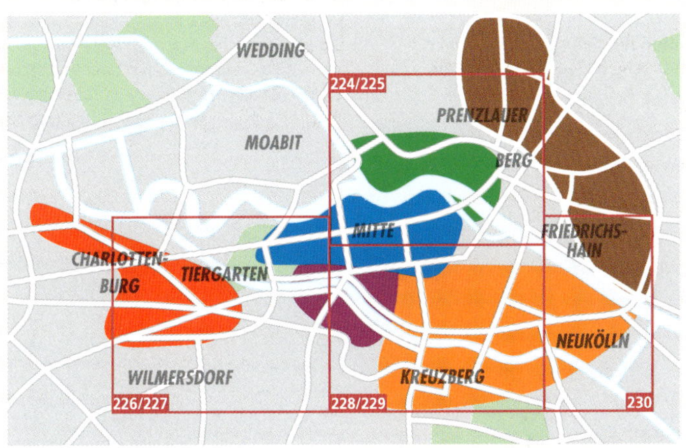

Legende

Information		Hallenbad; Freibad	
Museum		Parkplatz	
Theater, Oper		Ehemalige Sektorengrenze (Berliner Mauer)	
Denkmal, Monument		Zoo	
Krankenhaus		U-Bahn mit Station	
Polizei		S-Bahn mit Station	
Post		Fußgängerzone	
Kirche; Kapelle		Öffentliches Gebäude/ Bemerkenswertes Gebäude	
Synagoge			
Sehenswürdigkeit		TOP 10	
Turm		Nicht verpassen!	
Ablegestellen Schiffsverkehr		Nach Lust und Laune!	

1 : 17 600

0	500	1000 m
0	500	1000 yd

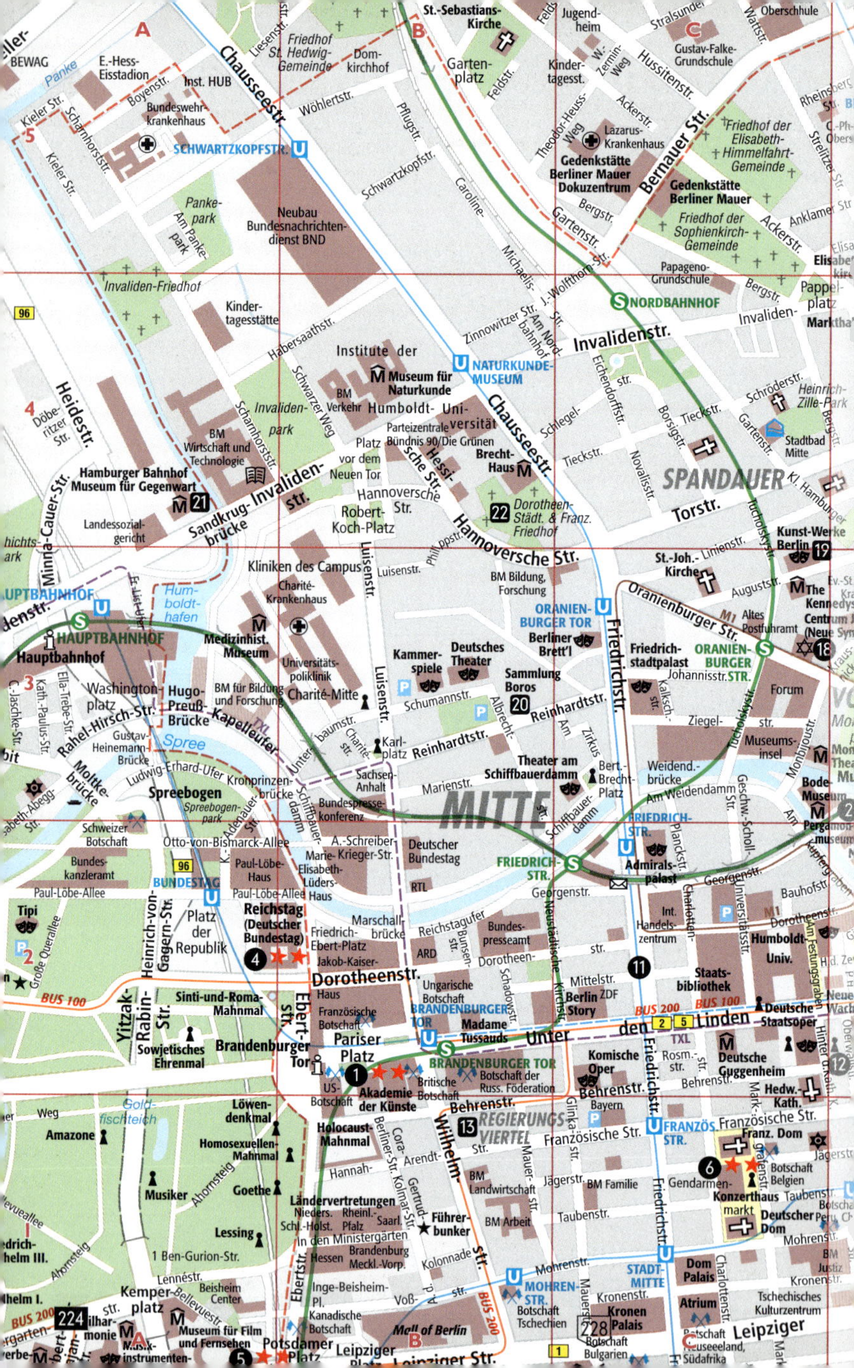

BEWAG
Panke
E.-Hess-Eisstadion
Inst. HUB
Bundeswehrkrankenhaus
St.-Sebastians-Kirche
Jugendheim
Oberschule
Kieler Str.
Scharnhorststr.
Boyenstr.
Liesenstr.
Friedhof St. Hedwig-Gemeinde
Domkirchhof
Gartenplatz
Kindertagesst.
Theodor-Heuss-Weg
Hussitenstr.
Gustav-Falke-Grundschule
Rheinsberg
SCHWARTZKOPFSTR. U
Wöhlertstr.
Pflugstr.
Feldstr.
Lazarus-Krankenhaus
Bernauer Str.
Friedhof der Elisabeth-Himmelfahrt-Gemeinde
Streitzer Str.
Schwartzkopfstr.
Caroline-
Gedenkstätte Berliner Mauer Dokuzentrum
Bergstr.
Gedenkstätte Berliner Mauer
Ackerstr.
Anklamer Str.
Neubau Bundesnachrichtendienst BND
Gartenstr.
Friedhof der Sophienkirch-Gemeinde
Am Panke park
Panke-park
Michaelis-
J.-Wolffthorn-
Papageno-Grundschule
Elisabe kir
Pappelplatz
Invaliden-Friedhof
Kindertagesstätte
Habersaathstr.
S NORDBAHNHOF
Invalidenstr.
Marktha'
96
Heidestr.
Döberitzer Str.
Institute der
Museum für Naturkunde
U NATURKUNDE-MUSEUM
Zinnowitzer Str.
Am Nord bahnhof
Schröderstr.
Heinrich-Zille-Park
Schwarzer Weg
BM Verkehr
Humboldt-Universität
Chausseestr.
Schlegel-
Eichendorffstr.
Borsigstr.
Tieckstr.
Stadtbad Mitte
Invaliden-park
BM Wirtschaft und Technologie
Parteizentrale Bündnis 90/Die Grünen
Platz vor dem Neuen Tor
Hessi-sche Str.
Brecht-Haus
Tieckstr.
Novalisstr.
SPANDAUER
Kl. Hamburger
Hamburger Bahnhof Museum für Gegenwart
21
Sandkrug-Invaliden-brücke
Robert-Koch-Platz
Hannoversche Str.
Torstr.
Landessozialgericht
Minna-Cauer-Str.
Hannoversche Str.
22
Dorotheen-Städt. & Franz. Friedhof
St.-Joh.-Kirche
Augustr.
Tucholskystr.
Kunst-Werke Berlin 19
HAUPTBAHNHOF
Kliniken des Campus
Luisenstr.
Luisenstr.
BM Bildung, Forschung
Linienstr.
Oranienburger Str.
M1
The Kennedys Centrum (Neue Syn
18
hichts-park
Humboldt-hafen
Charité-Krankenhaus
ORANIEN-BURGER TOR U
Altes Postfuhramt
HAUPTBAHNHOF
S U
Medizinhist. Museum
Universitäts-poliklinik
Kammer-spiele
Deutsches Theater
Berliner Brett'l
Friedrich-stadtpalast
ORANIEN-BURGER STR.
Hauptbahnhof
Washingtonplatz
Hugo-Preuß-Brücke
BM für Bildung und Forschung
Charité-Mitte
Schumannstr.
Sammlung Boros
Johannisstr.
Forum
Ella-Trebe-Str.
Rahel-Hirsch-Str.
C.-Jaschke-Str.
Kath.-Paulus-Str.
Gustav-Heinemann-Brücke
Kapelleufer
Charité str.
Karl-platz
Reinhardtstr.
20
Reinhardtstr.
Am
Ziegel
str.
Museums-insel
Mon Thea
Bode-Museum
Moltke-brücke
Spree
Unter
Sachsen-Anhalt
Theater am Schiffbauerdamm
Bert-Brecht-Platz
Weidend-brücke
Am Weidendamm
Pergamon-museum
Spreebogen
Spreebogen-park
Schiffbauer-damm
Marienstr.
MITTE
Schiffbauer-damm
FRIEDRICH-STR.
Geschw.-Scholl-
Monbijou
2
Schweizer Botschaft
Otto-von-Bismarck-Allee
A.-Schreiber-Marie-Elisabeth-Krieger-Str.
Deutscher Bundestag
FRIEDRICH-STR. S
Admirals-palast
Georgenstr.
Bauhofstr.
Bundes-kanzleramt
96
Paul-Löbe-Haus
RTL
Bundespresse-konferenz
FRIEDRICH-STR. U
Planckstr.
Charlotten-
Universitätsstr.
M1
Paul-Löbe-Allee
BUNDESTAG U
Platz der Republik
Paul-Löbe-Allee
Marschall-brücke
Georgenstr.
Int. Handelszentrum
P
Dorotheen-
Humboldt-Univ.
Tipi
P2
Große Querallee
Reichstag (Deutscher Bundestag)
4
Friedrich-Ebert-Platz
Jakob-Kaiser-
Reichstagufer
Bunsen-
ARD
Bundes-presseamt
Mittelstr.
11
Staats-bibliothek
Neue Wa
Heinrich-von-Gagern-Str.
Yitzak-Rabin-Str.
Dorotheenstr.
Haus
Ungarische Botschaft
Schadow-str.
Berlin Story ZDF
BUS 200
2 5
Unter den Linden
Deutsche Staatsoper
BUS 100
Sinti-und-Roma-Mahnmal
Ebert-Str.
Französische Str.
BRANDENBURGER TOR U
Madame Tussauds
Kirch-
12
Sowjetisches Ehrenmal
Brandenburger Tor
Pariser Platz
BRANDENBURGER TOR S
Komische Oper
Rosm.-str.
TXL
Deutsche Guggenheim
Hinter Bürg
Oberwa
Goldfischteich
Löwen-denkmal
US-Botschaft
1
Akademie der Künste
Britische Botschaft
Botschaft der Russ. Föderation
Behrenstr.
Bayern
Behrenstr.
Mark-Hedw.-Kath.
Amazone
Weg
Homosexuellen-Mahnmal
Holocaust-Mahnmal
13
REGIERUNGS-VIERTEL
Französische Str.
Komische Oper
FRANZÖS-STR. U
6
Franz. Dom
Jägerstr.
Botschaft Belgien
Bota
Peru Ch
Musiker
Goethe
Ahornsteig
Ländervertretungen
BM Landwirtschaft
Jägerstr.
BM Familie
Gendarmen-markt
Konzerthaus
Taubenstr.
Deutscher Dom
Lessing
Nieders. Rheinl.-Schl.-Holst. Pfalz Saarl.
in den Ministergärten
Führer-bunker
BM Arbeit
Taubenstr.
Mohrenstr.
BM Justiz
edrich-elm III.
1 Ben-Gurion-Str.
Lennéstr.
Beisheim Center
Brandenburg Meckl.-Vorp.
Hessen
Kolonnaden Str.
Botschaft Tschechien
Mohrenstr.
STADT MITTE
Dom Palais
Tschechisches Kulturzentrum
Kronenstr.
helm I.
BUS 200
224
Kemper-platz
Bellevuestr.
Inge-Beisheim-Pl.
Kanadische Botschaft
Voß-str.
MOHREN-STR. U
28
Botschaft Bulgarien
Atrium
Kronen Palais
Botschafts Peru
Leipziger
ilhar-monie M
Museum für Film und Fernsehen
Potsdamer Platz
Leipziger platz
Mall of Berlin
Leipziger Str.
1
Botschaft Südafrika
Musik-instrumenten-
5

PRENZLAUER
BERG
VORSTADT
NIKOLAI-VIERTEL

BERNAUER STR.
ROSENTHALER PLATZ
SENEFELDER-PLATZ
WEINMEISTER STR.
ROSA-LUXEMBURG-PL.
HACKESCHER MARKT
ALEXANDERPLATZ
ALEXANDER-PLATZ
SCHILLINGSTR.
HAUSVOGTEIPLATZ (AUSWÄRTIGES AMT)
SPITTEL-MARKT
MÄRK. MUSEUM
JANNOWITZ-BRÜCKE
KLOSTER-STR.
HEINRICH-HEINE-STR.

Arkonaplatz
Fürstenberger Str.
Schwedter Str.
zentrum
Segens-kirche
Schönhauser Allee
Grundschule
Kinder-tagesst.
Wörther Str.
Kollwitz-platz
Christburger Str.
Prenzlauer Allee
C.-Ph.-Erh.-Bach-Oberschule
Brunnenstr.
Grundschule
Granseer Str.
Swinemünder Str.
Wolliner Str.
Griebenow
Kinder-tagesst.
G.-Eiffel-Oberschule
Choriner Str.
Handw-kammer
Knaackstr.
Rykestr.
Grun 5
Anklamer Str.
Zionskirchstr.
Kinder-tagesst.
Zionskirch-
Fehrbelliner Str.
Zionskirche
platz
Jüdischer Friedhof
Grund-schule
Schule für Lernbehinderte
Diedenhofer Str.
Wörther Str.
Marienburger
Wasserturm
Prenzlauer Berg Museum
Elisabeth-kirche
Kirchstr.
Veteranenstr.
Altenheim
Kinder-tagesst.
Zionskirchstr.
Kinder-tagesst.
Belforter
Kollwitzstr.
Str.
VHS
Kinder-tagesst.
Mühlhauser
Immanuel-kirche
Immanuelkirchstr.
Elisabeth-platz
Markthalle
Volkspark am Weinbergsweg
Kinder-tagesst.
Teutoburger Platz
Pfefferberg
Saarbrücker Str.
Straßburger Str.
Metzer Str.
Prenzlauer Allee
Heinrich-Roller-Str.
Heinrich-Roller-Grundschule
Winsstr.
PRENZLAUER
Zehdenicker
Choriner
Anger-münder Str.
Christinen-
Herz-Jesu-Kirche
St.-Nikolai- u. St.-Marien-Friedhof II
BERG
ROSENTHALER PLATZ
J.-Lennon-Oberschule
Lottum-
Torstr.
Rosenthaler Platz
Linienstr.
Koppenplatz
Gr. Hamburger Str.
Kleine
Joachimstr.
August-str.
Rosenthaler Str.
Linienstr.
Sporthalle
Rücker-
Schendel-
Linienstr.
Torstr.
Volksbühne
Prenzlauer Berg
Platz am Königstor
Kinder-tagesst.
Georg Paro
Gipsstr.
Steinstr.
Mulackstr.
Beer-
Rosa-Luxemburg-Platz
Weydinger Str.
Mollstr.
Braun-Str.
Ev.-St.-Hedwigs-Krankenhaus
Sophienstr.
Wein-meister-Str.
Max-
Hirten-
Karl-Liebknecht-
Keibelstr.
Wadzeckstr.
Georgenkirch-
Barnimstr.
The Kennedys
Centrum Judaicum (Neue Synagoge)
Sophien-kirche
Otto Weidt Museum
Neue Str.
Neue Schönhauser Str.
Münzstr.
Almstadt-
Alexander-
Statistisches Bundesamt
Mollstr.
Krausnickstr.
Alt. Jüdischer Friedhof
Chamäleon
Hackesche Höfe
Hackescher Markt
Rosa
Memhard-str.
BUS 100
BM für Familie, Sen., Frauen und Jugend
Otto-
Berolinastr.
Oranienburger Str.
A.d. Spandauer Brücke
Gr. Präsid
Dircksen-
str.
Galeria Kaufhof
Alexander-platz
Haus der Gesundheit
Rathaus
Berolinastr.
Monbijou-park
Monbijou-platz
Schule
Rochstr.
Markthalle
Karl-Marx-Allee
Weydemeyerstr.
Monbijou Theater
Museums-insel
Alte National-galerie
H.-Herz-Pl.
ALEXANDERPLATZ
Kongresshalle
SCHILLINGSTR.
Kino Internatio
Bode-Museum
A.-L.-Karsch-Str.
Fernsehturm
Panora-mastr.
Contard
Jacobystr.
Café Moskau
Pergamon-museum
Neues Museum
Universität
Museum
Burgstr.
Marien-kirche
Rathausstr.
ALEXA Shopping Centre
Magazinstr.
Altes Museum
Bodestr.
Sea Life Center
Neptun-brunnen
Klosterkirche-Ruine
Gerichte
Dircksen
Alexander-
Berliner Dom
DDR Museum
Karl-Liebknecht-
Spandauer Str.
Rotes Rathaus
Kloster-Str.
Podewil'sches Palais
Voltaire-
Schillingstr.
Lustgarten
Am Lustgarten
Liebknecht-brücke
U5
Nuß-baum-
Deutsches Hist. Museum
Schloß-brücke
Berliner Schloss
Schloss Humboldt-Forum
NIKOLAI-VIERTEL
Propst-
Nikolaikirche
Parochialstr.
Waisenstr.
Littenstr.
Max-Plan Oberschu
Neue Wache
Komman-dantur
Rathaus-brücke
Marstall
Zille Museum
Eier-gasse
Botschaft Niederlande
Senat für Finanzen
Rolandufer
Stralauer Str.
Palais unter den Linden
ehemaliger Staatsrat ESMT
Spree
Ephraim-Palais
Münze
Mühlendamm-brücke
Jannowitz-brücke
JANNOWITZ-BRÜCKE
Werderscher Markt
Auswärtiges Amt
Werderscher Markt
Nikolai-haus
DIHT BDI BDA
Mühlendamm
Fischer-
Insel-brücke
Märkisches Platz
Botschaft VR China
Senatsverwaltung Finanzen
Jägerstr.
Unterwasser-
Scharren-
Fischer-insel
Märkisches Museum
Am Köln.
An der Michaelkirch-
Michael-brücke
Oberwallstr.
Friedrichsg.
MÄRK. MUSEUM
Kölln-Park
Runge-
Michael-brücke
Gertraudenstr.
Schwimmhalle
Botschaft Angola
Botschaft Nigeria
Schultze-Delitzsch-Platz
BM Justiz
Gertrauden-brücke
Botschaft Australien
Neue Jakobstr.
Spittelmarkt
Wallstr.
Insel
Wallstr.
Botschaft Zypern
Musiksch.
Neue Jakobstr.
HEINRICH HEINE-STR.
Krausenstr.
Botschaft Simbabwe, Sambia
Schule u. Sport
Alte Jakobstr.
Köpe-
Brücken str.
Michaelkirchstr.

Schule
Alter Luisenfriedhof
Schule
Cauerstr.
Loschmidtstr.
Kohlrauschstr.
Guerickestr.
Eichamt
Abbestr.
Eichenstr.
Fraunhoferstr.
Abbestr.
Hochschule der Künste
Phys.-Techn. Bundesanstalt
March-brücke
Marchbergstr.
Landwehrkanal
Einsteinufer
Salzufer
Hamah-Karminski-Str.
Gutenberg str.
Englische Str.
Wegelystr.
TU
Schlesw. Ufer
Flotowstr.
Siegmunds Hof
Klopstockstr.
Bachstr.
St.-Ansgar-Kirche
Händelalle
Königliche Porzellan-Manufaktur
Ernst-Reuter-Haus
TIERGARTEN
Joseph-Haydn-Str.
Faulen See
Str
Otto-Suhr-Allee
Technische Universität
Schule
Schule
Ernst-Reuter-Platz
Hochschule d. Künste
Charlotten-burger Tor
Straße des 17. Juni
Charlottenburger Brücke
TU Hauptgebäude
Chemie
Müller-Breslau-Str.
Versuchsanstalt für Wasserbau und Schiffbau
Bremer Weg
Karl Lieb
Fach-schule
Bismarckstr.
M.-E.-Lüders Str.
Am Schiller theater
ERNST-REUTER-PLATZ
Technische Universität
Mensa
Hochschule der Künste
Fasanenstr.
TU
TIERGARTEN
Neu
DEUTSCHE OPER
Leibnizstr.
Schillerstr.
Schiller-Oberschule
Friedensberg-Oberschule
Renaissance-Theater
Hertzallee
Harden-bergplatz
Vogelhaus
Eisbären
Nilpferd-haus
Gartenufer Luxemb
St.-Thomas-von-Aquin-Kirche
Herderstr.
Schlüterstr.
Goethestr.
Steinplatz
Hardenbergstr.
Museum für Fotografie
Ober-verwaltungs-gericht
ZOOLOGISCHER GARTEN
Zoologischer Garten
Luxemb
CHARLOTTEN-
Grolmanstr.
Pestalozzistr.
Wielandstr.
Knesebeck str.
Carmerstr.
Uhlandstr.
LZB
Inst. f. Wirtsch.
IHK
Börse
Sibeliusstr.
Bhf. Zoologischer Garten
Affenhaus
Affenhaus
BURG
Kantstr.
SAVIGNY-PLATZ
Savigny-platz
Kantstr.
Theater des Westens
C/O Berlin Fotogalerie
ZOOLOGISCHER GARTEN
Zoo Palast
Bikini Berlin
BUS 100
BUS 200
Elefantentor
Aquarium
Olof-Palme-Platz
Stat. Bundesamt
Leibnizstr.
Kinder-tagesst.
Niebuhrstr.
Bleibtreustr.
Schlüter-Grundschule
Otto-Ludwig-Str.
Grolmanstr.
Jüdisches Gemeindehaus
Joachims-
damm
Zoofenster
Kaiser-Wilhelm-Gedächtnis-Kirche
Breit-scheid-platz
Europa-Center
Tauentzienstr.
VHS
Joan-Miro-Grundschule
Mommsenstr.
KURFÜRSTENDAMM
UHLAND-STR.
taler Pl.
Augsburger Str.
Stadtrundfahrt Abfahrtstellen
Rankestr.
M29
Los-Angeles-Platz
Marburger Str.
Nürnberger
KaDeWe
Schlüterstr.
Theater am Kurfürstendamm
Käthe-Kollwitz-Museum
Uhlandstr.
Fasanenstr.
Meinekestr.
Feuer-wache
Rankestr.
Eislebener Str.
Augsburger Str.
Passauer Str.
Ansbacher
Kurfürsten-
Finanzamt
Bleibtreustr.
Knesebeckstr.
AUGSBURGER STR
Olivaer Platz
Lietzenburger Str.
Bundes-aufs.-amt Vers.-wesen
Bar jeder Vernunft
Schaperstr.
HdK
Schaperstr.
Lietzenburger Str.
Fuggerstr.
Olivaer Platz
Württembergische Str.
Emser Str.
Haus der Berliner Festspiele
Fasanen-platz
Bundesallee
Bundeshaus
Nürnberger Platz
Fürther
Kleist
Ettaler Str.
Kindes-tagesst.
Welser
Bregenzer Str.
Bayerische Str.
Pariser Str.
Ludwigkirch-platz
St.-Ludwig-Kirche
Meierottostr.
Geisbergstr.
Kulmbacher Str.
Geisb
Darm-städter Str.
Sächsische Str.
Schule
Pariser Str.
Spichernstr.
Grainauer Str.
Bamberger Str.
VIKTORIA-LUISE-PLATZ
WILMERSDORF
Zähringerstr.
Uhlandstr.
SPICHERN-STR.
Regensburger Str.
Nachodstr.
Viktoria-Luise-Platz
Hohenstaufenstr.
Bayerische bacher- Str.
Württembergische Str.
R.-J.-Gymn.
Emser Str.
Düsseldorfer Str.
damm
Bundesallee
str.
Prager Platz
Ansbacher Str.
Motzstr.
SCHÖNE-
Preußen-park
Pommersche Str.
HOHENZOLLERN-PLATZ
Kinder-tagesst.
Senioren-freizeitstätte
Nikolsburger Str.
Nassauische Str.
Trautenau-str.
Prager Platz
Aschaffenburger Str.
Barbarossastr.
Landshuter
Heilbronner
Sch see
Fehr-belliner Platz
Landesamt für Gesundheit und Soziales Berlin
Emser Platz
DRK
Marcel-Grateau-Berufsschule
Gieselerstr.
Güntzelstr.
Botschaft Phillipinen
Holsteinische Str.
Landhausstr.
GÜNTZELSTR.
Prinzregentenstr.
Soziale Wohnhilfe
Treuchtl. Str.
Kirche z. Heilsbr.
Rathaus
Senat f. Inneres
Hohenzollern-
brandenb
Wegener Str.
Zum heiligen Kreuz
Nassauische Str.
Güntzelstr.
Landhausstr.
DRK-Krankenhaus
Tharandter Str.
Prinzregentenstr.
Helmstedter
Aschaffenburger Str.
Güntzelstr.
Haberlandstr.
Rosenheimer Str.
Westarpstr.

HANSAPLATZ
Bellevue
Schloss Bellevue
Luther-brücke
Grundschule
Dulles-Zelten-platz
Carillon
Allee
BUS 100
Yitzak-Rabin-
Sov
St.-Ansgar-kirche
Altonaer Str.
Bundes-präsidialamt
John-Foster-
Groß-fürstenpl.
Spreeweg
ändelallee
Kaiser-Friedrich-Gedächtnis-kirche
Bellevueallee
Siegessäule
Straße des 17. Juni
Großer Stern
Straße des 17. Juni
Bremer Weg
Kleiner Stern
Bremer Weg
Garten-bauamt
Amazone
Goldfischteich
Eberjagd
Flora
Büffeljagd
Lortzing
Herkules mit der Lyra
Tiergarten
Quer-
Bellevueallee
Karl Liebknecht
Fuchsjagd
Großer Weg
Denkmal für Baumspende
Friedrich-Wilhelm III.
Hofjägerallee
Neuer See
Wisent
Große Sternallee
Königin Luise
Wilhelm I.
Kempl
plа
Café am Neuen See
Volkslied
Wagner
Luisen-insel
BUS 200
Philhar-monie
Musik-instru
Fontane
Lichtensteinallee
Österreichische
Tiergarten
M
Rosa Luxemburg-Steg
Botschaft Spanien
Thomas-Dehler-Str.
Tiergartenstr.
Italienische Botschaft
Landesvertr.
B.-W.
Kunstgewerbe-museum
Herbert-von-Karajan-
Kammer-musiksaal
Rosa Luxemburg
Drakestr.
Nordische Botschaften
Japanische Botschaft
Griechische Botschaft
Kultur-forum
Kunst-bibliothek
Scharoun-
Rauch-
BOTSCHAFTS-VIERTEL
Indische Botschaft
Gemäldegalerie
Musical Theater
Cornelius-
Botschaft Str.
Mexiko
Landesvertr. NRW
IFAG
Ägyptische Botschaft
Kupferstich-kabinett
St.-Matthäus-Kirche
Katharina-Heinroth-Ufer
Cornelius-brücke
Partei-zentrale CDU
Konrad-Adenauer-Stiftung
Ver. arab. Emirate
Landesvertr. Bremen
F.-Ebert-Stiftung
Gedenkstätte Dt. Widerstand
Staats-bibliothek
Von-der-Heydt-Str.
Portugiesische Botschaft
BM Verteidigung
Neue National-galerie
Budapester Str.
Franziskus Krankenhaus
Herkules-brücke
Herkulesufer
Lützowufer
Reichpietschufer
Potsdamer Brücke
Olof-Palme-Platz
Bundesamt
Burggrafenstr.
Keith-
Bauhaus-Archiv Museum für Gestaltung
Schöneberger Ufer
Schöneb
Wichmann-
Landgrafenstr.
Lützow-platz
Lützowstr.
Schwules Museum
Bissing-
Am Karlsbad
Kurfürstenstr.
Landespolizei-direktion
Kinder-tagesstätte
Magdeburger Platz
Elisabeth-Krkhs.
Integrations-beauftragter
BUS 100
Schillstr.
Französisches Gymnasium
Derfflingerstr.
Genthiner
Lützowstr.
Ansbacher
Bayreuther
An der Urania
Sporthalle
Arbeits-gericht
Seniorenhaus
St.-Ludgerus-Kirche
Lützowstr.
VHS
Keithstr.
An der Urania
Urania
Grips-Grundschule
Fr.-Homberg-Grundschule
Wintergarten
Arbeits-gericht
WITTENBERG-PLATZ
KaDeWe
Wittenberg Platz
Ahornstr.
Botschaft Kroatien
Maienstr.
Einemstr.
Kurfürstenstr.
Apostel-kirche
Pohl-
Wormser Str.
Kleiststr.
Nollen-dorfplatz
Else-Lasker-Schüler
An der Apostel-kirche
KURFÜRSTEN-STR.
Kurfürstenstr.
Dennewitz-
Fuggerstr.
NOLLENDORFPLATZ
12-Apostel-Kirche
Bülowstr.
BÜLOWSTR.
Park a
Gleisdre
(Westp.
Martin-Luther-Str.
Eisenacher
Motzstr.
Schwerin-
Zietenstr.
Senioren-wohnhaus
Nelly-Sachs-Park
Schöneber Wiese
Sporthalle
Gossowstr.
Nollendorfstr.
Winterfeldt-platz
Frobenstr.
Senioren-wohnhaus
BÜLOWSTR.
Geisbergstr.
Winterfeldtstr.
Habsburgerstr.
Winterfeldtstr.
Lutherkirche
Dennewitz-platz
VIKTORIA-SE-PLATZ
Motzstr.
Luitpoldstr.
Goltzstr.
Gleditschstr.
Gem.-haus
Kindertheater Hans-Wurst-Nachfahren
Alvenslebenstr.
Beach-volleyball-felder
Viktoria-Luise-Platz
Winterfeldtstr.
Werbellinsee-Grundschule
St.-Matthias-Kirche
Spreewald-Grundschule
Steinmetz-
Münchener Str.
Luitpoldstr.
Hohenstaufenstr.
Pallasstr.
Goebenstr.
Kulmer Str.
Bülowstr.
Scharmützel-seeschule
Jugend-kunstsch.
Kinder-tagesst.
AOK
Sophie-Scholl-Schule
Neumarkt-Grundschule
YORCKSTR.
G.-von-Giesche-Realschule
Schwäb.
Lindauer Str.
Franken-
Jugend-freizeitheim
Kammer-gericht
H.-von-Kleist Park
Steinmetzstr.
Kirchbachstr.
Yorck
Barbarossastr.
Traunsteiner Str.
Stambgr. Str.
ische Str.
VHS
Neue Kulmer
Mansteinstr.
Penzberger Str.
Barbarossastr.
Barbarossa-platz
BVG
BVG Fundb.
Hochschule d. Künste
YORCKSTR.
GROSSGÖRSCHENSTR.
Großgörschenstr.
Obdachlosen unterkunft
Berchtesgadener Str.
Freisinger Str.
Rosenheimer Str.
BERG
Fröbelschule
Grunewaldstr.
KLEISTPARK
Willmanndamm
St.-Matthäus-Kirchhof
Lutherstr.
EISENACHER STR.
Apostel-Paulus-Kirche
Grunewaldstr.
Langensch

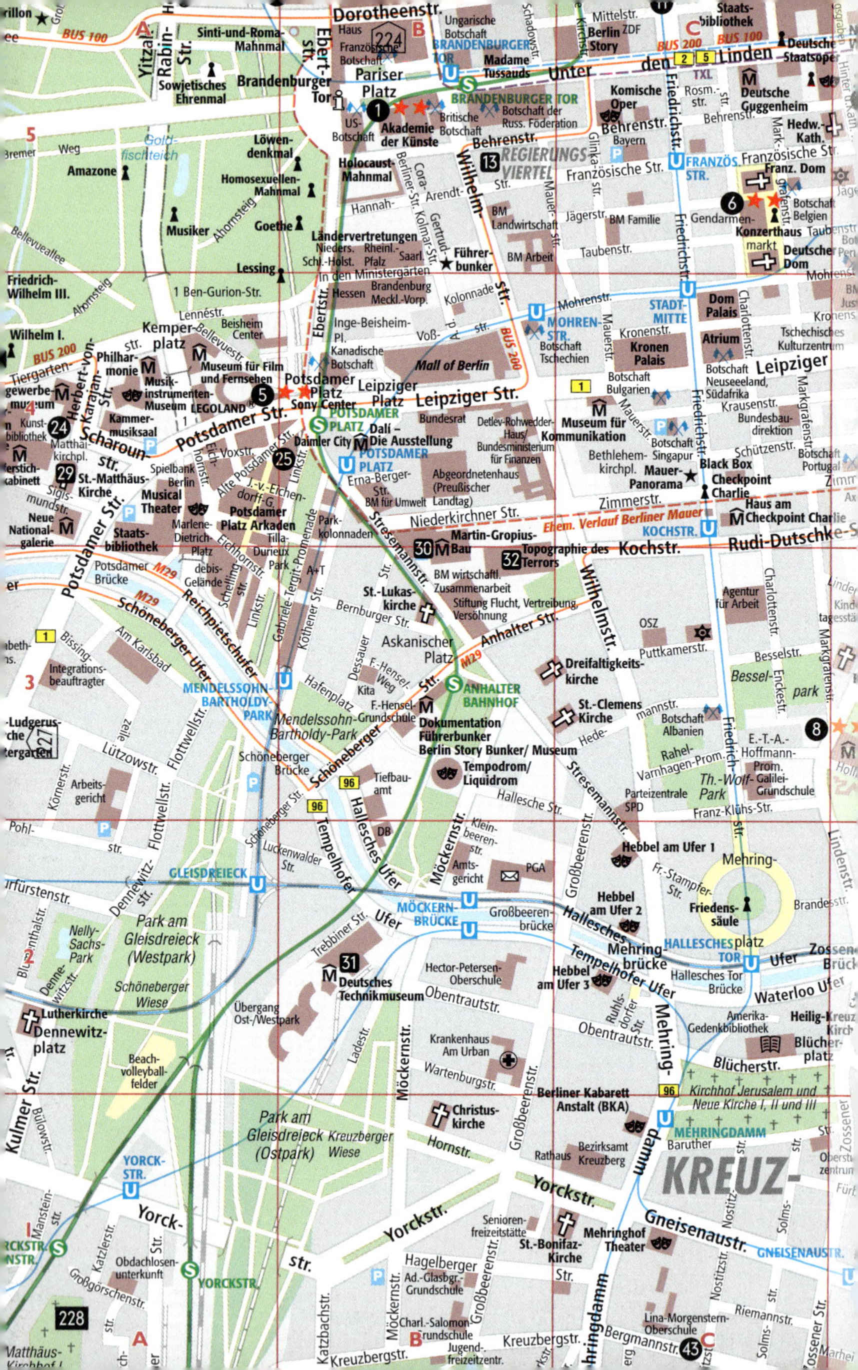
Dorotheenstr.
Staats-bibliothek
BUS 100
Sinti-und-Roma-Mahnmal
Ungarische Botschaft
Berlin Story
ZDF
Deutsche Staatsoper
Yitzal-Rabin-Str.
Haus Französische
BRANDENBURGER TOR
Madame Tussauds
Unter den Linden
Pariser Platz
BRANDENBURGER TOR
TXL
Komische Oper
Deutsche Guggenheim
Sowjetisches Ehrenmal
Brandenburger Tor
US-Botschaft
Akademie der Künste
Britische Botschaft
Behrenstr.
Behrenstr.
Hedw.-Kath.
Löwen-denkmal
Botschaft der Russ. Föderation
Bayern
REGIERUNGS-VIERTEL
FRANZÖS. STR.
Französische Str.
Franz. Dom
Amazone
Holocaust-Mahnmal
Französische Str.
Botschaft Belgien
Musiker
Homosexuellen-Mahnmal
Goethe
BM Landwirtschaft
Jägerstr.
BM Familie
Gendarmen-markt
Konzerthaus
Bellevueallee
Ländervertretungen
Niedersachsen, Rheinl.-Pfalz, Schl.-Holst., Saarl.
Führer-bunker
BM Arbeit
Taubenstr.
Deutsche Dom
Lessing
In den Ministergärten
Hessen, Brandenburg, Meckl.-Vorp.
Taubenstr.
Friedrich-Wilhelm III.
1 Ben-Gurion-Str.
Kolonnaden
Mohrenstr.
Wilhelm I.
Lennéstr.
Beisheim Center
Inge-Beisheim-Pl.
MOHREN-STR.
STADT-MITTE
Dom Palais
Kemper-platz
Voß-str.
BUS 200
Botschaft Tschechien
Kronenstr.
Atrium
Tschechisches Kulturzentrum
Tiergarten gewerbe-museum
Philhar-monie
Museum für Film und Fernsehen
Kanadische Botschaft
Mall of Berlin
Kronen Palais
Leipziger
Kunst-bibliothek
Musik-instrumenten-Museum
Potsdamer Platz
Leipziger Platz
Leipziger Str.
Botschaft Bulgarien
Botschaft Neuseeland
Südafrika
Scharoun
Kammer-musiksaal
LEGOLAND
Sony Center
Bundesrat
Detlev-Rohwedder-Haus
Museum für Kommunikation
Mauerstr.
Bundesbau-direktion
St.-Matthäus-Kirche
Daimler City
Dalí – Die Ausstellung
POTSDAMER PLATZ
Bundesministerium für Finanzen
Bethlehem-kirchpl.
Botschaft Singapur
Black Box Checkpoint Charlie
Botschaft Portugal
Musical Theater
Spielbank Berlin
J.-v.-Eichen-dorff-G.
Erna-Berger-Str.
Abgeordnetenhaus (Preußischer Landtag)
Mauer-Panorama
Haus am Checkpoint Charlie
Neue National-galerie
Staats-bibliothek
Potsdamer Platz Arkaden
Park-kolonnaden
Niederkirchner Str.
Zimmerstr.
Checkpoint Charlie
Potsdamer Brücke
Marlene-Dietrich-Platz
Ehem. Verlauf Berliner Mauer
KOCHSTR.
Rudi-Dutschke-Str.
Reichpietschufer
Martin-Gropius-Bau
Kochstr.
Schöneberger Ufer
St.-Lukas-kirche
BM wirtschaftl. Zusammenarbeit
Topographie des Terrors
Agentur für Arbeit
Integrations-beauftragter
Bernburger Str.
Stiftung Flucht, Vertreibung, Versöhnung
OSZ
Puttkamerstr.
Bessel-park
Ludgerus-kirche
MENDELSSOHN-BARTHOLDY-PARK
Askanischer Platz
Anhalter Str.
Dreifaltigkeits-kirche
Besselstr.
Lützowstr.
Hafenplatz
ANHALTER BAHNHOF
St.-Clemens Kirche
Botschaft Albanien
E.T.A. Hoffmann-Prom.
Mendelssohn-Bartholdy-Park
Dokumentation Führerbunker Berlin Story Bunker/ Museum
Rahel-Varnhagen-Prom.
Th.-Wolf-Park
Galilei-Grundschule
Schöneberger Brücke
Tempodrom/ Liquidrom
Tiefbau-amt
Parteizentrale SPD
Franz-Klühs-Str.
Halleschesstr.
Hebbel am Ufer 1
Mehring-platz
GLEISDREIECK
MÖCKERN-BRÜCKE
Amts-gericht
PGA
Hebbel am Ufer 2
Friedens-säule
Park am Gleisdreieck (Westpark)
Trebbiner Str.
Großbeerenbrücke
Mehring brücke
HALLESCHES TOR
Zossen Brücke
Nelly-Sachs-Park
Schöneberger Wiese
Deutsches Technikmuseum
Hector-Petersen-Oberschule
Hebbel am Ufer 3
Tempelhofer Ufer
Halleschesches Tor Brücke
Waterloo Ufer
Lutherkirche
Dennewitz-platz
Übergang Ost-/Westpark
Obentrautstr.
Obentrautstr.
Amerika-Gedenkbibliothek
Heilig-Kreuz-Kirche
Beach-volleyball-felder
Krankenhaus Am Urban
Wartenburgstr.
Blücherstr.
Blücher-platz
Park am Gleisdreieck (Ostpark)
Kreuzberger Wiese
Christus-kirche
Hornstr.
Berliner Kabarett Anstalt (BKA)
Kirchhof Jerusalem und Neue Kirche I, II und III
MEHRINGDAMM
KREUZ-
Yorckstr.
Senioren-freizeitstätte
St.-Bonifaz-Kirche
Mehringhof Theater
Gneisenaustr.
YORCKSTR.
Obdachlosen-unterkunft
Hagelberger Str.
Bezirksamt Kreuzberg
Lina-Morgenstern-Oberschule
Matthäus-Kirchhof

Hist. Museum
Neue Wache
Schloss
Schlossbrücke
Kommandantur
Schloss Humboldt-Forum
Palais unter den Linden
Werderscher Markt
Auswärtiges Amt
Werderscher Markt
Jägerstr.
Oberwallstr.
Oberwasserstr.
Niederlagstr.
Niederwallstr.
HAUSVOGTEIPLATZ (AUSWÄRTIGES AMT)
Botschaft Peru, Chile
Botschaft Portugal
Mohrenstr.
BM Justiz
Kronenstr.
Taubenstr.
Jerusalem.
Schule
Spittelmarkt
Str.
Botschaft Aserbaidschan
Krausenstr.
Botschaft Simbabwe, Sambia
Jerusalemer Str.
Schützenstr.
Zimmerstr.
Axel-Springer-Hochhaus
Charlie
cke-Straße
Lindenstr.
Feilnerstr.
Ritterstr.
Kinder-tagesstätte
Jerusalem- u. Neue Kirche
Berlinische Galerie
Am Berlin-Museum
Jüdisches Museum Berlin
Hollmannstr.
Kinder-tagesstätte
Neuenburger Str.
Alte Jakobstr.
Lindenstr.
Zossener Brücke
o Ufer
eilig-Kreuz-Kirche
ücher-platz
Blücherstr.
Zossener Str.
Oberstufen-zentrum
Fürbringerstr.
BERG
Marheinekepl.
Leibnitz-Obersch.
Passion kirche
Gneisenaustr.
16 Berliner Schloss
NIKOLAIVIERTEL
23
Rathausbrücke
Marstall
Zille Museum
ehemaliger Staatsrat ESMT
Breite Str.
Neum. g.
Nikolaihaus
Brüder-str.
Scharrenstr.
Sperlingsg.
Friedrichsg.
Mühlendamm
Fischerinsel
Schwimmhalle
Gertraudenbrücke
Gertraudenstr.
Insel
SPITTELMARKT
Wallstr.
Seydelstr.
Beuthstr.
Neue Grünstr.
Botschaft Mauretanien
Senat f. Jugend, Schule u. Sport
Neue
Kommandantenstr.
Jakobstr.
Oranienstr.
Alte
Waldeckpark
Bundesdruckerei
Alexandrinenstr.
Stallschreiber str.
Schule
Waldorfschule
Jugendgästehaus
Tiyatrom (Türkisches Theater)
Jacobikirchstr.
Ritterstr.
Lobeckstr.
Franz-Künstler-Str.
Sporthalle
St.-Simeon Kirche
Otto-Wels-Grundschule
Kinder-tagesstätte
OSZ Konstruktionbau
Lobeckstr.
Moritzstr.
Patentamt
Wassertorstr.
Brachvogelstr.
Johanniterstr.
Carl-Herz-Ufer
Baerwald-brücke
Am Johannis-tisch
Baerwaldstr.
Tempelherrenstr.
Wilmsstr.
Apostelkirche
Bgm.-Herz-Grundschule
Urbanstr.
Baerwaldstr.
Schleiermacher str.
Mittenwalder Str.
Blücherstr.
Senioren-wohnhaus Kinder-tagesst.
Reinhardswald-Grundschule
Carl-von-Ossietzky-Oberschule
Kirche am Südstern
Körtestr.
F.-Freigrath
NUBBAUM
Propst. str.
Nikolaikirche
Eiergasse
Nikolai-kirch-str.
Ephraim-Palais
DIHT BDI BDA
Münze
Mühlendamm-brücke
Spree
Insel-brücke
Märkisches Ufer
Botschaft Angola
Botschaft Australien
MÄRK. MUSEUM
Märkisches
Botschaft Zypern
Botschaft Nigeria
Musiksch.
Neue Jakobstr.
RoBstr.
Annenstr.
Sebastianstr.
Dresdener Str.
Kinder-tagesst.
Schule
Kinder-tagesst.
Senioren-heim
Prinzenstr.
Sebastianstr.
M29
Moritz-platz
MORITZPLATZ
platz
Jacobi-Kirche
Aufbau-Haus
Prinzessinnengärten Urban Gardening und Café
Oranienstr.
Prinzenstr.
Luckauer Str.
Reichenberger
Bergfriedstr.
Wassertorstr.
Segitzdamm
Böcklerstr.
Böckler-park
Stadthaus
Jugendverkehrs-schule
PRINZENSTR.
Gitschiner Str.
Wasser-torplatz
Prinzenbad Kreuzberg
Baerwald-brücke
Urbanhafen
Fraenkel-
Planufer
Vivantes Klinikum Am Urban
Haus der Gesundheit
Fontane promenade
Freiligrathstr.
Fichte
Kinder-tagesst.
G.-Bog-S-str.
Probst str.
Propsteig.
E
1
Parochialstr.
Littenstr.
KLOSTER-STR.
Botschaft Niederlande
Senat für Finanzen
Rolandufer
Stralauer Str.
Märkisches Museum
Am Köln.
Kölln. Park
Runge-str.
Wasser gasse
Köpe-
Schultze-Delitzsch-Platz
HEINRICH-HEINE-STR.
Heinrich-Heine-Str.
Schmidstr.
Annenstr.
Alte Luther-kirche
Heinrich-Heine-Platz
Engel-becken
Dresdener Str.
Leuschner damm
Kinder-tagesst.
Oranien-platz
Naunynstr.
Dresdener Str.
Erkelenzdamm
Kinder-tagesst.
KOTTBUSSER TOR
Skalitzer
Omar-
Kohlfurter
Kinder-tagesst.
Jens-Nydahl-Grundschule
Admiralstr.
Admiral-brücke
Planufer
Dieffenbachstr.
Melanchton-kirche
Böckh-
Grimmstr.
Lemgo-Grundschule
Robert-Koch-Oberschule
Müllenhoffstr.
Dieffenbachstr.
Werner Düttmann-
Podewil'sches Palais
Voltaire
225
Parochialstr.
Waisenstr.
E
Grunerstr.
Littenstr.
Schillingstr.
Singerstr.
Max Obe
Iflandstr.
Wallnerstr.
JANNOWITZ-BRÜCKE
Holzmarkt-str.
JANNOWITZ-BRÜCKE
An die Michael-
Botschaft VR China
Senatsverwaltung Finanzen
Michael-brücke
Köllnischer Park
Rungestr.
Michaelkirchstr.
Michaelkirchstr.
Sporthalle
Berliner Wasserbetriebe
Michael-kirchplatz
St.-Michael-Kirche
Melchiorstr.
Adalbertstr.
230
Bethaniendamm
St.-
Engeldamm
Berlin Story Verlag
Kunstquartier Bethanien
44
Theater spiel
Waldemarstr.
3
42
Oranien-
Oranienstr.
Mariannenstr.
FHXB Friedrichshain-Kreuzberg Museum
Heinrich-platz
Reichenberger Str.
KOTTBUSSER TOR
Kottbusser Str.
Reichenberger Str.
2
Künstlerhaus Bethanien
Kottbusser Brücke
Türkenmarkt
Paul-Linck-
46
Maybachufer
Kottbusser
Friedrich-Ludwig-Jahn-Oberschule
Spremberger Str.
Schinkestr.
SCHÖNLE
179
Sar
Bethesda-Krkhs.
Christus-kirche
Lach-mannstr.
Hohenstaufen platz
Damm
229
F

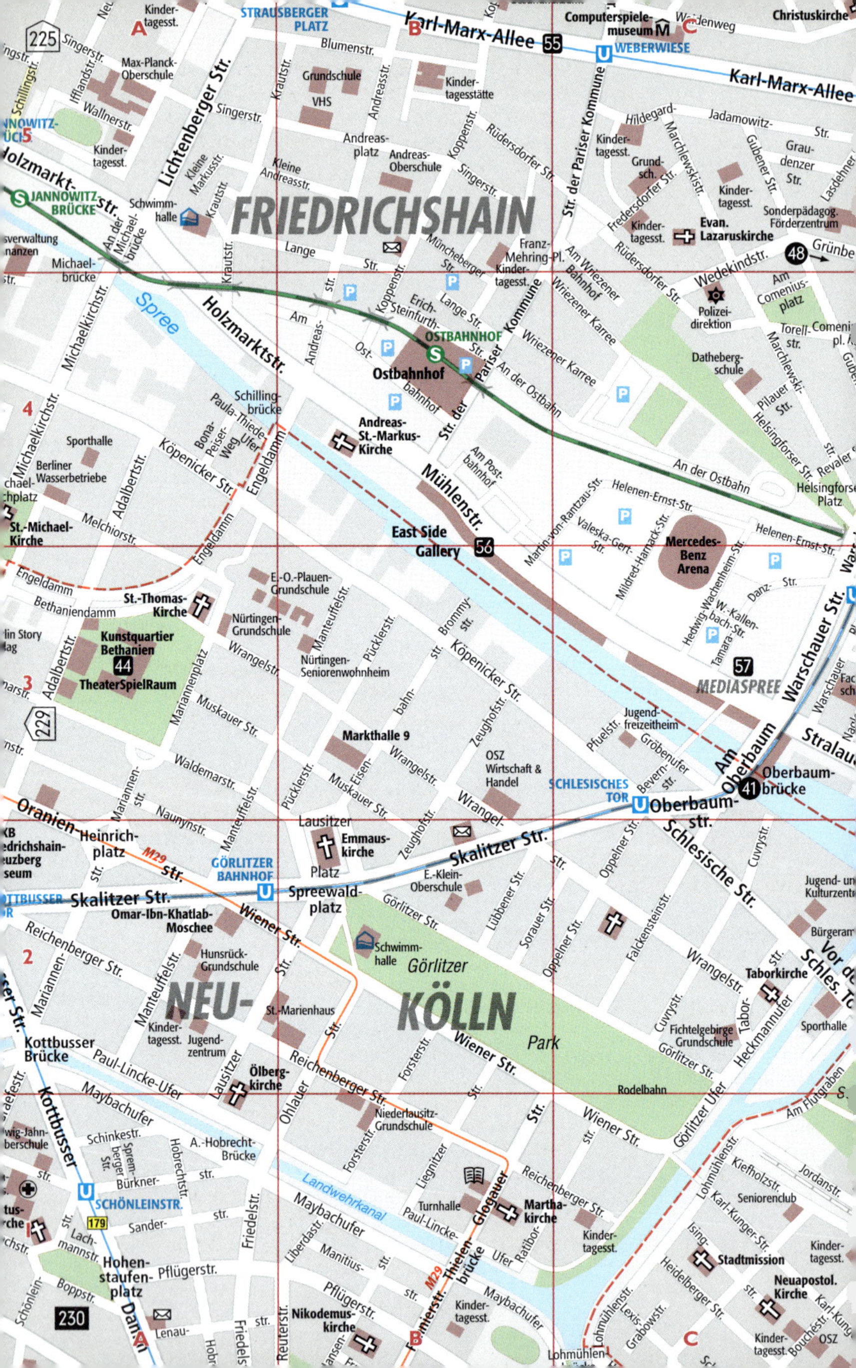

225
Schillingstr.
A
Kinder-
tagesst.
Singerstr.
STRAUSBERGER PLATZ
B
Karl-Marx-Allee
55
Computerspiele-
museum M
C
Waldenweg
Christuskirche
Ifflandstr.
Max-Planck-
Oberschule
Blumenstr.
Krautstr.
Grundschule
Andreasstr.
VHS
Koppenstr.
Kinder-
tagesstätte
U WEBERWIESE
Karl-Marx-Allee
Str. der Pariser Kommune
Hildegard-
Jadamowitz-
Str.
Grau-
denzer
Str.
Lasdehner
Wallnerstr.
Kinder-
tagesst.
Singerstr.
Andreas-
platz
Andreas-
Oberschule
Singerstr.
Rüdersdorfer Str.
Kinder-
tagesst.
Marchlewskistr.
Gubener Str.
Grund-
sch. Str.
Kinder-
tagesst.
Sonderpädagog.
Förderzentrum
HANNOWITZ-
BRÜCI 5
Lichtenberger Str.
Kleine Markusstr.
Kleine
Andreasstr.
Andreas-
Oberschule
Franz-
Mehring-Pl.
Fredersdorfer Str.
Rüdersdorfer Str.
Evan.
Lazaruskirche
FRIEDRICHSHAIN
Holzmarkt-
S JANNOWITZ-
BRÜCKE
str.
An der Michael-
brücke
Schwimm-
halle
Krautstr.
Lange
Str.
Mücheberger
Str.
Kinder-
tagesst.
Am Wriezener
Bahnhof
Kinder-
tagesst.
Wedekindstr.
48
Grünbe
Am
Comenius-
platz
verwaltung
nanzen
Michael-
brücke
Str.
Holzmarktstr.
Krautstr.
Am
Andreas-
str.
Koppenstr.
P
P
Erich-
Steinfurth-
Lange Str.
Str. der Pariser Kommune
Wriezener Karree
Wriezener Karree
Polizei-
direktion
Torell-
str.
Comeni
pl. A.
Gube
Spree
Michaelkirchstr.
Am
Ost-
bahnhof
OSTBAHNHOF
S Ostbahnhof
P
An der Ostbahn
Datheberg-
schule
Pilauer
Str.
Helsingforser Str.
Revaler
Marchlewski-
Str.
4
Michaelkirchstr.
Sporthalle
Schilling-
brücke
Paula-Thiede-Ufer
Bona-
Peiser-
Weg
Engeldamm
Andreas-
St.-Markus-
Kirche
Am Post-
bahnhof
An der Ostbahn
Helsingforse
Platz
chael-
chplatz
Berliner
Wasserbetriebe
Köpenicker Str.
Mühlenstr.
Helenen-Ernst-Str.
Martin-von-Rantzau-Str.
Valeska-Gert-Str.
Mildred-Harnack-Str.
Helenen-Ernst-Str.
Wart
St.-Michael-
Kirche
Melchiorstr.
Adalbertstr.
Engeldamm
East Side
Gallery
56
Mercedes-
Benz
Arena
Danz.
Str.
Hedwig-Wachenheim-Str.
P
Engeldamm
E.-O.-Plauen-
Grundschule
Manteuffelstr.
Pücklerstr.
Brommy-
str.
W.-Kallen-
bach-Str.
Tamara-
P
Bethaniendamm
St.-Thomas-
Kirche
Nürtingen-
Grundschule
Köpenicker Str.
57
Warschauer Str.
Fac
sch
lin Story
dag
Adalbertstr.
Kunstquartier
Bethanien
44
TheaterSpielRaum
Mariannenplatz
Wrangelstr.
Nürtingen-
Seniorenwohnheim
bahn-
str.
Jugend-
freizeitheim
Gröbenufer
Warschauer
Am Oberbaum
Stralau
3
229
Adalbertstr.
arstr.
Muskauer Str.
Markthalle 9
Wrangelstr.
Zeughofstr.
Pfuelstr.
Oberbaum-
41
Oberbaum-
brücke
Waldemarstr.
Eisen-
Muskauer Str.
OSZ
Wirtschaft &
Handel
Bevern-
str.
MEDIASPREE
Oranien-
Heinrich-
platz
Mariannen-
Naunynstr.
Manteuffelstr.
Pücklerstr.
Lausitzer
Wrangel-
SCHLESISCHES
TOR
U Oberbaum-
str.
Schlesische Str.
Cuvrystr.
KB
edrichshain-
euzberg
seum
M29
str.
GÖRLITZER
BAHNHOF
Emmaus-
kirche
Platz
Zeughofstr.
Skalitzer Str.
Oppelner Str.
Falckensteinstr.
Wrangelstr.
Jugend- un
Kulturzentr
OTTBUSSER
Skalitzer Str.
U
Wiener Str.
Spreewald-
platz
Görlitzer Str.
E.-Klein-
Oberschule
Lübbener Str.
Sorauer Str.
Oppelner Str.
Bürgeram
Vor d
Schles. T
2
Reichenberger Str.
Mariannen-
er-Str.
Manteuffelstr.
Omar-Ibn-Khatlab-
Moschee
Hunsrück-
Grundschule
St.-Marienhaus
Schwimm-
halle
Görlitzer
NEU-
KÖLLN
Park
Wiener Str.
Cuvrystr.
Fichtelgebirge
Grundschule
Görlitzer Str.
Tabor-
Taborkirche
Heckmannufer
Sporthalle
Kottbusser
Brücke
Paul-Lincke-Ufer
Lausitzer
Ölberg-
kirche
Reichenberger Str.
Forsterstr.
Ohlauer
Str.
Wiener Str.
Rodelbahn
Görlitzer Ufer
Am Flutgraben
S.
Kottbusser
Maybachufer
Schinkestr.
Sprem-
berger
Str.
Hobrechtstr.
A.-Hobrecht-
Brücke
str.
Niederlausitz-
Grundschule
Forsterstr.
Liegnitzer
Glogauer
Reichenberger Str.
Lohmühlenstr.
Kiefholzstr.
Jordanstr.
Seniorenclub
wig-Jahn-
berschule
U SCHÖNLEINSTR.
179
Bürkner-
str.
Landwehrkanal
Maybachufer
Turnhalle
Paul-Lincke-
Glogauer
Martha-
kirche
Kinder-
tagesst.
Lohmühlenstr.
Lexis-
Karl-Kunger-Str.
Ising-
Stadtmission
tus-
che
Lach-
mannstr.
Sander-
Pflügerstr.
Liberdastr.
Manitius-
str.
Thielen-
brücke
Ratibor-
Ufer
Maybachufer
Görlitzer Ufer
Heidelberger Str.
Kinder-
tagesst.
Neuapostol.
Kirche
230
Lenau-
Danz
Reuterstr.
Friedelstr.
Pflügerstr.
Nikodemus-
kirche
B
Thiemerstr.
M29
Kinder-
tagesst.
Lohmühlen
Lohmühlenstr.
Grabowstr.
Bouchéstr.
C
Kinder-
tagesst.
OSZ
Hohen-
staufen-
platz
Boppstr.
Schönlein-
str.
Hobr
Friedels-
Jansen-
Heidelberger Str.

Straßenregister

A

Ackerstr. 224 C5
Adalbertstr. 229 F2
Adele-Schreiber-Krieger-Str.
224 B4
Admiralstr. 229 F2
Albrechtstr. 224 B3
Alexanderplatz 225 F3
Alexanderstr. 225 F2
Alexandrinenstr. 229 D3
Almstadtstr. 225 E3
Alte Jakobstr. 225 E1
Alte Potsdamer Str. 228 A4
Alte Schönhauser Str. 225 E3
Altonaer Str. 227 D5
Alvenslebenstr. 227 F2
Am Berlin-Museum 229 D3
Am Comeniusplatz 230 C4
Am Festungsgraben 224 C2
Am Flutgraben 230 C2
Am Köllner Park 225 F1
Am Kupfergraben 224 C3
Am Lustgarten 225 D2
Am Nordbahnhof 224 B4
Am Nußbaum 225 E2
Am Oberbaum 230 C3
Am Ostbahnhof 230 B4
Am Pankepark 224 A5
Am Schillertheater 226 A4
Am Weidendamm 224 C3
Am Zeughaus 225 D2
Am Zirkus 224 C3
An der Apostelkirche 227 E2
An der Kolonnade 224 B1
An der Michaelbrücke 230
A5
An der Ostbahn 230 C4
An der Spandauer Brücke
225 D3
An der Urania 227 D3
Andreasplatz 230 B5
Andreasstr. 230 B4
Angermünder Str. 225 E4
Anhalter Str. 228 B3
Anklamer Str. 224 C5
Anna-Louisa-Karsch-Str. 225
D2
Annenstr. 225 E1

Ansbacher Str. 226 C2
Apostel-Paulus-Str. 227 D1
Arkonaplatz 225 D5
Aschaffenburger Str. 226 C1
Askanischer Platz 228 B3
Augsburger Str. 226 C2
Auguststr. 224 C3
Axel-Springer-Str. 225 D1

B

Bachstr. 226 C5
Baerwaldstr. 229 D1
Bamberger Str. 226 C1
Barbarossaplatz 227 D1
Barbarossastr. 226 C1
Baruther Str. 228 C1
Bauhofstr. 224 C2
Bayerische Str. 226 A2
Bayerischer Platz 226 C1
Bayreuther 227 D3
Behrenstr. 224 C2
Belforter Str. 225 F4
Bellevueallee 227 E5
Bellevuestr. 224 A1
Berchtesgadener Str. 227 D1
Bergfriedstr. 229 E2
Bergmannstr. 228 C1
Bergstr. 224 C4
Berliner Str. 226 C1
Bernauer Str. 224 C5
Bernburger Str. 228 B3
Bertold-Brecht-Platz 224 C3
Besselstr. 228 C3
Beuthstr. 225 D1
Bismarckstr. 226 A4
Bleibtreustr. 226 A3
Blücherplatz 228 C2
Blücherstr. 228 C2
Blumenstr. 230 B5
Blumenthalstr. 227 F2
Böckhstr. 229 F2
Böcklerstr. 229 E2
Bodestr. 225 D2
Boppstr. 230 A1
Borsigstr. 224 C4
Bouchéstr. 230 C1
Boyenstr. 224 A5
Brachvogelstr. 229 D2
Brandesstr. 228 C2
Breite Str. 225 D2

Breitscheidplatz 226 C3
Brückenstr. 225 F1
Brüderstr. 225 D2
Brunnenstr. 225 D5
Budapester Str. 227 D3
Bülowstr. 227 E2
Bundesallee 226 B2
Bunsenstr. 224 B2
Burggrafenstr. 227 D3
Burgstr. 225 D3
Bürknerstr. 230 A1

C

Carl-Herz-Ufer 229 E2
Carmerstr. 226 B4
Caroline-Michaelis-Str. 224
B4
Cauerstr. 226 A5
Charitéstr. 224 B3
Charlottenstr. 224 C1
Chausseestr. 224 B4
Choriner Str. 225 E4
Christinenstr. 225 E4
Comeniusplatz 230 D4
Cora-Berliner-Str. 224 B1
Corneliusstr. 227 D4
Crellestr. 227 F1
Cuvrystr. 230 C2

D

Darmstädter Str. 226 A2
Dennewitzplatz 227 F2
Derfflingerstr. 227 E3
Dessauer Str. 228 B3
Diedenhofer Str. 225 F5
Dieffenbachstr. 229 E1
Dircksenstr. 225 E3
Dorotheenstr. 224 B2
Drakestr. 227 D4
Dresdener Str. 229 F3
Düsseldorfer Str. 226 A2

E

E.-T.-A.-Hoffmann-Prome-
nade 228 C3
Ebertstr. 224 A1
Eichendorffstr. 224 C4
Eichhornstr. 228 A3
Eiergasse 225 E2
Einemstr. 227 E3

Einsteinufer 226 B5
Eisenacher Str. 227 D1
Eisenbahnstr. 230 B3
Eislebener Str. 226 C3
Else-Lasker-Schüler-Str. 227 E2
Elßholzstr. 227 E1
Emser Platz 226 A1
Emser Str. 226 A2
Enckestr. 228 C3
Engeldamm 230 A4
Englische Str. 226 B5
Erich-Steinfurth-Str. 230 B4
Erkelenzdamm 229 E2
Ernst-Reuter-Platz 226 A5
Ettaler Str. 226 C2

F
Falckensteinstr. 230 C2
Fasanenplatz 226 B2
Fasanenstr. 226 B2
Fasanerieallee 227 D4
Fehrbelliner Str. 225 D5
Feilnerstr. 229 D3
Fichtestr. 229 E1
Fischerinsel 229 E5
Flotowstr. 226 C5
Flottwellstr. 228 A3
Fontanepromenade 229 E1
Forsterstr. 230 B2
Fraenkelufer 229 F2
Frankenstr. 227 D1
Franz-Klühs-Str. 228 C3
Franz-Künstler-Str. 229 D3
Franz-Mehring-Platz 230 C5
Französische Str. 224 C1
Fraunhoferstr. 226 A5
Fredersdorfer Str. 230 C5
Freiligrathstr. 229 E1
Freisinger Str. 227 D1
Friedelstr. 230 A1
Friedrich-Ebert-Platz 224 B2
Friedrich-Stampfer-Str. 228 C2
Friedrichsgasse 225 D1
Friedrichstr. 224 C1
Friesenstr. 228 C1
Frobenstr. 227 E2
Fuggerstr. 226 C2
Fürbringerstr. 229 D1
Fürstenberger Str. 225 E5

G
Gabriele-Tergit-Promenade 228 A3
Gartenplatz 224 B5
Gartenstr. 224 C4
Geibelstr. 229 E2
Geisbergstr. 226 C2
Gendarmenmarkt 224 C1
Genthiner Str. 227 E3
Georgenstr. 224 C2
Gertraudenstr. 225 D1
Gertrud-Kolmar-Str. 224 B1
Geschwister-Scholl-Str. 224 C3
Gieselerstr. 226 A1
Gipsstr. 225 D3
Gitschiner Str. 229 E2
Gleditschstr. 227 E1
Glinkastr. 224 C1
Glogauer Str. 230 B1
Gneisenaustr. 228 C1
Goebenstr. 227 F1
Goethestr. 226 A4
Goltzstr. 227 E1
Gontardstr. 225 E3
Görlitzer Str. 230 B2
Görlitzer Ufer 230 C2
Gormannstr. 225 E4
Gossowstr. 227 D2
Graefestr. 229 F1
Grainauer Str. 226 C2
Granseer Str. 225 D5
Griebenowstr. 225 E5
Grimmstr. 229 F1
Grolmanstr. 226 A4
Großbeerenstr. 228 B1
Große Hamburger Str. 225 D3
Große Präsidentenstr. 225 D3
Große Sternallee 227 E4
Großer Stern 227 D5
Großgörschenstr. 227 F1
Grünberger Str. 230 C4
Grunerstr. 225 E2
Grunewaldstr. 226 C1
Gubener Str. 230 C5
Guerickestr. 226 A5
Güntzelstr. 226 B1
Gustav-Böß-Str. 225 E2
Gutenbergstr. 226 B5

H
Haberlandstr. 226 C1
Habersaathstr. 224 A4
Habsburgerstr. 227 E2
Hackescher Markt 225 D3
Hafenplatz 228 A3
Hagelberger Str. 228 B1
Hallesche Str. 228 B3
Hallesches Ufer 228 B2
Händelallee 226 C5
Hannah-Arendt-Str. 224 B1
Hannah-Karminski-Str. 226 B5
Hannoversche Str. 224 B4
Hardenbergplatz 226 C4
Hardenbergstr. 226 B4
Hasenheide 229 E1
Hauptstr. 227 E1
Heckmannufer 230 D2
Hedemannstr. 228 C3
Hedwig-Wachenheim-Str. 230 C3
Heidelberger Str. 230 C1
Heilbronner Str. 226 C1
Heinrich-Heine-Platz 229 F3
Heinrich-Heine-Str. 229 E3
Heinrichplatz 230 A2
Heinrich-von-Gagern-Str. 224 A2
Helenen-Ernst-Str. 230 C4
Helmstedter Str. 226 C1
Henriette-Herz-Platz 225 D3
Herbert-von-Karajan-Str. 224 A1
Hertzallee 226 B4
Hessische Str. 224 B4
Hildebrandstr. 227 E4
Hildegard-Jadamowitz-Str. 230 C5
Hinter dem Gießhaus 225 D2
Hinter dem Zeughaus 225 D2
Hinter der Katholischen Kirche 225 D2
Hiroshimastr. 227 E4
Hirtenstr. 225 E3
Hobrechtstr. 230 A1
Hofjägerallee 227 D4
Hohenstaufenplatz 230 A1
Hohenstaufenstr. 226 C1
Hohenzollerndamm 226 A1
Hollmannstr. 229 D3

Holsteinische Str. 226 B1
Holzmarktstr. 229 F5
Hornstr. 228 B1
Hussitenstr. 224 C5

I

In den Ministergärten 224 B1
Inge-Beisheim-Platz 224 B1
Inselstr. 225 E1
Invalidenstr. 224 C4

J

Jacobystr. 225 F2
Jägerstr. 224 C1
Jebensstr. 226 B4
Jenaer Str. 226 C1
Jerusalemer Str. 225 D1
Joachimstaler Platz 226 B3
Joachimstaler Str. 226 B3
Joachimstr. 225 D4
Johannisstr. 224 C3
Johanniterstr. 229 D2
John-Foster-Dulles-Allee
227 E5
Jordanstr. 230 D1
Joseph-Haydn-Str. 226 C5
Joseph-von-Eichen-
dorff-Gasse 228 A4
Jüdenstr. 225 E2
Julie-Wolfthorn-Str. 224 C4

K

Kalckreuthstr. 227 D2
Kalkscheunenstr. 224 C3
Kantstr. 226 B3
Kapelleufer 224 A3
Karl-Kunger-Str. 230 C1
Karl-Liebknecht-Str. 225 D2
Karl-Marx-Allee 225 F3
Karlplatz 224 B3
Karl-Schrader-Str. 227 D1
Kastanienallee 225 E5
Katharina-Heinroth-Ufer 227
D4
Katzbachstr. 228 A1
Keibelstr. 225 F3
Keithstr. 227 D3
Kemperplatz 224 A1
Kiefholzstr. 230 C1
Kirchbachstr. 227 F2

Kleine Alexanderstr. 225 E3
Kleine Andreasstr. 230 B5
Kleine Auguststr. 225 D4
Kleine Hamburger Str. 224
C4
Kleine Markusstr. 230 A5
Kleine Rosenthaler Str. 225
D4
Kleiststr. 227 D2
Klingelhöferstr. 227 E4
Klopstockstr. 226 C5
Klosterstr. 225 E2
Kluckstr. 227 F3
Knaackstr. 225 F5
Knesebeckstr. 226 A3
Köbisstr. 227 E4
Kochstr. 228 C3
Kohlfurter Str. 229 F2
Kollwitzplatz 225 F5
Kollwitzstr. 225 F5
Kolmarer Str. 225 F4
Kommandantenstr. 225 D1
Konrad-Adenauer-Str. 224
A3
Köpenicker Str. 225 F1
Koppenplatz 225 D4
Koppenstr. 230 B5
Körtestr. 229 E1
Köthener Str. 228 A3
Kottbusser Str. 229 F2
Krausenstr. 224 C1
Krausnickstr. 225 D3
Krautstr. 230 A5
Kreuzbergstr. 228 B1
Kreuzstr. 225 D1
Kronenstr. 224 C1
Kulmbacher Str. 226 C2
Kulmer Str. 227 F2
Kurfürstendamm 226 A3
Kurfürstenstr. 227 E3
Kurstr. 225 D1
Kyffhäuserstr. 227 E1

L

Lachmannstr. 230 A1
Landgrafenstr. 227 D3
Landhausstr. 226 B1
Landshuter Str. 226 C1
Lange Str. 230 B5
Langenscheidtstr. 227 F1

Lausitzer Platz 230 B2
Lausitzer Str. 230 A2
Legiendamm 229 F3
Leibnizstr. 226 A3
Leipziger Platz 224 B1
Leipziger Str. 224 B1
Lenaustr. 230 A1
Lennéstr. 224 A1
Leuschnerdamm 229 F3
Liberdastr. 230 B1
Lichtenberger Str. 230 A5
Lichtensteinallee 227 D4
Liegnitzer Str. 230 B1
Liesenstr. 224 A5
Lietzenburger Str. 226 C2
Lindauer Str. 227 D1
Lindenstr. 229 D3
Linienstr. 224 C4
Linkstr. 228 A3
Littenstr. 225 F2
Lobeckstr. 229 E3
Lohmühlenstr. 230 C1
Los-Angeles-Platz 226 C3
Lottumstr. 225 E4
Lübbener Str. 230 B2
Luckauer Str. 229 F3
Luckenwalder Str. 228 A2
Ludwig-Erhard-Ufer 224 A3
Ludwigkirchplatz 226 A2
Ludwigkirchstr. 226 A2
Luisenstr. 224 B3
Luitpoldstr. 227 D2
Lützowplatz 227 E3
Lützowstr. 227 E3
Lützowufer 227 E3

M

Maaßenstr. 227 E2
Magazinstr. 225 F2
Magdeburger Platz 227 E3
Manitiusstr. 230 B1
Mansteinstr. 227 F1
Manteuffelstr. 230 A2
Marburger Str. 226 C3
Marchlewskistr. 230 C5
Marchstr. 226 B5
Mariannenplatz 230 A3
Mariannenstr. 230 A3
Marienstr. 224 B3
Markgrafenstr. 224 C1

Markgrafenstr. **228 C3**
Märkischer Platz **225 E1**
Märkisches Ufer **225 E2**
Marlene-Dietrich-Platz **228 A3**
Martin-Luther-Str. **227 D1**
Martin-von-Rantzau-Str. **230 C4**
Mauerstr. **224 C1**
Max-Beer-Str. **225 E3**
Maybachufer **230 B1**
Mehringdamm **228 C2**
Mehringplatz **228 C2**
Meierottostr. **226 B2**
Meinekestr. **226 B3**
Memhardstr. **225 E3**
Mendelssohnstr. **225 F4**
Metzer Str. **225 F4**
Michaelkirchplatz **229 F4**
Michaelkirchstr. **229 F4**
Mildred-Harnack-Str. **230 C3**
Mittelstr. **224 C2**
Mittenwalder Str. **229 D1**
Möckernstr. **228 B2**
Mohrenstr. **224 B1**
Mollstr. **225 F3**
Mommsenstr. **226 A3**
Monbijouplatz **225 D3**
Monbijoustr. **224 C3**
Monumentenstr. **227 F1**
Moritzplatz **229 E3**
Moritzstr. **229 E2**
Motzstr. **226 C1**
Motzstr. **227 D2**
Mühlendamm **225 E2**
Mühlenstr. **230 B4**
Mühlhauser Str. **225 F5**
Mulackstr. **225 E4**
Müllenhoffstr. **229 F1**
Müller-Breslau-Str. **226 B5**
Müncheberger Str. **230 B4**
Münchener Str. **227 D1**
Münzstr. **225 E3**
Museumstr. **225 D2**
Muskauer Str. **230 B3**

N
Nachodstr. **226 C2**
Nansenstr. **230 B1**
Nassauische Str. **226 B1**
Naunynstr. **229 F3**

Neue Grünstr. **225 E1**
Neue Jakobstr. **225 E1**
Neue Kulmer Str. **227 F1**
Neue Roßstr. **225 E1**
Neue Schönhauser Str. **225 E3**
Neuenburger Str. **229 D2**
Neumannsgasse **225 D2**
Neustädter Kirchstr. **224 B2**
Niebuhrstr. **226 A3**
Niederkirchner Str. **228 B4**
Niederlagstr. **225 D2**
Niederwallstr. **225 D1**
Nikolaikirchplatz **225 E2**
Nollendorfplatz **227 E2**
Nollendorfstr. **227 E2**
Nostitzstr. **228 C1**
Novalisstr. **224 C4**
Nürnberger Platz **226 C2**
Nürnberger Str. **226 C3**

O
Obentrautstr. **228 B2**
Oberbaumstr. **230 C3**
Oberwallstr. **225 D2**
Oberwasserstr. **229 D5**
Oderberger Str. **225 E5**
Ohlauer Str. **230 B2**
Ohmstr. **225 F1**
Olivaer Platz **226 A2**
Olof-Palme-Platz **226 C3**
Oppelner Str. **230 C2**
Oranienburger Str. **224 C3**
Oranienplatz **229 F3**
Oranienstr. **229 E3**
Otto-Braun-Str. **225 F3**
Otto-Ludwig-Str. **226 A3**
Otto-von-Bismarck-Allee **224 A4**

P
Pallasstr. **227 E1**
Pannierstr. **230 B1**
Panoramastr. **225 E2**
Pappelplatz **224 C4**
Pariser Platz **224 B2**
Pariser Str. **226 A2**
Parochialstr. **225 E2**
Passauer Str. **226 C3**
Paul-Lincke-Ufer **230 A2**
Paul-Löbe-Allee **224 A2**

Paulstr. **227 E5**
Penzberger Str. **227 D1**
Pestalozzistr. **226 A4**
Pfalzburger Str. **226 A1**
Pflügerstr. **230 A1**
Pflugstr. **224 B5**
Planckstr. **224 C4**
Planufer **229 F2**
Platz der Republik **224 A2**
Platz vor dem Neuen Tor **224 B4**
Pohlstr. **227 F3**
Poststr. **225 E2**
Potsdamer Platz **224 A1**
Potsdamer Str. **224 A1**
Prager Platz **226 C1**
Prenzlauer Allee **225 F4**
Prenzlauer Berg **225 F4**
Prinzenstr. **229 E2**
Prinzessinnenstr. **229 E3**
Prinzregentenstr. **226 C1**
Propststr. **225 E2**
Pücklerstr. **230 B3**
Puttkamerstr. **228 C3**

R
Rahel-Varnhagen-Promenade **228 C3**
Rankestr. **226 C3**
Rathausstr. **225 E2**
Ratiborstr. **230 C1**
Rauchstr. **227 D4**
Regensburger Str. **226 C2**
Reichenberger Str. **229 F2**
Reichpietschufer **227 F3**
Reichstagufer **224 B2**
Reinhardtstr. **224 B3**
Reuterplatz **230 B1**
Reuterstr. **230 B1**
Rheinsberger Str. **225 D5**
Riemannstr. **228 C1**
Ritterstr. **229 E3**
Robert-Koch-Platz **224 B4**
Rochstr. **225 E3**
Rosa-Luxemburg-Platz **225 E3**
Rosa-Luxemburg-Str. **225 E3**
Rosenheimer Str. **226 C1**
Rosenstr. **225 D3**
Rosenthaler Platz **225 D4**
Rosenthaler Str. **225 D3**

Rosmarinstr. **224 C2**
Rückerstr. **225 E4**
Rüdersdorfer Str. **230 C4**
Rudi-Dutschke-Straße **228 C2**
Ruhlsdorfer Str. **228 C2**
Rungestr. **225 F1**
Ruppiner Str. **225 D5**
Rykestr. **225 F5**

S
Saarbrücker Str. **225 F4**
Sächsische Str. **226 A2**
Sanderstr. **230 A1**
Savignyplatz **226 A3**
Schadowstr. **224 B2**
Schaperstr. **226 B2**
Scharnhorststr. **224 A4**
Scharounstr. **224 A1**
Scharrenstr. **225 D2**
Schellingstr. **228 A3**
Schendelgasse **225 E4**
Schiffbauerdamm **224 C2/3**
Schillerstr. **226 A4**
Schillingstr. **225 F2**
Schillstr. **227 D3**
Schlegelstr. **224 B4**
Schleiermacherstr. **229 D1**
Schlesische Str. **230 C2**
Schleswiger Ufer **226 C5**
Schloßplatz **225 D2**
Schlüterstr. **226 A4**
Schmidstr. **229 F4**
Schöneberger Str. **228 B3**
Schöneberger Ufer **227 F3**
Schönhauser Allee **225 E5**
Schönholzer Str. **225 D5**
Schönleinstr. **229 F1**
Schröderstr. **224 C4**
Schultze-Delitzsch-Platz **225 F1**
Schumannstr. **224 B3**
Schützenstr. **224 C1**
Schwäbische Str. **227 D1**
Schwartzkopfstr. **224 B5**
Schwarzer Weg **224 A4**
Schwedter Str. **225 E5**
Schwerinstr. **227 E2**
Sebastianstr. **229 E3**
Segitzdamm **229 E2**

Senefelderplatz **225 E4**
Seydelstr. **225 D1**
Siegmunds Hof **226 C5**
Singerstr. **230 A5**
Skalitzer Str. **229 F2**
Solmsstr. **228 C1**
Sophienstr. **225 D3**
Sorauer Str. **230 C2**
Spandauer Str. **225 E2**
Sperlingsg. **225 D2**
Speyerer Str. **227 D1**
Spichernstr. **226 B2**
Spittelmarkt **225 D1**
Spreeufer **225 E2**
Spreewaldplatz **230 B2**
Spreeweg **227 E5**
Sredzkistr. **225 F5**
Stallschreiberstr. **229 E4**
Starnberger Str. **227 D1**
Stauffenberg str. **227 F4**
Steinmetzstr. **227 F2**
Steinplatz **226 B4**
Stralauer Str. **225 F2**
Stralsunder Str. **224 C5**
Straßburger Str. **225 F4**
Straße der Pariser Kommune **230 B4**
Straße des 17. Juni **226 B4**
Strausberger Platz **230 A5**
Strelitzer Str. **224 C5**
Stresemannstr. **228 B3**
Stülerstr. **227 D4**
Swinemünder Str. **225 D5**

T
Taborstr. **230 C2**
Tamara-Danz-Str. **230 C3**
Taubenstr. **224 C1**
Tauentzienstr. **226 C3**
Tempelherrenstr. **229 D2**
Tempelhofer Ufer **228 B2**
Templiner Str. **225 E4**
Teutoburger Platz **225 E4**
Tharandter Str. **226 B1**
Theodor-Heuss-Weg **224 B5**
Tieckstr. **224 C4**
Tiergartenstr. **227 E4**
Torstr. **224 C4**
Traunsteiner Str. **227 D1**
Trautenaustr. **226 B1**

Treuchtlinger Str. **226 C1**
Tucholskystr. **224 C3**

U
Uhlandstr. **226 A1**
Universitätsstr. **224 C2**
Unter den Linden **224 C2**
Unterbaumstr. **224 A3**
Unterwasserstr. **225 D2**
Urbanstr. **229 E1**

V
Valeska-Gert-Str. **230 C3**
Veteranenstr. **225 D4**
Viktoria-Luise-Platz **226 C2**
Voltairestr. **225 F2**
Von-der-Heydt-Str. **227 E4**
Vor dem Schlesischen Tor **230 C2**
Voßstr. **224 B1**
Voxstr. **228 A4**

W
Wadzeckstr. **225 F3**
Waisenstr. **225 E2**
Waldemarstr. **229 F3**
Wallstr. **225 E1**
Wanda-Kallenbach-Str. **230 C3**
Warschauer Str. **230 C3**
Wartenburgstr. **228 B2**
Wassergasse **225 F1**
Wassertorplatz **229 E2**
Wassertorstr. **229 E2**
Waterloo Ufer **228 C2**
Wattstr. **224 C5**
Wedekindstr. **230 C4**
Wegelystr. **226 C5**
Wegener Str. **226 A1**
Weinbergsweg **225 D4**
Weinmeister Str. **225 D3**
Welser Str. **227 D2**
Werderscher Markt **225 D1**
Werner-Düttmann-Platz **229 F1**
Westarpstr. **226 C1**
Wichmannstr. **227 D3**
Wiener Str. **230 B2**
Wilhelmstr. **224 B2**
Wilhelm-Zermin-Weg **224 C5**

Register

A

Adlon (Hotel) 49, 216
Admiralspalast 71
Akademie der Künste 49
Alexanderplatz 88
Alte Bibliothek 60
Alte Nationalgalerie 83, 86
Altes Museum 82, 87
Altes Palais 61
Altes Rathaus (Köpenick) 204
Altes Rathaus (Potsdam) 199
Amerika-Haus 145
Anreise 213
Antikensammlung 84
Arbeiteraufstand (1953) 19
Archäologische Promenade 87
Architektur 23
Atrium Tower 118
Ausflug
  Potsdam 198
Ausgehen 219
  Weitere Hinweise siehe
  Einzelkapitel

B

Badeschiff 8
Bahnhöfe 214
Bebelplatz 60
Berggruen, Heinz 144
Bergmannstraße 166
Berlinale (Filmfestspiele) 113,
222
Berliner Dom 67
Berliner Ensemble 71
Berliner Schloss 65
Bode-Museum 85, 86
Botanischer Garten Dahlem 33
Botschaften 120
Boxhagener Platz 186
Brandenburger Tor 48
Bundeskanzleramt 16
Bundestag 52

C

Centrum Judaicum 92
Chamissoplatz 167
Checkpoint Charlie 57
Christo 50

Christopher Street Day 222
Classic Open Air 54
C/O-Galerie im Ameri-
ka-Haus 145
Currywurst 8

D

Daimler City 118
Deutscher Dom 54
Deutsches Historisches
Museum 62
Deutsches Technikmuseum 121
Dorotheenstädtischer
Friedhof 95

E

East Side Gallery 191
Einkaufen 221
  Weitere Hinweise siehe
  Einzelkapitel
English Theatre 167
Essen & Trinken 218
  Weitere Hinweise siehe
  Einzelkapitel
Europa-Center 24, 143

F

Fernsehturm 88
Fête de la Musique 222
Filmfestspiele (Berlinale) 113
Filmmuseum (Potsdam) 200
Flughäfen 214
Forum Fridericianum 60
Französische Kirche (Pots-
dam) 200
Französischer Dom 54
Friedhöfe 95, 188
Friedrich I. 136, 140
Friedrich II., der Große 60
Friedrichshain 174
Friedrichstadt-Palast 71
Friedrichstadt-Passagen 59
Friedrichstraße 57
Friedrich Wilhelm III. 139
Friedrichshain 175

G

Galeries Lafayette 59, 70
Garten des Exils 161
Gedenkstätte Deutscher
Widerstand 120

Gemäldegalerie 116
Gendarmenmarkt 54
Geschichte 18, 26
Gethsemane-Kirche 189

H

Hackesche Höfe 90, 99
Hamburger Bahnhof 95
Hauptbahnhof 95
Hausboote 36
Haus der Kulturen der Welt 65
Holländisches Viertel
(Potsdam) 200
Holocaust-Mahnmal 49
Hotels 216
Hugenottenmuseum 54
Humboldt-Box 66
Humboldt-Universität 61

I

Internationale Funkausstellung 222
Internationale Tourismusbörse 222
Islamisches Museum 84

J

Jan-Bouman-Haus (Potsdam)
200
James-Simon-Galerie 85, 87
Jazzfest 222
Jüdische Gemeinde 93
Jüdischer Friedhof 188
Jüdisches Altersheim 93
Jüdisches Museum 160

K

KaDeWe 144
Kaiser-Wilhelm-Gedächtnis-
kirche 140
Kalter Krieg 18
Karl-Marx-Allee 190
Kasino 124
Kastanienallee 188
Kinos 124, 173
Knef, Hildegard 128
Knobelsdorff, Georg Wenzes-
laus von 60, 136
Knoblauch, Eduard 92
Köpenick 203
Kollwitzplatz 184

AKG-images S. 19 (l. o., l. u., r. Mitte, r. o.), 23, 26,
27 (l., r.), 28 (l., Mitte), 28/29, 29 (Mitte, r.), 84
DuMont Bildarchiv/Ralf Freyer S. 25 (r.),
45 (l. u.), 56, 62, 116, 121, 133, 137, 139, 166
DuMont Bildarchiv/Martin Kirchner S. 196/197
DuMont Bildarchiv/Sabine Lubenow S. 5 (oben),
5 (u.), 6 (1), 6 (2), 6 (3), 6 (5), 6 (6), 6 (8), 6 (9),
6 (10), 12/13, 17 (u.), 19 (r. u.), 34, 38/39, 43 (o.),
43 (u.), 45 (l. o.), 45 (r.), 46, 47, 59, 64, 72/73, 77
(2x), 78, 78/79, 80, 81, 85, 97, 102/103, 108/109,
123, 126/127, 131 (o.), 131 (u.), 132, 132/133, 135,
138, 155, 157 (l.), 168, 174/175, 179 (o.), 181, 182,
183, 185, 202/203, 206, 209, 210/211
DuMont Bildarchiv/Martin Specht S. 6 (4), 16,
22, 24 (l.), 37 (u.), 50, 57, 66, 69, 70, 82, 107 (2x),
113, 149, 179 (u.), 186, 191 (2x), 205
Freyer, Ralf S. 6 (7), 11 (2x), 31, 33, 35, 44, 67, 68,
99, 101, 109 (r.), 111, 158, 170, 180, 184, 187
getty images/David Peevers S. 9
Knoll, Georg S. 17 (o.)
laif/Biskup S. 112
laif/Jan Peter Boening/Zenit S. 164
laif/Butzmann S. 14
laif/Giribas/SZ Photo S. 201
laif/Hahn S. 37 (o.)
laif7Hoehn S. 110
laif/Hoffmann S. 79 (r.)
laif/Kirchner S. 32, 61 (o.), 83, 93, 94, 118, 208
laif/Knoll S. 20
laif/Lanrock/Zenit S. 195
laif/Neumann S. 188
laif/Rigaud S. 199, 200
laif/Schwelle S. 163

laif/Yorck Maecke/GAFF S. 165
LOOK-foto/Böttcher S. 148
LOOK-foto/Dressler S. 24/25
LOOK-foto/Fleisher S. 30
LOOK-foto/Galli S. 140, 161, 189
LOOK-foto/Stankiewicz S. 96
LOOK-foto/travelstock44 S. 119
LOOK-foto/Wohner S. 48
LOOK-foto/Wothe S. 51
Mauritius/AGE S. 204
Mauritius/Alamy S. 65, 92, 98, 114, 122, 134,
142, 145, 147, 159, 160, 172
Mauritius/Henkelmann S. 91, 150/151,
157 (r.), 193
Mauritius/Lux S. 63
Mauritius/Merle 124
Mauritius/Prisma S. 36
Mauritius/Reister S. 190
Mauritius/Robert Harding/Therin Weise S. 108
Mauritius/Schulz S. 61 (u.), 144
Mauritius/Westend61 S. 125
Mauritius/Woodhouse S. 169
picture alliance/Eventpress Hoensch S. 21
picture alliance/Hannschke S. 58
picture alliance/Prautzsch S. 71
Schlemmer, H. S. 15, 55, 115
Stadler, O. S. 207
Weigt, M. S. 49, 88

Titelbilder: U1 oben: DuMont Bildarchiv/
Sabine Lubenow
U1 unten: Dagmar Schwelle/laif
U8: DuMont Bildarchiv/Sabine Lubenow

IMPRESSUM

© MAIRDUMONT GmbH & Co. KG
4. Aufl. 2021

Text: Oliver Gerhard, Gisela Buddée, Christine Berger, Andrea Schulte-Peevers
Redaktion: Achim Bourmer, Frank Müller (red.sign, Stuttgart)
Programmleitung: Birgit Borowski
Chefredaktion: Rainer Eisenschmid

Layout: CYCLUS · Visuelle Kommunikation, Stuttgart
Kartografie: © MAIRDUMONT GmbH & Co. KG, Ostfildern
3D-Illustrationen: jangled nerves, Stuttgart

Anzeigenvermarktung: MAIRDUMONT MEDIA
Tel. 0711 45 02-0, media@mairdumont.com
media.mairdumont.com

Printed in Poland

Trotz aller Sorgfalt von Autoren und Redaktion sind Fehler und Änderungen nach Drucklegung leider nicht auszuschließen. Dafür kann der Verlag keine Haftung übernehmen. Infolge der Corona-Pandemie im Jahr 2020 kann es darüber hinaus zu kurzfristigen Geschäftsschließungen und anderen Änderungen vor Ort gekommen sein. Berichtigungen, Kritik und Verbesserungsvorschläge sind uns jederzeit willkommen, bitte informieren Sie uns unter:

Baedeker-Redaktion
Postfach 3162
D-73751 Ostfildern
Tel. 0711 45 02-262
smart@baedeker.com
www.baedeker.com